企业知识产权管理体系构建与运行

国家知识产权运营公共服务平台／组织编写
主　编：李　钟　于立彪
副主编：徐海龙　马天旗

知识产权出版社
全国百佳图书出版单位
—北京—

图书在版编目（CIP）数据

企业知识产权管理体系构建与运行/国家知识产权运营公共服务平台组织编写；李钟，于立彪主编. —北京：知识产权出版社，2020. 4

ISBN 978-7-5130-6834-5

Ⅰ. ①企… Ⅱ. ①国… ②李… ③于… Ⅲ. ①企业—知识产权—管理—中国 Ⅳ. ①D923. 4

中国版本图书馆 CIP 数据核字（2020）第 044860 号

内容提要

本书重点梳理了企业知识产权管理体系标准、认证的基本知识、知识产权认证咨询基础知识、企业知识产权管理体系审核与认证基础知识，并对《企业知识产权管理规范》国家标准的相关条款进行了详细解读，梳理了企业知识产权管理体系的构建、运行及保持的流程，剖析了体系构建的难点，有助于企业及认证咨询机构相关人员掌握、理解并将其灵活运用到企业实际中，有效规范企业知识产权管理，提升企业知识产权管理水平。

项目责编：黄清明　　**责任校对**：王　岩

本书责编：程足芬　　**责任印制**：刘译文

企业知识产权管理体系构建与运行

国家知识产权运营公共服务平台　组织编写

主　编　李　钟　于立彪

副主编　徐海龙　马天旗

出版发行：知识产权出版社有限责任公司　　**网　　址**：http://www.ipph.cn

社　　址：北京市海淀区气象路 50 号院　　**邮　　编**：100081

责编电话：010-82000860 转 8117　　**责编邮箱**：hqm@ cnipr.com

发行电话：010-82000860 转 8101/8102　　**发行传真**：010-82000893/82005070/82000270

印　　刷：三河市国英印务有限公司　　**经　　销**：各大网上书店、新华书店及相关专业书店

开　　本：787mm×1092mm　1/16　　**印　　张**：14. 25

版　　次：2020 年 4 月第 1 版　　**印　　次**：2020 年 4 月第 1 次印刷

字　　数：300 千字　　**定　　价**：58. 00 元

ISBN 978-7-5130-6834-5

编委会

主　编◇李　钟　于立彪

副主编◇徐海龙　马天旗

编　委◇周海滨　王　磊　张昭昭　张　檬
　　　　曹京涛　甄庆林　胡　嫚　陈　英

参　编◇彭　娟　侯　云

作者简介

ABOUT THE AUTHORS

周海滨 理学硕士学位，高级知识产权师，研究方向：专利信息利用、知识产权金融等。

王　磊 工学硕士，全国首批高级知识产权师，企业知识产权管理体系审核员、认证咨询师。

张昭昭 工学硕士，全国首批知识产权师，专利代理师、企业知识产权管理体系审核员、认证咨询师。

张　檬 北京市知识产权局政策法规处公职律师，2009年起从事知识产权工作，曾长期负责产业及企业知识产权促进与管理及知识产权运营相关工作。

曹京涛 法学硕士，副研究员，就职于中规（北京）认证有限公司，IPMS审核员，著有《全国专利代理人资格考试考点法条精读及真题分类解析》等。

甄庆林 法律硕士（知识产权方向），企业知识产权管理体系认证咨询师。

胡　嫚 专利信息分析人才，企业知识产权管理体系审核员、认证咨询师，十一届全国人大五次会议特约记者，专利信息分析人才，发表的作品有《网络短信著作权第一案》《知识有价，但价值几何?》《搜狗与百度诉讼背后的输入法专利布局》《破解专利等同侵权难题》等。

陈　英 文学硕士，就职于华智众创（北京）投资管理有限责任公司市场开发部，为首批知识产权管理体系认证咨询师，为企业提供认证咨询服务。

彭　娟 中规联合创始人、注册审核员教师、两化评定员、IP风险/IPMS审核专家，已出版专著两本，累计IP管理成功案例逾万。

侯　云 中规（北京）认证有限公司市场部部长，高级知识产权师，IPMS审核专家，曾在专利审查协作北京中心工作，任职专利审查员。

序言

PREFACE

企业是推动国家经济发展的主要力量，随着经济全球化、贸易自由化的不断加快，在日益激烈的国际竞争中，知识产权已成为现代企业发展的战略性资源和竞争力的核心要素。国家各级政府高度重视企业知识产权工作。2008年国家颁布《国家知识产权战略纲要》，2015年年底国务院印发《关于新形势下加快知识产权强国建设的若干意见》，2017年北京市人民政府印发了《关于加快知识产权首善之区建设的实施意见》，上述政策均对加强企业知识产权工作做出了明确部署，因此着力打造一批知识产权强企成为推进知识产权强国建设的迫切要求。

近年来，国家知识产权局在促进知识产权强企建设工作上开展了一系列的探索。其中重要举措之一就是推动企业建设知识产权管理标准化体系。2013年，国家知识产权局组织专家起草制定的《企业知识产权管理规范》国家标准（GB/T 29490—2013）经国家质量监督检验检疫总局批准颁布，成为全世界首个关于企业知识产权管理的国家标准。2015年，国家知识产权局等八部委联合印发《关于全面推行〈企业知识产权管理规范〉国家标准的指导意见》，引导全国31个省、自治区、直辖市（不含港澳台）的企业开展贯标工作，截至2020年3月，通过知识产权管理体系认证的企业已近3万家，涌现出了一批管理水平高、发展效益好、竞争能力强的知识产权强企。经过近7年的实践证明，标准化方式提高企业的知识产权管理水平、竞争优势和保护意识是行之有效的手段。

北京市知识产权局为充分贯彻落实国家及北京市政策要求，制定印发《“三城一区”知识产权行动方案（2020—2022年）》，并在方案中明确实施“三城一区”知识产权强企计划。我局高度重视知识产权人才培育工作，每年组织多场知识产权培训班，本书作为培育工作的指定教材之一，旨在为企业从业人员提供一套贯标过程中可参考的实践工具。

本书不仅介绍了企业知识产权管理体系标准及认证的基础知识，还对认证咨询工作进行了介绍，帮助企业人员了解认证咨询机构的主要工作职责，如何做好与机构人员的沟通与配合；还重点梳理了企业知识产权管理体系的构建、运行及保持的流程，为企业提供可参考借鉴的体系文件样例，有助于企业人员掌握、理解并结合企业自身特点将其灵活运用到实际中，有效解决现有出版物仅停留在标准解读和文件编写层面，无法深挖企业生产经营与管理体系融合的问题。

唯有强企，才能强国。我局希望更多的知识产权试点、示范企业能够通过知识产权管理标准化体系的构建，进一步夯实企业的知识产权管理基础，提升知识产权综合运用能力，打造一批知识产权强企，形成产业参与国际竞争的知识产权新优势，为建设成中国特色、世界水平的知识产权强国奠定坚实基础。

谨为序。

前言

INTRODUCTION

随着全球范围内市场环境的不断变化，作为市场主体的企业面临的竞争也愈加激烈。面对错综复杂的环境变化，以知识产权为重要载体的技术创新成为企业增强自身核心竞争力的必然途径，企业知识产权管理作为企业经营管理中不可或缺的重要组成部分，已经成为企业管理的一个子系统。企业知识产权管理服务于企业的经营目标，贯穿于研发、生产、采购、销售、进出口等企业经营活动的整个环节，有效的知识产权管理成为企业提高技术创新实力和实现可持续发展的重要保障。

“不以规矩，不能成方圆。”高质量的知识产权管理有赖于高效的体系运行。2013年3月，由国家知识产权局和中国标准化研究院起草的国家标准《企业知识产权管理规范》（GB/T 29490—2013）正式颁布，填补了企业知识产权管理体系规范领域的空白。截至目前，国内已有数以万计的企业按照这一标准规范化地建设知识产权管理体系。但是对于很多企业而言，知识产权管理体系的构建还存在管理层和员工意识薄弱、人才匮乏等问题，培养一批精通知识产权管理体系构建的企业知识产权管理人才和专业服务人员，帮助企业构建适合自身发展需求的知识产权管理体系迫在眉睫。

本书的编写正是从企业的现实需求出发，以企业知识产权管理体系构建为基本脉络，在阐述基本知识、基本概念和基本原理的基础上，通过大量典型案例的分析，提高读者解决实际问题的能力，注重实践应用，力争为我国知识产权管理体系构建的从业人员提供一套可参考的理论体系和实践工具。

本书共七章，第一章介绍了知识产权管理及国家标准的基础知识以及知识产权管理体系认证及相关法规；第二章从《企业知识产权管理规范》入手，深入解读基于过程方法的企业知识产权管理模型，并对适用的标准条款在运行过程中的实施要点进行提炼、总结，以期帮助相关人员掌握建立企业知识产权管理体系的要点和难点，以便更好地理解和执行；第三章介绍企业知识产权管理体系筹备、启动、调查诊断、编写文件等体系构建内容，明确体系构建的方法和步骤；第四章介绍知识产权管理体系构建过程中的发文宣贯、实施运行、内部审核和管理评审的流程、标准要求和实施要点，并通过典型案例分析，指导企业实践；第五章重点剖析知识产权管理体系构建过程中的多体系融合、调查诊断、机构建设、检索分析、风险管控和保密管理等难点内容；第六章阐述企业知识产权管理体系认证咨询基础知识、专业术语，以及认证咨询工作的产生和作用，并引入认证咨询辅导工作流程、专业方法及质量控制等；第七章简要介绍企业知识产权管理体系构建的意义以及企业在体系认证之前应当做的准备，并重点介绍审核认证的流程。

本书由李钟、于立彪主编，撰稿人分工如下：周海滨执笔第一章；甄庆林执笔第二章；陈英执笔第三章；张昭昭执笔第四章并参与撰写第五章；王磊执笔第五章，参与全书其他各章节的校订工作；胡嫚执笔第六章；曹京涛执笔第七章。

本书的编撰过程得到了诸多领导、业界专家和同事的悉心指导和帮助，在此一并致谢。感谢中规（北京）认证有限公司技术与培训部部长兼中规学院院长彭娟对第五章的内容给予的指导。感谢大连理工大学的三位实习生韩卓洋、许淞瑞、郜叶欣对本书第四章和第五章部分撰写资料的收集、整理和编辑。感谢知识产权出版社程足芬编辑为本书的编辑和出版付出的心力。

"满眼生机转化钧，天工人巧日争新。"本书虽然系统阐述了企业知识产权管理体系的构建和运行，然而企业知识产权管理是一项系统工程，涉及面广，读者应与时俱进，审时度势，灵活运用。企业知识产权管理体系构建的知识浩瀚如海，本书虽倾尽编者之心血，仍难免有所疏漏和差错，望广大读者批评指正，以期进一步完善。

编　者

目录 CONTENTS

第一章 CHAPTER 1 企业知识产权管理体系概论

本章论述了标准、审核、认证、认证咨询四者的逻辑关系和目前工作的开展情况，内容包括：我国的标准及认证相关制度；管理体系及知识产权管理体系认证；知识产权管理体系的产生、发展、现状、法律（法规）；知识产权管理体系认证及认证咨询的发展现状。

第一节 知识产权管理体系

一、知识产权

随着经济全球化不断加快，在日益激烈的国际竞争中，知识产权已经成为企业发展的重要资源和竞争力的核心要素。多数国家的法理著作、法律，乃至国际条约，都是从划定范围出发，来明确知识产权这个概念，或给知识产权下定义❶。例如，世界知识产权组织（WIPO）提出，知识产权是指智力创造成果，包括：发明，文学和艺术作品，外观设计，商业中使用的符号、名称和形象等。知识产权在法律上受专利、版权和商标等的保护，这让人们能够从其发明或创造中获得承认或经济利益。通过在创新者的利益和广大公众的利益之间达成适当的平衡，知识产权制度旨在营造一个有利于创造和创新蓬勃发展的环境❷。世界贸易组织（WTO）的《与贸易有关的知识产权协议》（TRIPS）中划出了其所包含的知识产权范围，包括版权与邻接权、商标权、地理标志、工业品外观设计权、专利权、集成电路布图设计（拓扑图）权、未披露的信息专有权。知识产权具有无形、专有性、地域性、时间性、可复制性等特点❸。随着经济与科技不断发展，知识产权的保护范围也在不断调整、丰富。

---

❶ 郑成思. 知识产权论［M］. 3 版. 北京：法律出版社，2003：54.

❷ 关于知识产权［R/OL］.（2018-11-06）［2020-01-13］. http://www.wipo.int/about-ip/zh/.

❸ 郑成思. 知识产权论［M］. 3 版. 北京：法律出版社，2003：54.

知识产权在支撑经济高质量发展、建设现代化经济体系中，发挥着重要作用：

一是知识产权对供给侧结构性改革发挥着制度供给和技术供给双重作用。供给侧结构性改革是经济工作的主线，是解决中国经济中长期问题的根本之道。从制度供给来讲，知识产权是新型的产权安排机制、创新激励机制和有效的市场机制；从技术供给来讲，知识产权是产权化了的创新成果，代表着先进的生产力。

二是知识产权对创新驱动发展起着基本保障作用。创新是引领发展的第一动力。党中央、国务院已经做出了深入实施创新驱动发展战略的重大部署，将创新摆在了国家发展全局的核心位置。知识产权制度是激励创新的基本保障，保护知识产权就是保护创新，用好知识产权就能激励创新。

三是知识产权在现代产权体系中发挥着保护无形财产权的核心作用。产权制度是社会主义市场经济的基石，保护产权是坚持社会主义基本经济制度的必然要求。保护产权，既要保护有形财产权，也要保护无形财产权，特别是体现创新成果的知识产权。

四是知识产权在推进高水平对外开放中发挥着重要支撑作用。站在新的历史起点上，着眼经济全球化、区域一体化和贸易便利化，党中央、国务院做出了推进“一带一路”建设的重大部署。知识产权是国际贸易的通行规则，是实施对外开放的重要保障❶。

知识产权作用的发挥，取决于知识产权这一现代产权制度的运行水平，取决于知识产权管理能力是否能够适应科技创新和经济发展的新要求。

二、知识产权管理

管理是人类社会活动和生产活动中普遍存在的社会现象。“管理”一词在《现代汉语词典》第7版中有三种含义：①负责某项工作使其顺利进行；②保管和料理；③照管并约束（人或动物）。管理工作是在特定的环境条件下开展的，它不断与外部环境相互影响和作用。管理是指在特定的环境条件下，以人为中心对组织所拥有的人力、物力、财力、信息等资源进行有效的计划、组织、协调、控制，以期高效地达到既定组织目标的过程。

知识产权管理有国家行政管理与市场行为主体管理两个层面的含义，是指国家有关部门为保证知识产权法律制度的贯彻实施，维护知识产权权利人的合法权益而进行的行政及司法活动，以及知识产权权利人和市场主体为使其智力成果发挥最大的经济效益和社会效益而制定各项规章制度、采取相应措施和策略的经营活动。知识产权的有效管理是支撑创新过程的关键，对于组织的成长与保护至关重要，也是组织竞争力来源的重要引擎。

---

❶ 申长雨. 2017年全国知识产权局局长工作会议上的报告［R/OL］.（2017-01-09）［2020-01-13］. http://www.sipo.gov.cn/ztzl/qgzscqjjzky/xwdt_jzk/1060085.htm.

从知识产权管理的性质来看，一方面，知识产权管理实质上是知识产权权利人对知识产权实行财产所有权的管理；另一方面，知识产权管理是知识产权战略制定、制度设计、流程监控、运用实施、人员培训、创新整合等一系列管理行为的系统工程。知识产权管理不仅与知识产权创造、保护和运用一起构成了中国知识产权制度及其运作的主要内容，而且还贯穿于知识产权创造、保护和运用的各个环节之中。

从管理主体来看，知识产权管理主要包括行政部门知识产权管理、行业知识产权管理、企业知识产权管理、事业单位知识产权管理等。行政部门知识产权管理是指国家各级行政管理部门利用国家行政职能和权利，制定行政法规和政策，进行授权、协调、控制、监督等涉及知识产权的各项活动和过程，以保证知识产权法律制度的贯彻实施，保护知识产权权利人合法权益，维护市场的公平交易秩序，促进经济和社会的发展。

行业知识产权管理是指各行业协会、行业管理者或组织根据各自的基本情况，依据法律规定进行的知识产权管理。众所周知，在经济全球化的今天，企业的运营环境已经从国内市场走向了国际市场，而国际市场竞争的关键不再是关税壁垒，而是技术壁垒、技术标准壁垒和知识产权壁垒，其中最具阻碍作用的则是知识产权壁垒。行业知识产权管理可以促进相关行业的技术创新，实现行业整体对外抗衡的能力。

企业知识产权管理是指企业根据其特征和市场的需要对其自身知识产权事务进行的管理。国外现代企业中强调知识产权管理属于企业经营战略的核心部分，企业应建立鼓励知识产权创造、转化、保护的管理制度和奖励机制，强化知识产权的实施、运营，以获取最大的经济效益，确保知识产权信息工作的沟通顺畅。

事业单位知识产权管理是指事业单位根据各自的特点和法律法规的规定对知识产权进行的管理。事业单位是指国家为了社会公益目的，由国家机关主办或者其他组织利用国有资产主办的，从事教育、科技、文化、卫生等活动的社会服务组织。虽然事业单位主要不从事物质产品的生产，但由于其在科技文化领域的地位，对社会进步起着重要的推动作用，因此是社会生产力的重要组成部分，在国家创新体系中，居于核心地位。

对科研组织或高等学校来说，其知识产权管理就是要建立起与知识产权制度相适应的、适合科研组织或高等学校特点的管理体系，通过规划指导、组织落实和管理模式达到防止知识产权流失，避免知识产权纠纷，提高科研起点，提高自主知识产权的数量和质量，提高自主创新能力，促进成果转化和知识利用，达到促进科研组织发展和社会发展等目的。

从管理客体看，知识产权管理主要包括专利、商标、版权、集成电路布图设计、植物新品种、地理标志、商业秘密等相关类别知识产权的管理[1]。知识产权管理内容主要包括知识产权创造、运用、保护、服务、文化管理五大部分：

---

[1] 贺化. 中国知识产权行政管理理论与实践［M］. 北京：知识产权出版社，2018：9-15.

一是知识产权的创造管理。这里是指管理者对知识产权开发、申请、授权等方面的管理。从行政管理者的角度来说，主要内容是对知识产权申请进行受理、审查、授权、复审、无效等方面的管理。从企事业单位管理者的角度来说，主要内容是对知识产权的挖掘、培育、申请、代理等方面的管理。

二是知识产权的运用管理。这里是指管理者对知识产权实施转化、转让许可、质押融资和保险等方面的管理。从行政管理者的角度来说，主要内容是对知识产权运用政策制定和提供公共服务等方面的管理。从企事业单位管理者的角度来说，主要内容是对实现知识产权市场价值等方面的管理。

三是知识产权的保护管理。这里是指管理者对知识产权执法、维权等方面的管理。从行政管理者的角度来说，主要内容是对知识产权行政执法、维权援助、仲裁调解等方面的管理。从企事业单位管理者的角度来说，主要内容是对侵犯知识产权的行为诉讼维权等方面的管理。

四是知识产权的服务管理。这里是指管理者对根据社会需求所提供的知识产权服务的管理。从行政管理者的角度来说，主要内容是对搭建知识产权公共服务平台、提供知识产权公共服务产品、建设知识产权公共服务体系等方面的管理。从服务机构等企事业单位的角度来看，主要是提供知识产权代理服务、法律服务、信息服务、商用化服务、咨询服务和培训服务等方面的管理。

五是知识产权的文化管理。这里是指管理者对知识产权宣传教育、普及培训、人才培养等方面的管理。从行政管理者的角度来说，是提高全社会的知识产权意识等方面的管理。从企事业单位管理者的角度来说，是对本单位的宣传培训、人才培养等方面的管理。[1]

三、知识产权管理体系

1. 体系

在管理领域，体系通常也称之为“系统”。研究体系（系统）时经常会利用系统工程的概念。系统工程是以系统为对象的一门跨学科的边缘科学，是对所有系统都具有普遍意义的一种现代化管理技术，也是研究和解决复杂问题的有效手段。体系（系统）可以说是无处不在，大到宇宙、太阳系、社会，小到企业、产品和过程，都可视为一个体系（系统）。人们总是通过体系认识自然，了解社会，了解自身的组织，并进而掌握其自然规律，而管理者则可通过体系管理组织，通过体系提高管理效率实现总体业绩。

---

[1] 中规（北京）认证有限公司.《企业知识产权管理规范》审核实务与案例汇编［M］. 北京：知识产权出版社，2019：1-2.

2. 管理体系

管理体系是组织制定方针和目标及实现这些目标的过程和相互关联或相互作用的一组要素，其目标是在管理活动基础上形成一套行之有效的系统。管理体系是一个组织的制度及其管理制度的总称。组织在制定管理体系之前，首先要设定管理的目标，做好管理的规划，形成组织的管理定位，将管理过程标准化，从而实现管理的最优效果。一个组织的管理体系可包括若干不同侧面的管理体系，如质量管理体系、环境管理体系、职业健康安全管理体系、信息安全管理体系、知识产权管理体系等。

理解管理体系需要掌握以下几方面的内容：

（1）体系是相互关联或相互作用的一组要素，这些要素包括过程、资源、程序和组织结构。

（2）体系是由多个要素构成的有机体，相互关联、相互作用并达到系统性和整体的协调性。

（3）管理体系是制定方针、目标，并为实现目标而形成的体系，也就是过程方法应用后的结果。

（4）知识产权管理体系是管理体系中，涉及知识产权管理目标的设定和实现的这一部分体系，组织总的经营管理体系和知识产权管理体系间存在着属种关系，因而知识产权管理体系是在知识产权方面制定方针和目标并实现目标的体系。

第二节 知识产权管理国家标准

一、知识产权管理体系标准化建设背景

经过30多年的发展，我国知识产权事业取得了巨大成就，建立起了较为完善的知识产权法律制度，市场主体和创新主体的知识产权法制观念和知识产权保护意识有了很大提高，知识产权创造、运用、保护和管理能力逐步增强。然而，目前我国在知识产权管理水平、产出质量、专业性人才等方面还存在提升空间，亟须推动市场主体和创新主体建立健全科学、系统、规范的知识产权管理体系，增强核心竞争力。同时，标准化工作已经成为政府部门实施行政管理的重要手段之一。

为了更好地推动市场主体和创新主体构建科学、系统、规范的知识产权管理体系，国家知识产权局联合教育部、中国科学院、中国标准化研究院等有关部门，编制了《企业知识产权管理规范》（GB/T 29490—2013）、《科研组织知识产权管理规范》（GB/T 33250—2016）、《高等学校知识产权管理规范》（GB/T 33251—2016）三项国家标准，并由国家标准委颁布实施。

《企业知识产权管理规范》提供了一种基于过程方法的企业知识产权管理模型，指

导企业策划、实施、检查、改进知识产权管理体系。该标准着重突出企业在立项、研发、采购、生产、销售和售后等环节的知识产权风险控制和过程管理，企业通过贯彻实施该标准，可快速、有效地建立科学、系统、规范的知识产权管理体系，进行知识产权管理工作规划，为企业防范知识产权风险、提升产品价值和节约发展成本提供有力支撑。《科研组织知识产权管理规范》和《高等学校知识产权管理规范》在起草过程中，吸收了《企业知识产权管理规范》制定的工作经验，遵循 PDCA 循环管理原则持续改善知识产权管理体系，通过持续改进的知识产权管理体系实现知识产权资产保值增值，提升创新能力。[1]

二、我国知识产权管理体系建设实践

《企业知识产权管理规范》发布实施后，推行和贯彻该标准成为提升我国企业知识产权管理水平的重要措施。推行企业知识产权管理规范，是帮助中国企业赢得未来国际竞争优势的战略制高点。在推行过程中，应遵循以下三个工作原则：

（1）市场化运作。培育和支持服务机构参与企业知识产权管理规范服务工作，为企业知识产权管理规范提供咨询服务；由社会认证机构对企业知识产权管理规范符合国家标准情况进行认证；行政部门制定有关政策和措施，推动采信认证结果，吸引更多企业踊跃参与知识产权管理规范，促进企业知识产权管理规范市场化发展。

（2）有序推进。国家知识产权局会同国家认证认可监督管理委员会（简称“国家认监委”）联合制定标准认证的相关规则，建立认证工作体系，培养认证审核员队伍，率先在国家知识产权优势企业和示范企业中开展知识产权管理规范工作，逐步带动更多企业积极参与知识产权管理规范。

（3）统筹规划。从企业创新发展的需求出发，加强顶层设计和政策引导，积极发挥标准化手段提高知识产权管理效能的重要作用，推动企业建立知识产权管理标准化体系。

2013 年 11 月，国家认监委、国家知识产权局联合印发了《知识产权管理体系认证实施意见》(国认可联〔2013〕56 号)，共同探索开展知识产权管理体系认证、规范认证机构、认证人员确认制等工作，培育一批专业素质较高的机构和人员，加强认证质量监督，规范认证机构市场行为，确保认证工作有序开展。2015 年，国家知识产权局、科技部、工信部、商务部、国家认监委、国家标准委、国防科工局、总装备部联合印发《关于全面推行〈企业知识产权管理规范〉国家标准的指导意见》，以全面推行《企业知识产权管理规范》促进企业知识产权管理水平提升。2018 年 2 月，国家认监委、国家知识产权局联合发布了《知识产权认证管理办法》(2018 年第 5 号公告)，旨

---

[1] 北京强企知识产权研究院，中规（北京）认证有限公司. 企业知识产权管理体系内审与咨询实用教程［M］. 北京：中国质量标准出版社传媒有限公司，中国标准出版社，2019：9.

在全面规范知识产权认证活动，提高知识产权认证有效性，加强对认证机构事中、事后监管。

各地知识产权局不断加强对企业知识产权管理工作的指导力度，在企业中大力推行实施《企业知识产权管理规范》，引导创新型企业建立标准化的知识产权管理体系，各项工作卓有成效。知识产权管理规范工作促进了企业的创新发展，知识产权管理规范企业通过完善知识产权管理体系尝到了甜头，知识产权综合能力得到切实增强。知识产权管理规范工作带动了知识产权服务业的发展，一批服务机构通过为企业提供知识产权管理规范咨询辅导，拓展了新的服务内容，提升了为企业服务的能力。第三方知识产权管理体系认证机构的建立，开辟了管理体系认证的新领域，培育了一批知识产权管理体系认证审核人才，促进了专业人才队伍建设。

《科研组织知识产权管理规范》（GB/T 33250—2016）、《高等学校知识产权管理规范》（GB/T 33251—2016）标准推行工作也在科研组织和高等学校开始逐步开展。[1]

三、《企业知识产权管理规范》《科研组织知识产权管理规范》《高等学校知识产权管理规范》的特点

（一）科学性

《企业知识产权管理规范》借鉴了PDCA的科学管理理念，提出基于过程方法的企业知识产权管理模型，该模型指导企业策划、实施、检查、改进知识产权管理体系，满足企业开发新产品、提高产品附加值、防范知识产权风险、提高生产率等经营发展中的知识产权管理需求，实现激励创造、灵活运用、全面保护和系统管理知识产权的目标。企业在构建知识产权管理体系过程中应该遵循战略导向、领导重视和全员参与的指导原则，综合考虑经济社会发展状况、企业规模、所属行业等影响因素。

《科研组织知识产权管理规范》《高等学校知识产权管理规范》与《企业知识产权管理规范》的管理理念一脉相承，即遵循循环管理原则持续改善知识产权管理体系，针对我国科研组织或高等学校知识产权管理存在的主要问题，将知识产权管理理念融入科研项目管理的全过程；科研组织和高等学校通过持续改进知识产权管理体系，实现无形资产保值增值和创新能力的持续提升。

（二）体系化

《企业知识产权管理规范》提出了全业务、全流程的知识产权管理要求。在组织管理方面，要求最高管理者重视、设立管理者代表和知识产权机构，体现了管理体系的

[1] 北京强企知识产权研究院，中规（北京）认证有限公司．企业知识产权管理体系内审与咨询实用教程［M］．北京：中国质量标准出版社传媒有限公司，中国标准出版社，2019：10-11.

系统化。在文件管理方面，规范了知识产权管理方针和目标、管理手册、程序和记录表单，实现了文件管理的系统化。在基础管理方面，从知识产权创造、运用、保护的角度实现了知识产权全方位和系统化的管理；同时，根据产品和技术的生命周期，规范了立项、研究开发、采购、生产、销售和售后等生产经营环节中的知识产权流程化管理。

《科研组织知识产权管理规范》中，科研组织知识产权管理的目标是实现知识产权资产增值保值，手段是加强知识产权运用，基本要求是加强管理规范化、加强知识产权信息利用、提升知识产权质量，这些理念贯穿于各个章节。同时，详细分析了每一个要素同其他要素之间的关系，并进行整体优化、系统布局。在组织管理方面，要求最高管理者重视知识产权并保障体系运行条件、设置运营管理一体化的知识产权机构，体现了管理体系的系统化。在文件管理方面，规范了知识产权管理目标、管理手册、程序和记录表单，实现了文件管理的系统化；在项目管理方面，对立项、执行、结题以及后续管理等全过程的项目知识产权管理提出了明确要求。

《高等学校知识产权管理规范》中，在组织管理方面，要求最高管理者重视知识产权并保障体系运行条件、设立知识产权管理委员会、设置运营管理一体化的知识产权机构，实现了组织管理的系统化；在文件管理方面，规范了知识产权管理目标、管理手册、程序和记录表单，实现了文件管理的系统化；在项目管理方面，对立项、实施、结题以及后续管理等全过程的项目知识产权管理提出了明确要求。

（三）可操作性

《企业知识产权管理规范》立足将知识产权管理体系嵌入企业现有体系中，同现有体系具有高度一致性。企业在贯彻中，只需要对原有管理体系做适应性调整即可，投入小、实施易。在编制《企业知识产权管理规范》过程中，综合考虑了不同规模、不同行业、不同类型企业知识产权管理的需求，吸收了各地知识产权管理标准的优点，可适用于我国大多数企业。

《科研组织知识产权管理规范》对知识产权工作体系、组织机构和项目的全过程管理提出了明确的具体要求，使科研组织实施标准的任务清晰、操作可行。在组织结构上，明确提出了对最高管理者、管理者代表、知识产权管理机构、知识产权服务支撑机构、项目组、项目组知识产权专员等不同层级的知识产权要求；考虑到科研机构知识产权管理机构比较薄弱，标准中强调将科研机构的文献信息部门作为知识产权服务支撑机构，弥补管理的不足，保证了标准的可实施性。

《高等学校知识产权管理规范》明确提出了对校长、管理委员会、知识产权机构、院系、项目组、知识产权顾问等不同层级的知识产权要求；标准中强调将图书馆建设成知识产权服务支撑机构，保证了标准的可实施性。

（四）前瞻性

《企业知识产权管理规范》《科研组织知识产权管理规范》和《高等学校知识产权管理规范》既考虑了我国市场主体和创新主体的实际情况，也提出了适度超前的知识产权管理要求。例如，《企业知识产权管理规范》融入知识产权是企业战略性资产的理念，提出知识产权管理体系的目标是提高企业核心竞争力；强调从战略性资产层面科学管理和运营知识产权，将有效提升企业知识产权质量和效益；指导企业建立科学、系统、规范的知识产权管理体系，降低知识产权风险，提高研发效率，形成高质量知识产权，提升持续创新能力。《科研组织知识产权管理规范》和《高等学校知识产权管理规范》借鉴了国外先进经验，将知识产权管理部门和运营部门一体化设置，提出了基于现有技术成果转移体系的知识产权转化的相关要求，强调知识产权资产的保值增值；将知识产权管理融入科研项目的立项审批、项目实施、项目验收、成果转化与推广的全过程，在科研和创新过程中充分发挥知识产权的引导、激励、保障和服务作用，以知识产权促进科技创新和成果转化，提高科技创新活动的效率和效益；通过知识产权价值分析建立分级管理机制，确立合理的知识产权运用收益分配和激励方案。[1]

第三节 知识产权管理体系认证

一、认证的由来

认证活动起源于商品经济发展初期。当一个工匠谋求订户确认他的产品符合某种规格时，就出现了原始的认证活动。但是，这些活动相互之间没有联系，在产品规格的形式和确认程序方面也不规范，因而买主对产品是否符合规格信心不足。19 世纪中叶，一些工业化国家为了保护人身安全，开始制定法律或技术法规，规定凡需要符合政府颁布的规格和程序的某些工业品，必须通过确认。这就是法规性认证或强制性认证的开始。

随着市场经济的成熟和标准化水平的提高，现代认证已发展成为市场经济的一个有机组成部分，一个复杂的技术经济体系。近二三十年间，认证制度几乎为所有工业化发达国家所采用，受到各国政府和工商界的空前重视，并获得了迅猛的发展。认证一词的英文为 certification，其定义是："与产品、过程、体系或人员有关的第三方证明"。产品认证的对象是特定产品或服务，它已有数十年的历史。而体系认证的对象是企业的各类管理体系，而质量管理体系认证源于 20 世纪 70 年代的英国，到 20 世纪 90

[1] 北京强企知识产权研究院，中规（北京）认证有限公司. 企业知识产权管理体系内审与咨询实用教程［M］. 北京：中国质量标准出版社传媒有限公司，中国标准出版社，2019：10-11.

年代，在短短的 20 年中有了长足的发展，现在已成为市场经济走向成熟化、规范化、国际大市场质量竞争日趋激烈形势下的一种完善的认证形式。

二、认证制度的起源与发展

近一个世纪以来，认证活动的发展经历了三个阶段：

（1）“二战”之前，一些工业化国家建立起以本国法规标准为依据的国家认证制，其仅对在本国市场上流通的本国产品实施认证制度。

（2）“二战”之后至 20 世纪 70 年代，开始了本国认证制度对外开放，从国与国之间认证制度的双边、多边认可，进而发展到以区域标准为依据的区域认证制（例如以欧洲标准为依据的电器产品、汽车等认证制）。

（3）20 世纪 80 年代之后，开始在几类产品上试行以国际标准为依据的国际认证制。认证范围从单纯的工业产品认证发展到质量管理体系、环境管理体系、职业健康安全体系、食品安全管理体系，以及农产品、信息技术产品和网络运作等领域的认证。

认证认可已经广泛存在于商品和服务的形成与生产、流通、管理各个环节，并渗透到经济、政治、社会生活、国家安全等各个方面。认证认可已成为人们生活中不可或缺的保障理念，认证证书已成为企业签订贸易合同、招投标、申请贷款的“通行证”，是诚信的重要标志。

三、认证的作用

1. 认证基本概念

合格评定的定义是：与产品、过程、体系、人员或机构的规定要求得到满足的证明。广义的合格评定包括认证、检测、检查和认可等活动；狭义的合格评定通常指认证、检测和检查等活动。其中，认证和检查的对象是产品、过程、体系、人员等，而认可的对象则是从事认证、检测和检查活动的机构。

认证工作从民间自发走向政府利用认证制度来规范市场，其发展历经了一个多世纪，整个合格评定体系中涉及政府及区域组织、认可机构、认证公司、检验公司、检测实验室、咨询公司、执法机构和企业单位等，以上各方在整个认证和合格评定流程中扮演不同的角色并发挥着各自不可替代的作用。

中国合格评定国家认可委员会（CNAS）是根据《中华人民共和国认证认可条例》的规定，由国家认证认可监督管理委员会（CNCA）批准成立并授权的国家认可机构，对认证机构、实验室和检查机构等相关机构的认可工作统一负责。对于管理体系认证机构，主要依据 ISO 17021（GB/T 27021）建立认可制度。

中国合格评定的国家认可制度已经融入国际认可互认体系，并在国际认可互认体系中有着重要的地位，发挥着重要的作用。

2. 认可及其作用

合格评定制度中的认可是指，“正式证明合格评定机构具备实施特定合格评定工作的能力的第三方证明”，它对合格评定机构满足规定要求及其表明的有能力实施特定的合格评定任务给予承认。认可包括对认证机构、检测实验室、校准实验室、检查机构等的认可。

管理体系认证机构的认可就是由认可机构对一个认证机构能否从事管理体系认证活动的能力进行评价和予以证明。

对管理体系认证机构的认可，为其有能力实施其承担的任务提供了保证，从而降低了拟认证组织和获证组织的顾客的风险。经过认可机构的认可一是为拟认证的组织如何选择为其提供认证服务的认证机构提供了信心，二是为使用或享有经过认证的产品（服务）的用户和消费者提供了信心，三是使社会和市场对获证组织在认证所涉及的相关领域的行为充满信心。

四、知识产权管理体系认证

1. 管理体系认证

在 ISO/IEC 17021（GB/T 27021）《合格评定　管理体系认证机构要求》中指出：“经认可的管理体系认证遵循一定的原则，并按照认可规范的要求开展认证审核活动。贯彻认可的要求旨在确保认证机构以有能力、一致和公正的方式实施管理体系认证。”

管理体系认证（如对组织的质量管理体系、环境管理体系、知识产权管理体系等的认证）是一种保证方法，用以确保组织已实施了与其方针及相关管理体系标准的要求一致的、用以管理其活动、产品和服务相关方面的体系。

管理体系认证是独立地证明组织的管理体系：

①符合规定要求。

②能够自始至终实现其声明的方针和目标。

③得到有效实施。

因此，诸如管理体系认证的合格评定活动为组织、组织的顾客及利益相关方提供了价值。认证的总体目标是使得所有相关方相信管理体系满足规定要求。认证的价值取决于第三方通过公正、有能力的评定所建立的公信力的程度。

2. 管理体系认证机构

根据标准 GB/T 27000（IDT，ISO/IEC 17000）的定义，认证机构是指那些从事对产品（服务）、过程、体系或人员符合规定要求实施认证活动的合格评定机构。这里，合格评定机构特指那些实施认证、检试、校准、检查等活动的机构，如认证机构、检测实验室、校准实验室、检查机构等。作为一个法律实体，认证机构可以是非政府的或政府的形式，并且也可以是具有实施特定认证业务的法定授权，或者没有法定授权。

在我国，根据《中华人民共和国认证认可条例》的规定，设立认证机构，应当经国务院认证认可监督管理部门批准，并依法取得法人资格后，方可从事批准范围内的认证活动。未经批准，任何单位和个人不得从事认证活动。

3. 知识产权管理体系认证

企业知识产权管理体系是指将知识产权放在企业管理的战略层面，从企业知识产权管理理念、管理机构、管理模式、管理人员、管理制度等方面视为一个整体，界定并努力实现企业知识产权使命的系统工程。

为贯彻落实《中共中央国务院关于开展质量提升行动的指导意见》（中发〔2017〕24号）、《国务院关于加强质量认证体系建设促进全面质量管理的意见》（国发〔2018〕3号），2018年2月11日，国家认监委、国家知识产权局联合发布了《知识产权认证管理办法》（2018年第5号公告）（以下简称《管理办法》），旨在全面规范知识产权认证活动，提高知识产权认证有效性，加强对认证机构事中事后监管。《管理办法》的出台是落实我国创新型国家建设和质量强国建设的具体举措，为推动构建符合我国经济社会发展需要的知识产权认证体系提供了重要的法规和政策依据。

在《管理办法》中对于知识产权管理体系认证程序提出如下要求：

1）要求认证机构按照认证基本规范、认证规则规定的程序要求实施认证活动，认证过程完整、客观、真实，不得增加、减少或者遗漏程序要求。

2）规定认证机构不得向失信或违法违规企业，即被知识产权行政管理部门或者其他部门责令停业整顿的，或者纳入国家信用信息失信主体名录的企业出具认证证书。

3）要求认证机构对认证过程做出完整记录，保留相应的认证资料。

4）监督审核具体要求。每次监督审核内容无须与初次认证相同，但应当在认证证书有效期内覆盖体系的全部要素。

第四节　知识产权管理体系认证相关法律法规

一、知识产权相关法律法规

改革开放以来，我国逐步建立了较为完善的知识产权法律制度，完成了发达国家数百年走过的制度变迁之路。我国现有的知识产权法律体系主要由以专利法、商标法和著作权法为主体的知识产权专门法律和其他法律的知识产权条款组成。

（一）专利法体系

（1）法律。《专利法》是关于专利权保护、运用和管理的基本规则。我国于1984年制定公布了《中华人民共和国专利法》，1985年4月1日正式施行。其后根据我国经济社会发展的现实需要，分别于 1992 年、2000 年、2008 年进行了修订。

将发明、实用新型、外观设计的保护规定在同一部法律中，都称为专利，是我国专利法立法体制特色之一。

（2）行政法规。《中华人民共和国专利法实施细则》是保障《专利法》实施的配套性法规，进一步细化了《专利法》中的原则性规定。现行的《专利法实施细则》是 2001 年由国务院制定，并经过 2002 年和 2010 年两次修订。除实施细则外，专利领域的行政法规还包括《专利代理条例》（1991 年 4 月 1 日实施，2018 年修订）和《国防专利条例》（2004 年）。

（3）司法解释以及其他司法规范性文件。在专利领域，最高人民法院出台的审判解释包括《最高人民法院关于审理专利纠纷案件适用法律问题的若干规定》（2001 年）、《最高人民法院关于对诉前停止侵犯专利权行为适用法律问题的若干规定》（2001 年）、《最高人民法院关于专利、商标等授权确权类知识产权行政案件审理分工的规定》（2009 年）。

（二）商标法体系

（1）法律。1982 年制定通过的《商标法》是我国第一部知识产权单行法律，其于 1983 年 3 月 1 日正式施行，分别于 1993 年、2001 年、2013 年、2019 年进行了修订。

《商标法》分总则，商标注册的申请，商标注册的审查和核准，注册商标的续展、变更、转让和使用许可，注册商标的无效宣告，商标使用的管理，注册商标专用权的保护，附则等。

（2）行政法规。《中华人民共和国商标法实施条例》是我国现行《商标法》的配套法规，《商标法实施条例》是 2002 年 8 月 3 日由国务院制定公布的，2014 年第 1 次修订。除此以外，我国还制定了《奥林匹克标志保护条例》《特殊标志管理条例》《世界博览会标志保护条例》等针对特殊标识标志的行政法规。

（3）司法解释以及其他司法规范性文件。专门针对商标问题的司法解释，比较重要的有《最高人民法院关于人民法院对注册商标权进行财产保全的解释》（2001 年施行）、《最高人民法院关于诉前停止侵犯注册商标专用权行为和保全证据适用法律问题的解释》（2002 年施行）、《最高人民法院关于审理商标案件有关管辖和法律适用范围问题的解释》（2002 年施行）、《最高人民法院关于审理商标民事纠纷案件适用法律若干问题的解释》（2002 年）、《最高人民法院关于建立驰名商标司法认定备案制度的通知》（2006 年）、《最高人民法院关于审理注册商标、企业名称与在先权利冲突的民事纠纷案件若干问题的规定》（2008 年）、《最高人民法院关于涉及驰名商标认定的民事纠纷案件管辖问题的通知》（2009 年）、《最高人民法院关于审理涉及驰名商标保护的民事纠纷案件应用法律若干问题的解释》（2009 年）、《关于审理商标授权确权行政案件若干问题的意见》（2010 年）。

（三）著作权法体系

（1）法律。我国著作权方面的基本制度是《中华人民共和国著作权法》，该法于1990年由全国人大常委会通过，1991年起施行，于2001年、2010年进行过两次修订。它规定了我国著作权法的基本制度。

（2）行政法规。《中华人民共和国著作权法实施条例》是我国综合性的著作权行政法规，该法于1991年施行，后进行过几次修订。除此以外的著作权行政法规，根据调整对象可以分为信息网络传播权、计算机软件、著作权管理三个方面，其中《信息网络传播权保护条例》于2006年施行，《计算机软件保护条例》于2002年施行。涉及著作权管理的行政法规数量较多，包括2005年施行的涉及著作权集体管理的《著作权集体管理条例》，以及2001年公布的涉及著作权行政管理的《出版管理条例》《电影管理条例》《音像制品管理条例》《印刷业管理条例》等。

（3）司法解释。主要包括于2002年做出的《最高人民法院关于审理著作权民事纠纷案件适用法律若干问题的解释》和于2000年做出的《最高人民法院关于审理涉及计算机网络著作权纠纷案件适用法律若干问题的解释》，后者分别于2004年、2006年、2010年进行了修订，反映了网络著作权保护的复杂性。

（四）其他法律的知识产权内容

作为重要的民事权利，我国《民法总则》第123条对知识产权的对象、性质及其保护做出了总括性规定。此外，我国的《民法通则》《合同法》《侵权责任法》《物权法》《反垄断法》《公司法》《涉外民事关系法律适用法》等民商事法律中都规定了与知识产权相关的内容。

在刑事保护方面，1997年3月14日，经修订的《刑法》将“侵犯知识产权罪”作为一个独立的犯罪类别规定于“破坏社会主义市场经济秩序罪”中，从而对侵犯知识产权的犯罪，第一次以刑法基本法的形式做出了规定。[1]

二、知识产权管理体系认证相关法规

中国的认证工作始于20世纪70年代末80年代初，是随着中国改革开放而兴起的。当时首先从电工产业和电子元器件产品认证开始，逐渐扩大到其他的产品和领域。今天，认证/认可工作已经涵盖了产品认证、质量管理体系认证、环境管理体系认证、职业健康安全管理体系认证、食品卫生注册、实验室认可、认证人员注册等多个认证认可制度。

---

[1] 北京强企知识产权研究院，中规（北京）认证有限公司. 企业知识产权管理体系内审与咨询实用教程[M]. 北京：中国质量标准出版社传媒有限公司，中国标准出版社，2019：4-6.

为了适应市场经济的发展，应统一管理、监督和综合协调中国的认证工作。我国认证认可行业主要由中国国家认证认可监督管理委员会（CNCA）、中国合格评定国家认可委员会（CNAS）以及中国认证认可协会（CCAA）分别按照认证机构、认可机构以及认证人员三个部分进行行政管理。2001 年，成立了国家认证认可监督管理委员会，坚持统一规划、强化监管、规范市场、提高效能、与国际接轨的原则，逐步实现认证机构的社会化。国家认证认可监督管理委员会是我国统一管理、监督和综合协调全面认证认可工作的行政机关。中国合格评定国家认可委员会是由国家认证认可监督管理委员会批准设立并授权的国家认可机构，统一负责对认证机构、实验室和检验机构等相关机构的认可工作。中国认证认可协会是由认证认可行业的认可机构、认证机构、认证培训机构、认证咨询机构、实验室、检测机构和部分获得认证的组织等单位会员和个人会员组成的非营利性、全国性的行业组织，依法接受业务主管单位国家质量监督检验检疫总局和登记管理机关民政部的业务指导和监督管理。

（一）《认证认可条例》

2003 年 9 月 3 日，国务院颁布了《中华人民共和国认证认可条例》（以下简称《认证认可条例》），自 2003 年 11 月 1 日起正式实施。《认证认可条例》的公布实施，对满足我国适应加入世界贸易组织的需要，规范认证认可活动，进一步提高产品竞争力、服务质量和管理水平以及促进经济和社会的发展都将起到重要作用。《认证认可条例》在认证认可监督管理领域的法律依据中具有最高法律效力。

为了依法推进简政放权、放管结合、优化服务改革，国务院对取消和调整行政审批项目、价格改革和实施普遍性降费措施涉及的行政法规进行了清理。国务院于 2016 年 2 月 6 日发布了《国务院关于修改部分行政法规的决定》（国务院令第 666 号），自公布之日起施行。

（二）《认证机构管理办法》

2011 年 7 月 20 日，国家质检总局制定发布《认证机构管理办法》（总局令第 141 号），旨在加强认证机构监管、规范认证活动、提高认证有效性。2015 年 5 月 11 日，为落实中央关于“完善认证机构行政审批程序”的要求，国家质检总局对 141 号令进行了修改，并以总局令第 164 号形式发布。2016—2017 年，为依法推进行政审批制度改革，加强对认证机构事中事后监管，贯彻落实党中央、国务院关于简政放权、“放管服”结合的要求，国家质检总局再次对 164 号令进行修订，并以总局令第 193 号形式发布，自 2018 年 1 月 1 日起施行。

（三）《知识产权认证管理办法》

2013 年 11 月，国家认监委、国家知识产权局联合印发了《知识产权管理体系认证实施意见》（国认可联〔2013〕56 号）（以下简称《实施意见》），共同探索开展知识产权管理体系认证工作。实践证明，企业知识产权管理体系认证已成为全面提高企业内部管理水平、获取外部竞争优势的重要抓手，在助推企业创新发展，提升企业核心竞争力，推动供给侧结构性改革，建设创新型国家等方面发挥了重要作用。但随着我国社会经济的快速发展，《实施意见》已经不适应新形势的要求，亟待制定新的认证管理办法。

为贯彻落实《中共中央国务院关于开展质量提升行动的指导意见》（中发〔2017〕24 号）、《国务院关于加强质量认证体系建设促进质量管理的意见》（国发〔2018〕3 号），2018 年 2 月 11 日，国家认监委、国家知识产权局联合发布了《知识产权认证管理办法》（2018 年第 5 号公告）（以下简称《管理办法》），旨在全面规范知识产权认证活动，提高知识产权认证有效性，加强对认证机构事中事后监管。《管理办法》的出台是落实我国创新型国家建设和质量强国建设的具体举措，为推动构建符合我国经济社会发展需要的知识产权认证体系提供了重要的法规和政策依据。

第二章 CHAPTER 2

企业知识产权管理体系标准解读

建立企业知识产权管理的规范体系，加强对企业知识产权工作的引导，对于企业而言，是进一步强化知识产权创造、运用、管理和保护，增强自主创新能力，实现对知识产权的科学管理和战略运用，提高国际、国内市场竞争能力的重要举措。

《企业知识产权管理规范》（下称《规范》）是企业建立知识产权管理规范体系的标准性适用文件。作为国家推荐性标准，《规范》从企业的生产、销售、采购、立项、研发等各个环节对系统规范企业的知识产权管理工作提出了明确的要求，并对知识产权管理体系涉及的整体要求、资源管理、基础管理、实施和运行、审核和改进都进行了具体的规定。

本章将以《规范》为依托，深入解读基于过程方法的企业知识产权管理模型，并对适用的每个条款在运行过程中的实施要点进行提炼、总结，以期帮助外审员、企业内审员、企业管理者、认证咨询师等掌握《规范》适用的要点和难点，从而更好地理解和执行。

建立企业知识产权管理的规范体系是一项长期且系统的工程，每一环节都需要企业内审员、企业管理者和/或认证咨询师的通力配合，《规范》中必须实施的内容不可缺少，但实施的具体方式可结合企业自身的特点“对症下药”。企业一旦通过《规范》的审核、认证，便可通过对自身知识产权管理工作的定期检查、分析，并对过程中发现的问题，制定出适应企业发展的改进措施，从而有效提升企业的无形资产价值。

《规范》是我国首部企业知识产权管理国家标准，于2013年3月1日起正式实施。所谓标准，意为可以重复使用且为适用者共同使用的一种特殊文本，其文本内容的要求具有普适性，且充分综合了现阶段的状况，考虑了适用的前瞻性；同时，在必要情形下还结合了法律法规的规定，因此，标准在某种程度上具有一定的引领作用。

《规范》作为标准之一，主要有以下三个属性：

首先，《规范》是一种国家标准。在标准体系中，国家标准与地方性标准/区域性标准相对，这是从适用范围上对标准进行的简单分类。国家标准的适用范围最广，位阶最高，效力也最强。当国家标准与地方性/区域性标准相冲突时，国家标准具有优先适用性。

其次，《规范》是推荐性的而非强制性的标准。这个是从适用强度上对《规范》进行的分类。从标准化体系制定的发展历程我们可以发现，在简政放权的时代背景下，强制性标准的适用范围越来越窄，强制性标准越来越限于立法层面的文本，且一般多和人身财产、安全、环保、卫生等相关。换句话说，强制性的标准一般规制触碰底线、红线的行为，并会对违反底线、红线的行为进行强有力的惩罚。相反，推荐性标准的灵活性就更强，其主要受市场影响，能够彻底激发市场主体的主观能动性。如果适用推荐性的标准，接受市场化的挑战更多，推广得更好，那么这种标准企业会自发地继续适用，如果效果不佳，那么即使被迫推崇，可能企业也不会达到真正满意的效果，相应地，市场自然就会将这样的标准淘汰。但需强调一点，推荐性标准在效力上并不减弱，在某种程度上，推荐性标准还可能会转化为强制性标准，被法律直接引用而具有适用上的普适性。

最后，《规范》是一种提要求的规范性标准。顾名思义，规范就是提要求，就是对适用者提出符合条件的要求，而不是提出意见、提出建议。那么，可想而知，既然是要求，就一定会存在满足和不满足两种选项。满足项说明很好地贯彻落实了《规范》，不满足项则需要继续改进，最终达到《规范》的要求。从传统上讲，知识产权管理规范实质上就是尊重要求、贯彻落实、达到满足项的过程。

第一节 前 言

【《规范》条款—前言】

本标准按照 GB/T 1.1—2009 给出的规则起草。

本标准由国家知识产权局提出并归口。

本标准起草单位：国家知识产权局、中国标准化研究院。

《规范》的前言部分共有三句，分别从三个角度对《规范》的质量及制定情况做了说明。

首先，第一句“按照 GB/T 1.1—2009 给出的规则起草”即明确了《规范》是按照标准制定的，而不是空穴来风。那么，标准和政策性的文件有何不同呢？简单来说，标准至少从文本上看，不是简单思想意志的表达，而是将明确的要求和条件贯穿始终的。适用者需要按照要求来执行，审核者需要按照要求来评定。

其次，前言部分还明确了《规范》的制定部门。《规范》是由国家知识产权局、中国标准化研究院起草，经国家标准化管理委员会批准颁布的。显而易见，《规范》的起草人来自许多领域，有官员，有学者，有专家，还有企业 IPers（从事知识产权工作的人员）。因此，可以看出《规范》是集众家所言，是一个集合各类社会主体意见于一身的智慧之果。

第二节　引　　言

【《规范》条款—引言】

0.1 概述：本标准提供基于过程方法的企业知识产权管理模型，指导企业策划、实施、检查、改进知识产权管理体系。

0.2 过程方法（PDCA 模式）

0.3 原则：战略导向、领导重视、全员参与

0.4 影响因素

《规范》的引言部分是很重要的章节。在这一章节，需要重点理解的一个问题是：《规范》究竟是什么？

《规范》给出的定义是：本标准是提供基于过程方法的企业知识产权管理模型，可以有效指导企业策划、实施、检查、改进知识产权管理体系。我们对《规范》的定义进行结构上的拆解、分析后可以发现，《规范》首先是一种管理类的模型，主要是关于企业知识产权的内容，注重过程方法，而且可以多方位推动知识产权管理体系的构建及完善。简单来说，《规范》是能够有效帮助企业进行知识产权管理的文本，是为企业知识产权管理提供方式方法的重要文件。众所周知，知识产权管理越来越成为企业管理的重要环节。因此，《规范》的施行，能够为企业持续运营和发展提供坚实的环境保障，其是企业持续发展的必要条件。

值得注意的一点是，《规范》虽然源于质量管理体系框架结构，但其与其他管理体系并没有适用上的冲突。一个企业，既可以有效认证质量管理体系，同时也可以通过《规范》的审核，兼得知识产权管理体系认证证书，两者并不存在必然的关联。

一、过程方法

过程方法是质量管理体系乃至管理体系中的核心原则之一。没有过程方法，就等于没有操作的系统指引，就像临时有一两个人在做一两件事。但一旦有了过程方法，就有了固定的输入和输出，即使将来变成十几个人需要做十几件事，也依然会有条不紊地进行。的确，过程方法在数量较少的时候确实体现不出来，但一旦规模变大，通过过程方法对数量和质量进行管理，可以事半功倍。

没有过程方法，企业的管理就可能零散；一旦形成比较系统的过程方法，输入和输出就有了时间点和要求，没有按时输出，整体就会出问题。知识产权管理必须采取

这种模式，而且在这种模式下，可以轻松发现企业在管理上存在的问题。

过程方法尤其需要注意以下三点：

第一，过程方法一般有四个步骤，我们简称为 PDCA 模式，即策划、实施、检查和改进四个阶段。只有将这四个阶段有机统一，才能真正实现企业知识产权管理体系的成功落地。PDCA 模式具体内容如表 2-1 所示。

表 2-1　PDCA 模式

过 程	具 体 要 求
策划	理解企业知识产权管理需求，制定知识产权方针和目标
实施	在企业的业务环节（产品的立项、研究开发、采购、生产、销售和售后）中获取、维护、运用、保护知识产权
检查	监控和评审知识产权的管理效果
改进	根据检查结果持续改进知识产权管理体系

第二，过程方法要适用一个原则，即持续改进的原则。这个原则其实并不新鲜，大抵与现在的“迭代”概念相类似。例如：三星电子早在 2010 年就推出了第一代三星 Galaxy S，经过 10 个年头的更新升级，2019 年在江南水乡乌镇发布了新一代高端旗舰智能手机 Galaxy S10 系列，2020 年即将推出 Galaxy S11 系列。因此，简单地说，持续改进就是企业不断对其产品、服务乃至管理模式进行优化，以达到更高的预期。

持续改进原则是知识产权管理体系的必备原则之一。企业在建立知识产权管理体系的过程中一开始并不都是很完美的状态，一般企业会在不断发展的过程中逐渐精准把握企业需求，顺势而变，从而打造适合自身发展的一套精品知识产权管理模式。

第三，过程方法的相关方比较多元，既包括企业内部的相关方，也包括企业外部的相关方。与质量管理体系（QMS）的相关方进行对比发现，企业知识产权管理体系的相关方涉及的范围更广，渗透的层级更深。以一个企业为例，知识产权管理的相关方不单单只是一个专利（知识产权）部门、法务部门，还要涉及整个企业业务流发展的上游及下游。因此，知识产权管理不仅需要调动企业内部全体员工创新创造的积极性，通过竞业限制、保密等对员工进行基本要求的约束等，同时还需要顾及企业外部的供应商、目标客户等市场主体，同时注意产品/服务质量、价格，产品/服务知识产权状况等，让客户的要求变成管理的输入，从而更好地处理多方之间的关系。当然，政府也是相关方中很重要的一环。如果可以做好政府的相关工作，得到一些政策的助力和加持，对企业的发展会有不可小觑的意义。

二、原则

企业知识产权管理体系的建立和完善，始终离不开战略导向、领导重视、全员参与这三个原则的保驾护航，如表 2-2 所示。

表 2-2　企业管理体系建立的三大原则

战略导向	统一部署经营发展、科技创新和知识产权战略，使三者互相支撑
领导重视	最高管理者的支持和参与是知识产权管理的关键，最高管理层应全面负责知识产权管理
全员参与	知识产权涉及企业各业务领域和各业务环节，应充分发挥全体员工的创造性和积极性

第一，战略导向原则。虽然知识产权在企业发展中一直不被重视，或者有些企业认为，只有层次较高的企业，比如，欧美国家的企业才有必要谈及知识产权，殊不知，知识产权已经随着时代变迁慢慢渗透到企业发展的方方面面。但必须明确，知识产权的管理者确实需要领导层级较高，毕竟较高的领导阶层，才能真正确认决策和下达执行命令，为企业的知识产权管理带领正确的方向。普通的员工仅需对领导的决策和命令进行很好的贯彻落实。当然，领导的决策和命令并不是拍脑门决定的，一般的领导会综合考虑企业的经营发展、科技创新以及知识产权在如此的背景下的战略发展，将三者有机统一起来，紧密整合，从而很好地贯穿整个知识产权管理体系。

第二，领导重视原则。正所谓“无领导不体系”。如果领导重视，则企业对员工会有一定的管理要求，如熟练掌握知识产权方针、目标等，知识产权管理才能上行下效，推进才能比较顺利，效率才能提高；相反，如果领导不够重视知识产权管理，企业内部就是松散的集合体，员工可能对知识产权是什么都不太明晰，自然推进管理体系的构建更是难上加难。因此，领导重视是知识产权管理中关键的关键。

第三，全员参与原则。如前所述，知识产权的管理涉及企业内部和外部，企业内部则需要全体员工的精诚合作，而不单单依靠一个专利（知识产权）部门抑或是一个法务部门。毕竟知识产权管理涉及众多的环节和阶段，只有企业全体员工齐心协力，才能尽早达到比较满意的效果，企业后续的发展才能顺利启航，水到渠成。

三、影响因素

企业在实施《规范》的过程中应考虑以下因素：

第一，经济和社会发展状况，法律和政策要求。

第二，企业的发展需求、竞争策略、所属行业特点。

第三，企业的经营规模、组织结构、产品及核心技术。

因为企业知识产权管理是个复杂的过程，既需要考虑市场发展对企业要求的共性特征，又需要结合企业自身的个性需求，如此才能真正检验所实施知识产权管理体系的适应性和适应度，切勿在没有真正识别企业需求的情况下，粗暴地套用模板，抄袭文件。

第三节 范　　围

【《规范》条款—1 范围】

本标准适用于有下列愿望的企业：

a）建立知识产权管理体系；

b）运行并持续改进知识产权管理体系；

c）寻求外部组织对其知识产权管理体系的评价。

《规范》的范围条款主要明确了适用的对象是符合条件的企业，而非高等学校、科研组织。同时，需要了解适用《规范》的企业最终要寻求外部组织对其知识产权管理体系进行的评价，即知晓其符合项及不符合项，同时对不符合项进行持续改进。

第四节 术语和定义

GB/T 19000—2016 和 GB/T 21374—2008 规定的一些术语和定义如下：

（1）知识产权（intellectual property）：

在科学技术、文学艺术等领域中，发明者、创造者等对自己的创造性劳动成果依法享有的专有权，其范围包括专利、商标、著作权及相关权、集成电路布图设计、地理标志、植物新品种、商业秘密、传统知识、遗传资源以及民间文艺等。

（2）管理体系（management system）：

组织建立方针和目标以及实现这些目标的过程的相互关联或相互作用的一组要素。

（3）知识产权方针（intellectual property policy）：

知识产权工作的宗旨和方向。

（4）知识产权手册（intellectual property manual）：

规定知识产权管理体系的文件。

第五节 知识产权管理体系

知识产权管理体系是内审员以及外审员从文字解释的要求上进行审核、鉴别，从而做出是否符合《规范》要求的依据。

一、总体要求

【《规范》条款—4.1 总体要求】
企业应按本标准的要求建立知识产权管理体系，实施、运行并持续改进，保持其有效性，并形成文件。

知识产权管理体系要求企业按照《规范》的具体指示建立、实施、运行并持续改进，并要求在实施的过程中保持其有效性，有效性是知识产权管理体系审核中最为看重的一个要求。

知识产权管理体系还需要满足一定的文件化要求。所谓文件，是整个体系在建立、实施、运行并持续改进的过程中必须固化为文本的书面材料。这些材料可以是书面的文字，也可以是图表，可能较为复杂，也可能简单概括，但都必须成为有形的文本保存下来，这是最低限度的文件要求，当然，如果这类文件能够派专人进行管理将更好。

二、文件要求

【《规范》条款—4.2.1 总则】
知识产权管理体系文件应包括：
a）知识产权方针和目标；
b）知识产权手册；
c）本标准要求形成文件的程序和记录。
注：本标准出现的“形成文件的程序”，是指建立该程序，形成文件，并实施和保持。一个文件可以包括一个或多个程序的要求；一个形成文件的程序的要求可以被包含在多个文件中。

（一）总则

为满足知识产权管理体系文件化的要求，我们需要编制知识产权管理体系文件。知识产权管理体系文件的主要内容类似金字塔形的结构，具体分为知识产权方针和目标、知识产权手册以及其他的程序和记录。这看似简单的结构划分，其实内部蕴藏着深义。

知识产权方针和目标是第一个层级，较为提纲挈领，这在一定程度上反映了知识产权管理者必须居高位，谋大局，所有的战略性思考一定要高瞻远瞩。知识产权方针和目标就像灯塔一样，为琐碎的知识产权管理工作引领方向。第二个层级是知识产权手册，这是知识产权管理体系中不可或缺的重要文件，主要是对知识产权管理机构运行以及制度规制进行描述。下文将详细介绍知识产权手册的必备内容，在此不作赘述。

第三个层级是金字塔底，要求具备形成文件的程序和记录，这是构成体系文件的最小元素。形成文件的程序和记录相较上两个层级较为具体，而且较为琐碎。一旦有任何涉及知识产权管理的内容，所有过程中的步骤都可以被保存下来形成程序和记录。因此，虽然三个层级各有侧重，但三者在结构上是整合统一的，如此才能更有效地服务于体系的构建和运行。

那么，是否所有的企业都需要重新起草或编撰新的体系文件呢？答案一定是否定的。比如，世界五百强的企业，自身管理已经足够优化，在管理体系构建过程中不想再编制新的文件，这种状况下只要对照《规范》的要求，找出差距，补足即可。当然，有的企业较为极端，自认管理不够完美，因此决定对其内部的文件全部废止，这种行为自然也是不可取的，如此只会造成资源的浪费。必须明确，企业已经施行的制度绝对有其优势和可取性，略作调整即可。体系文件的终极目标是贴合企业的发展需要。因此，企业在施行过程中切忌对体系文件妄加评判，武断决定其废与立，一定要听从专业审核人员/认证咨询师的专业意见。

（二）文件控制

【《规范》条款—4.2.2 文件控制】

知识产权管理体系文件是企业实施知识产权管理的依据，应确保：

a）发布前经过审核和批准，修订后再发布前重新审核和批准；

b）文件中的相关要求明确；

c）按文件类别、秘密级别进行管理；

d）易于识别、取用和阅读；

e）对因特定目的需要保留的失效文件予以标记。

知识产权管理的流程较长，在这个过程中需要经历各个节点，需要涉及很多部门。因此，就需要成文的管理制度，固化成固定的输入和输出，体系的运行才能更加系统、明确。

那么，对于诸多的体系文件，如何实施有效的管理呢？该部分提出了一些基本的要求。当然，企业在实施的时候，可以不局限于这些。

一是所有的文件都需要审批。审核和批准一般是领导来做决定，针对制定的管理体系文件，在发布前或修改后重新发布前，都需要各级领导进行阅示，如果同意了才能继续，不同意的只能搁置或重新修改。审核和批准是两个步骤，均需要形成文件和记录。

二是文件具有可操作性。管理体系的构建需要文件规定各项活动。每项活动，文件都必须规定有清晰的承担部门、人员或岗位职责以及时间等。文本是标准，所以依据标准制定出的内容必须是具体可落地的，而不是宣传性的文章，不用赘述空话、套话。

三是体系文件要能识别、取用和阅读。针对所有体系文件的管理，要方便查找，对需要的文件能在存档文件中尽快找到，可以通过电子化的手段将文件管理应用起来；要容易识别，如涉密文件不是每个人都能查阅的，要在文件名称或封面或清单等地方给予标识以便识别等❶。要方便阅读，可以编制文件编号、名称等内容，也可以通过电子化的方式进行准确标记。

总之，文件的管理要有审批流程，文件内容清楚并具有可操作性，同时能方便查找、识别等，从而避免风险。

三、知识产权手册

【《规范》条款—4.2.3 知识产权手册】

编制知识产权手册并保持其有效性，具体内容包括：

a）知识产权机构设置、职责和权限的相关文件；

b）知识产权管理体系的程序文件或对程序文件的引用；

c）知识产权管理体系过程之间相互关系的表述。

知识产权手册对整个知识产权管理体系的构建具有重要的指导意义。知识产权手册就像企业知识产权管理模型的画像，包含了知识产权管理的大过程和小过程以及每个过程之间必要连接点的描述。知识产权管理手册明确了机构设置、人员分工以及具体权限，明确了执行活动需要的程序、程序文件名称或内容及方式，明确了开展活动之间的关联性，具体实施的界限及衔接等。知识产权手册就是在《规范》体例基础上结合行业特点、企业特点、企业知识产权管理所处阶段产出的成果，不需要太过冗杂，目的是让全体员工很迅速地获取到企业管理的相关信息，增强企业员工的知识产权意识。因此，知识产权手册是企业普及知识产权文化的重要工具。

如前所述，程序文件是指对某项活动或过程规制明确的文本。例如“内部审核控制程序”，主要包括内部审核的流程以及权限划分，同时附件也会加入此项程序需要的内容、表单等（详见《规范》条款 9.2 内部审核的内容）。对于程序文件的引用，则是指知识产权手册中“相关文件：《内部审核控制程序》”诸如此类的表述，如果员工对相关程序不够了解，即可直接翻阅具体的程序文件。

关于知识产权管理体系过程之间相互关系的表述，从文字解释的角度较难第一时间理解。我们来看个例子，《规范》“8.5 销售和售后”部分 c）条款列明“建立产品销售市场监控程序，采取保护措施，及时跟踪和调查相关知识产权被侵权情况，建立和保持相关记录”，但并未明确当相关知识产权被侵权以后，企业应当何去何从？此

❶ 章洪流．企业、高等学校和科研组织知识产权管理规范实施手册［M］．北京：知识产权出版社，2018：13.

时，《规范》“7.4.2 争议处理”部分 a）条款则及时做了补充说明，其规定“及时发现和监控知识产权被侵犯的情况，适时运用行政和司法途径保护知识产权”，即将知识产权被侵权后的应急处置方案进行了明确。因此，可以说，以上两个条款就是针对知识产权被侵权这一事件相关关系的描述，两个条款自然相接，从而有效地为企业知识产权管理指明了方向。

四、外来文件与记录文件

【《规范》条款—4.2.4 外来文件与记录文件】
编制形成文件的程序，规定记录的标识、贮存、保护、检索、保存和处置所需的控制。对外来文件和知识产权管理体系记录文件应予以控制并确保：
a）对行政决定、司法判决、律师函件等外来文件进行有效管理，确保其来源与取得时间可识别；
b）建立、保持和维护记录文件，以证实知识产权管理体系符合本标准要求，并有效运行；
c）外来文件与记录文件完整，明确保管方式和保管期限。

外来文件和记录文件在所有的管理体系都存在，并不需要重新编制，只需要加入缺失的即可。对外来文件和记录文件的管理，《规范》明确提出了要建立一个程序文件进行管理。程序文件中要规定记录的标识、贮存、保护、检索、保存和处置所需的控制方法和过程，同时要求外来文件与记录文件归档要完整，明确保管方式和保管期限，重要的外来文件如行政决定、司法判决、律师函件等要确保其来源与取得时间可识别。这样的要求其实是为了存证、留证做必要储备。一旦出现不可估量的风险，这类文件的留存就可以派上用场。

具体运行时，对重要的外来文件如行政决定、司法判决、律师函件，以及其他记录要有文件记录清单，清单上要登记相关文件的接收人、接收时间、文件来源、文件处理人、保管方式、保存期限等。保管方式可以是电子版或纸质件；保存期限可以根据文件的性质规定，如专利文件可以有 20 年以上的保存期限，实用新型专利的保存期限则在 10 年即可。所有文件都规定无限期的保存期限并不可取[1]。

第六节　管理职责

企业知识产权管理体系是制定、实施知识产权制度的载体，而企业的知识产权组

---

[1] 章洪流. 企业、高等学校和科研组织知识产权管理规范实施手册［M］. 北京：知识产权出版社，2018：14.

织机构和管理职责则是企业实现知识产权有效管理的基础，知识产权制度有效推行的关键在于管理职责的明确。

一、管理承诺

【《规范》条款—5.1 管理承诺】

最高管理者是企业知识产权管理的第一责任人，应通过以下活动实现知识产权管理体系的有效性：

a）制定知识产权方针；

b）制定知识产权目标；

c）明确知识产权管理职责和权限，确保有效沟通；

d）确保资源的配备；

e）组织管理评审。

企业的最高管理者要对公司治理足够重视，而且需要对其管理做出一定的承诺。承诺是一种保证，即要求最高管理者保证一定要去做什么事情。具体来看，《规范》需要最高管理者做到几点：制定知识产权方针、知识产权目标；组织管理评审；审批体系运行所需资源；规定相关知识产权管理机构的成立、职能和权限等。

企业的最高管理者在实施过程中，重点是提早制定、决策公司的知识产权的方针和目标，并在执行层面与已设立的知识产权机构梳理确认管理流程、职能、管理方式等，并在决策部署文件上签字，交由相关部门颁布并在企业范围内公告，以确保为实施知识产权管理体系提供适宜的环境。对于体系运行时所需资源和管理评审活动，最高管理者有监督的职能，要及时根据需求进行核验、审批，并及时参加管理评审活动。最高管理者是企业知识产权管理的第一责任人，企业知识产权管理体系建立的成败与企业管理者有着密不可分的联系。

二、知识产权方针

【《规范》条款—5.2 知识产权方针】

最高管理者应批准、发布企业知识产权方针，并确保方针：

a）符合相关法律和政策的要求；

b）与企业的经营发展相适应；

c）在企业内部得到有效运行；

d）在持续适宜性方面得到评审；

e）形成文件，付诸实施，并予以保持；

f）得到全体员工的理解。

在有了最高管理者知识产权管理承诺的情况下，还要求制定知识产权方针，目的是把承诺的事情进一步落实。也就是说，知识产权方针是把最高管理者的知识产权管理承诺从个人化、职位性表述落实成组织性、文件化的表述，以强化对知识产权管理的指导性作用。

知识产权方针是总领性、方向性的内容，绝不是一个简单的口号。方针不可能一成不变，需要结合企业的情况顺势而变。企业员工需要对知识产权方针了然于心。不仅需要知道知识产权方针是什么，还需要理解知识产权方针制定的背景、内涵以及对企业的价值意义。

对于企业制定知识产权方针，《规范》规定了一些要求，主要包括：须经过最高管理者批准后方能实施；方针要符合法律法规的要求，与企业发展相匹配，在公司内部对所有员工进行宣传落实，让所有员工能看到并熟悉方针，组织管理评审时需要对方针的适宜性进行评审。实施过程中要对制定好的知识产权方针形成宣传记录、管理评审中对知识产权方针进行评审的记录等。

三、策划

（一）知识产权管理体系策划

策划是指人们为了达到某种特定的目标，借助一定的科学方法和艺术，为决策计划而构思、设计、制作策划方案的过程。

【《规范》条款—5.3.1 知识产权管理体系策划】

最高管理者应确保：

a）理解相关方的需求，对知识产权管理体系进行策划，满足知识产权方针的要求；

b）知识产权获取、维护、运用和保护活动得到有效运行和控制；

c）知识产权管理体系得到持续改进。

建立知识产权管理体系之前，企业应对现有知识产权管理需求有所了解并进行策划。主要有三个方面的要求：一是针对知识产权方针的要求，实施满足方针所需要的条件，内部各部门之间、与外部相关部门之间、上下级各个部门以及客户等方面的所有需求是否能满足；二是现有知识产权获取、维护、运用和保护活动的运行和控制，及其运行后是否能得到有效控制；三是能否建立、运行并持续改进机制。一般应该有策划活动报告体现以上内容。

知识产权管理体系策划是对知识产权方针的细化和具体化，应当根据企业发展持续改进，保持其适宜性和有效性。

（二）知识产权目标

> **【《规范》条款—5.3.2 知识产权目标】**
> 最高管理者应针对企业内部有关职能和层次，建立并保持知识产权目标，并确保：
> a）形成文件并且可考核；
> b）与知识产权方针保持一致，内容包括对持续改进的承诺。

制定知识产权目标是落实知识产权方针和知识产权策划的重要手段。知识产权目标应根据知识产权方针以及相关部门的职能和层次来建立，同时要体现持续改进，体现目标的适宜性和有效性，使建立的知识产权目标客观且合理。企业内涉及知识产权相关管理活动的部门都必须制定并承担相应的知识产权目标。

制定的知识产权目标应形成文件并作为记录保存。目标的制定涉及相关职能部门，这些部门应该是参与相关知识产权业务管理的部门，制定的目标要充分考虑与知识产权方针的衔接，不可脱离知识产权方针。文件中同时应配套对知识产权目标的相关考核要求，由知识产权管理机构负责按时考核，形成考核记录。一旦发现知识产权目标和方针不一致，就需要进行管理评审，评审方针和目标的适宜性与有效性，对不适宜的方针或目标进行修改❶。

（三）法律和其他要求

> **【《规范》条款—5.3.3 法律和其他要求】**
> 最高管理者应批准建立、实施并保持形成文件的程序，以便：
> a）识别和获取适用的法律和其他要求，并建立获取渠道；
> b）及时更新有关法律和其他要求的信息，并传达给员工。

企业应在相关法律法规的框架下运行，因此，企业需要建立一个程序文件，规范收集本企业适宜法律法规的渠道并收集具体的法律法规，让企业人员遵纪守法，学习了解并加以执行。

收集的法律法规一般应该有三大类：第一类是国际国内的知识产权方面的法律法规，如专利法、商标法、著作权法、反不正当竞争法等；第二类就是企业通用的法律法规，如劳动法、合同法等；第三类就是不同行业、不同领域的一些法律法规，如药品管理法等。不同的企业应该有针对性地收集与企业相关联的法律法规，并及时更新收集相关的法律法规，传达给公司职工。

---

❶ 章洪流. 企业、高等学校和科研组织知识产权管理规范实施手册［M］. 北京：知识产权出版社，2018：17.

对收集的法律法规应按文件的管理方式进行管理，形成文件清单和相关记录。至于及时传达相关法律法规信息，实施过程中可以通过培训或其他任何方式实现，如发送给大家自学等方式，但要保存相关记录❶。

四、职责、权限和沟通

（一）管理者代表

【《规范》条款—5.4.1 管理者代表】

最高管理者应在企业最高管理层中指定专人作为管理者代表，授权其承担以下职责：

a）确保知识产权管理体系的建立、实施和保持；

b）向最高管理者报告知识产权管理绩效和改进需求；

c）确保全体员工对知识产权方针和目标的理解；

d）落实知识产权管理体系运行和改进需要的各项资源；

e）确保知识产权外部沟通的有效性。

最高管理者不可能事事亲力亲为，因此，管理者代表就是推进知识产权管理工作的重要角色。最高管理者可以挑选一些符合条件的人员具体负责知识产权的相关工作，可以设立“知识产权官”“知识产权总监”等协助最高管理者落实知识产权的方针、目标。

管理者代表需要由最高管理者出具任命或授权的文件，并在企业内部公示。管理者代表的职责主要是承担知识产权管理体系运行的各项权利和义务，包括知识产权管理体系的建立、实施和保持，知识产权管理的绩效考核、协调各类资源，保证体系的有效与运行等。

（二）机构

【《规范》条款—5.4.2 机构】

建立知识产权管理机构并配备专业的专职或兼职工作人员，或委托专业的服务机构代为管理，承担以下职责：

a）制定企业知识产权发展规划；

b）建立知识产权管理绩效评价体系；

c）参与监督和考核其他相关管理机构；

d）负责企业知识产权的日常管理工作。

其他管理机构负责落实与本机构相关的知识产权工作。

---

❶ 章洪流. 企业、高等学校和科研组织知识产权管理规范实施手册［M］. 北京：知识产权出版社，2018：17.

企业知识产权管理机构的设置应遵循目标明晰、权责对等的原则，主要根据企业的真实需求来设立。一般而言，知识产权管理机构可以是集团企业管理模式，直接由集团总部独立的知识产权管理委员会进行统一管理（适合产业发展多元且具有一定规模的大型企业），可以单设一个部门（适合产业单一的中型企业），可以不独立设置专门的部门，但设置专职或兼职人员进行管理（适合小型企业），也可以委托外部服务机构代为管理，如律师事务所、专利代理机构（适合人员较少的企业）等。

作为知识产权管理机构，不管是怎么组建的，都必须承担一些必要的工作，如制定企业知识产权发展规划、建立知识产权管理绩效评价体系、参与监督和考核其他相关管理机构、负责企业知识产权的日常管理工作等。其他管理机构负责落实与机构相关的其他知识产权工作。

（三）内部沟通

【《规范》条款—5.4.3 内部沟通】
建立沟通渠道，确保知识产权管理体系有效运行。

有效沟通是做好一切工作的前提和基础。企业必须建立内部顺畅的沟通渠道，才能保证知识产权管理体系的正常运转。知识产权的管理工作专业性较强，因此在内部沟通时一定要充分考虑人员间的不同理解程度。

内部沟通渠道方式多种多样，如现行企业一般多用微信群沟通，手机、固定电话、邮箱或是企业已经在用的 OA 系统等都可以成为很好的沟通方式。无须专门为企业知识产权管理另行增加沟通方式的成本，仅需结合企业实际，适用便捷、高效、低成本的沟通方式即可。

五、管理评审

（一）评审要求

【《规范》条款—5.5 管理评审】
最高管理者应定期评审知识产权管理体系的适宜性和有效性。

企业知识产权管理体系是一套持续改进的管理体系，其运行过程中受到企业内、外部环境等诸多因素的影响。当技术革新、产品升级、市场竞争对手变化、法律法规修订等情况发生时，都需要对整体体系进行评审，以确保整个体系运行的适宜性和有效性。

评审工作不是简单的查找文件、核对文件，是从运行过程或程序结合企业实际进行的重要筛查。评审工作应该由最高管理者组织实施，当发现不符合项等要及时对体系的相关内容进行修订。

（二）评审输入

【《规范》条款—5.5.1 评审输入】

评审输入应包括：

a）知识产权方针、目标；

b）企业经营目标、策略及新产品、新业务规划；

c）企业知识产权基本情况及风险评估信息；

d）技术、标准发展趋势；

e）前期审核结果。

要从哪些方面去评审知识产权管理体系的适宜性和有效性呢？上述条款明确提出了需要评审的基本内容，共有五个方面。一是需要评审知识产权方针和目标的适宜性和有效性；目前开展的知识产权工作与目标是否一致，是否都在方针的框架下运行，这些工作的进度如何，是否有实现的可能。二是企业经营目标、经营策略，新产品、新业务的规划是否涉及知识产权，或者说知识产权在这些工作过程中的影响等。三是企业知识产权基本情况及风险评估信息的适宜性和有效性：企业现有的知识产权总体情况，对企业的经营是否有保障，是否能增加企业发展的动力；哪些方面保护不力，还存在风险，如何解决等。四是与企业有关的技术、标准的发展趋势的适宜性和有效性。主要是与企业有关的行业技术与标准的发展趋势评审，以及对企业的影响。五是前期（初次审核时多指第一次的内部审核或其他审核）审核结果的适宜性和有效性[1]。

一般实施这五项活动之前，可以先收集与这些活动有关的基本信息，必要的话需要评估现有信息对企业日常经营活动的影响以及相应的风险。然后再组织召开评审会，对这些活动进行评审，形成评审报告。

（三）评审输出

【《规范》条款—5.5.2 评审输出】

评审输出应包括：

a）知识产权方针、目标改进建议；

b）知识产权管理秩序改进建议；

c）资源需求。

---

[1] 章洪流. 企业、高等学校和科研组织知识产权管理规范实施手册［M］. 北京：知识产权出版社，2018：21.

进行评审后，对不适宜的需要整改的活动，都需要有具体的可操作性强的整改意见或建议。《规范》明确提出了三方面的要求，一是对方针和目标的修改建议；二是对相关程序的改进建议，应该包括程序或制度文件以及一些办事流程等；三是相关资源的需求。如果有这些方面的修改建议，都应该在评审报告中明确提出来，并安排相关人员和部门在规定的时间内落实❶。

第七节　资源管理

一、人力资源

【《规范》条款—6.1.1 知识产权工作人员】

明确知识产权工作人员的任职条件，并采取适当措施，确保从事知识产权工作的人员满足相应的条件。

做企业知识产权管理工作必须要有知识产权工作人员。知识产权工作人员应包括管理人员和普通员工。知识产权管理人员应熟悉知识产权相关专业知识，有较高的业务水平，能够组织开展企业知识产权工作。承担具体工作的普通员工则需要从相关学历背景、工作经验、年龄要求等方面匹配具体工作而进行选用。实际承担这项工作的人员是否满足岗位要求，是《规范》实施上述条款的关键。如果不能满足这些条件，则需要采取一些措施，如组织专业培训或学习等，尽可能地让员工熟悉并了解相关知识产权管理工作❷。

【《规范》条款—6.1.2 教育与培训】

组织开展知识产权教育培训，包括以下内容：

a）规定知识产权工作人员的教育培训要求，制定计划并执行；

b）组织对全体员工按业务领域和岗位要求进行知识产权培训，并形成记录；

c）组织对中、高层管理人员进行知识产权培训，并形成记录；

d）组织对研究开发等与知识产权关系密切的岗位人员进行知识产权培训，并形成记录。

组织开展知识产权教育培训，是提升企业员工知识产权保护意识与能力，加强企

❶ 章洪流. 企业、高等学校和科研组织知识产权管理规范实施手册［M］. 北京：知识产权出版社，2018：22.

❷ 章洪流. 企业、高等学校和科研组织知识产权管理规范实施手册［M］. 北京：知识产权出版社，2018：23.

业知识产权保护和运用的有效途径。教育培训的根本目的是提升企业的综合竞争力，从人才培养层面提升对知识产权的认知。必须明确，知识产权与企业经营管理和发展壮大息息相关，知识产权是企业发展必不可少的无形资产和有效竞争手段。

在组织教育培训时，企业可以多样化的方式激发员工学习的兴趣。应当不限于组织名师讲解、视频教学、夜校授课等形式，也可以组织丰富的户外学习活动，寓教于乐。企业应当制订科学的年度培训计划，并按照培训计划有节奏地开展相关活动。具体到每个培训时，应当制作签到表、培训记录等。培训记录一般可以包括培训时间、培训地点、培训内容、培训老师等，适当时还可以发放调查问卷，根据员工对于培训效果的认可度安排。

【《规范》条款—6.1.3 人事合同】

通过劳动合同、劳务合同等方式对员工进行管理，约定知识产权权属、保密条款；明确发明创造人员享有的权利和负有的义务；必要时应约定竞业限制和补偿条款。

劳动合同/劳务合同是劳动者/劳务工作者与用工单位之间签署的确立劳动/劳务关系的协议，是明确双方权利义务的效力性法律文件。协议中具体的权利义务就包括对知识产权的管理规定。一般而言，涉及知识产权获取、运用、保护阶段的企业员工，合同中就需要明确约定保密的责任和义务，以及知识产权的权属（此处权属主要是用于界定职务发明和非职务发明，对于获取知识产权的行为在开始阶段进行明确，可以在日后避免纠纷）。当然，对于一些可能会掌握企业核心机密的人员，一般的保密约定可能无法满足企业的需求，此时双方可以通过签署补充协议的方式，将必要的保密约定进行细化，从而有效避免企业核心机密的泄露。

在企业认为有必要时，通过签订竞业限制协议或增加竞业限制条款，也能有效地阻止企业重要信息的外泄。竞业限制条款主要指用人单位和知悉单位商业秘密或者其他对单位经营有重大影响的劳动者签署的，约定在终止或解除劳动合同后，在一定期限内不得在生产同类产品、经营同类业务或有其他竞争关系的用人单位任职，也不得自己生产与原单位有竞争关系的同类产品或经营同类业务的条款。竞业限制条款一般需要明确限制时间和补偿标准，由双方事先约定，但限制时间不得超过两年。需要说明的是，竞业限制条款在劳动合同中为延迟生效条款，也就是说，在劳动合同的其他条款法律约束力终结后，该条款才能开始生效。

【《规范》条款—6.1.4 入职】

对新入职员工进行适当的知识产权背景调查，以避免侵犯他人知识产权；对于研究开发等与知识产权关系密切的岗位，应要求新入职的员工签署知识产权声明文件。

招收新员工是企业一项重要的人事工作。在具体招收时，人事管理人员不仅需要通过简历、面试等方式了解员工的教育背景、工作经验等，还应当对新员工做知识产权背景调查。这样既能快速地遴选出适合企业发展要求的员工，同时也能有效避免相关的纠纷。对于研究开发类等与知识产权关系密切的岗位，尤其要调查新员工以往做过的有关知识产权的工作，获得的知识产权成就，与前雇主之间的知识产权情况等，并要求新员工按照企业需要签订知识产权声明文件等。

【《规范》条款—6.1.5 离职】

对离职的员工进行相应的知识产权事项提醒；涉及核心知识产权的员工离职时，应签署离职知识产权协议或执行竞业限制协议。

人员流动是市场竞争的必然结果，技术人才的流动造成企业知识产权流失已经成为许多企业知识产权流失的主要渠道之一。企业无法限制员工不离职，但为了保护企业的权益不受侵犯，离职员工需要按照企业规定开展两项重要的工作。一是对离职员工进行知识产权事项提醒，主要涉及保密、相关知识产权方面的业务交接等，保证离职员工未曾夹带相关企业重要信息资料离开；二是对核心知识产权的员工执行竞业限制协议或另行签署离职知识产权协议。

【《规范》条款—6.1.6 激励】

明确员工知识产权创造、保护和运用的奖励和报酬；明确员工造成知识产权损失的责任。

为了鼓励技术创新，推动社会进步，企业应建立知识产权激励措施，鼓励员工进行知识产权的创造和运用。可以对知识产权工作做得好的员工给予正式或非正式的精神奖励和物质报酬；当然，做得不好的，或因自身行为给企业造成损失的，员工也要承担相应的责任，奖惩并施，以此营造企业尊重知识产权、尊重创新的文化氛围。

二、基础设施

【《规范》条款—6.2 基础设施】

根据需要配备相关资源，以确保知识产权管理体系的运行：

a）软硬件设备，如知识产权管理软件、数据库、计算机和网络设施等；

b）办公场所。

配备相应的资源设施，是保障知识产权管理体系正常运行的外部条件，如购置知识产权管理软件、数据库、计算机和网络设施，以及选择合适的办公室场所等。这些设施可以根据企业知识产权工作需要来配备[1]。

三、财务资源

【《规范》条款—6.3 财务资源】

应设立知识产权经常性预算费用：

a）用于知识产权申请、注册、登记、维持、检索、分析、评估、诉讼和培训等事项；

b）用于知识产权管理机构的运行；

c）用于知识产权激励；

d）有条件的企业可创立知识产权风险准备金。

企业应制定知识产权经常预算科目，保障知识产权工作的正常运行。具体预算的科目可以是知识产权的申请、注册、登记、维持、检索、分析、评估、运营、诉讼、激励、培训、机构运行等工作。企业可以根据具体情况来制定费用预算，可以预见的项目必须有预算，比如申请、维持、激励、培训等。

四、信息资源

【《规范》条款—6.4 信息资源】

应编制形成文件的程序，以规定以下方面所需的控制：

a）建立信息收集渠道，及时获取所属领域、竞争对手的知识产权信息；

b）对信息进行分类筛选和分析加工，并加以有效利用；

c）在对外信息发布之前进行相应审批；

d）有条件的企业可建立知识产权信息数据库，并有效维护和及时更新。

知识产权信息资源在产品规划、技术路径导航、专利布局、现有技术利用、减少重复研发、预警分析等方面起着非常重要的基础支撑。因此，有效利用知识产权信息资源对于企业发展尤为关键。企业知识产权信息资源管理首先要明确信息收集的渠道、信息收集的对象、信息收集的部门和具体人员以及收集到的信息处理流程等，以及对外信息发布的审批流程等。对于收集到的信息如何进行分类筛选和加工处理，企业可以交由知识产权专业工作人员或技术人员来执行。有条件的企业，也可以通过购买数据库的方式方便数据信息的收集和分析。

---

[1] 章洪流. 企业、高等学校和科研组织知识产权管理规范实施手册［M］. 北京：知识产权出版社，2018：23.

第八节 基础管理

企业应根据自身经营发展的需要，规划所需的知识产权种类、覆盖范围和有效期限，制定相应的基础管理方案。这就要求企业不仅要了解自身的发展状况，同时也要对行业格局“了如指掌”。

企业的知识产权基础管理，主要包括知识产权权利的获取、维护、运用、保护、合同管理和保密等内容。

一、获取

【《规范》条款—7.1 获取】

应编制形成文件的程序，以规定以下方面所需的控制：

a）根据知识产权目标，制定知识产权获取的工作计划，明确获取的方式和途径；

b）在获取知识产权前进行必要的检索和分析；

c）保持知识产权获取记录；

d）保障发明创造人员的署名权。

获取知识产权需要有相应的制度来规范获取的过程。获取前工作计划、获取前检索及保存获取的相关记录等，都要有明确的部门和人员来启动、执行并予以保存。

获取前的工作计划，主要是根据年度知识产权目标来制定，确定获取的知识产权目标具有科学性和可行性，同时需要明确知识产权获取的方式和途径，即相关知识产权的获取是通过组织研发成果申请或者转让、许可等方式获取的。

获取前检索主要是对获取的知识产权进行检索，如企业在申请专利前，可以对申请的技术成果进行检索，初步确认要申请的技术成果不是现有技术。这种检索也可以委托第三方来做。

获取前工作计划、获取前检索的记录以及以后申请过程中的其他记录都需要保留，在申请过程中，还要注意保障发明创造人员的署名权。在我国拥有专利权的是申请人，而申请人在很多情况下并不是发明人或者设计人，一些企业负责人对此有些误会。

二、维护

【《规范》条款—7.2 维护】

应编制形成文件的程序，以规定以下方面所需的控制：

a）建立知识产权分类管理档案，进行日常维护；

b）知识产权评估；

c）知识产权权属变更；

d）知识产权权属放弃；

e）有条件的企业可对知识产权进行分级管理。

这里的维护主要有两个方面的内容：一是对知识产权相关资料的维护，也就是对知识产权档案的维护管理，一般要求对知识产权档案如知识产权获取文件等进行分类并及时存档，其基本管理要求与知识产权管理体系文件的管理要求类似；二是对知识产权权利的有效性进行维护，如在进行权属的变更、放弃以及相关权利的维持等活动前要进行评估。参加评估的人员可以有技术人员、知识产权管理人员、市场人员等。评估后要形成评估报告，对相关知识产权的继续维持、变更还是放弃做出决定，并确定相关人员执行评估结果。

针对知识产权分级管理的情况，可以根据企业对知识产权管理的需要进行，也可以根据相关知识产权的技术与市场分量进行分级。

三、运用

【《规范》条款—7.3.1 实施、许可和转让】

应编制形成文件的程序，以规定以下方面所需的控制：

a）促进和监控知识产权的实施，有条件的企业可评估知识产权对企业的贡献；

b）知识产权实施、许可或转让前，应分别制定调查方案，并进行评估。

知识产权的实施、许可和转让，是实施知识产权的重要方法和手段。企业需要制定一个程序文件或管理制度，以便规范知识产权的实施、许可和转让活动。

在企业列举的知识产权清单中，应标明相关知识产权的获得时间、实施情况等信息。对于没有实施的知识产权，应在相关制度中规定相应的方法或措施来促进其实施。企业也可对相应知识产权进行评估。例如，可以根据现有的情况，对什么时候实施，许可或转让什么样的知识产权开展评估活动，并形成评估报告。

知识产权评估是一项重要活动，不仅在实施活动中存在，在其他活动如维护、投融资等活动中也存在。知识产权评估的重点之一是企业资产评估，是用来确定知识产权现在的价值和通过未来的效应所得到的价值。企业有能力评估的，可以由企业自行组织评估活动；企业没有能力评估的，可以委托专业的评估机构来评估。一般是根据评估的目的，来组建评估小组或委员会，以对评估对象的实际情况进行了解、市场调查、模型测定等方式开展评估活动，最终形成结论。

评估知识产权的实施对企业的贡献及其价值，可以很好地改变知识产权工作只让企业增加开支而不增加收入的认识。根据企业的现状，企业内部或委托第三方开展评估都是符合规定的。

【《规范》条款—7.3.2 投融资】

投融资活动前，应对相关知识产权开展尽职调查，进行风险和价值评估。在境外投资前，应针对目的地的知识产权法律、政策及其执行情况，进行风险分析。

在进行知识产权投融资前，一般应对相关知识产权开展尽职调查，进行风险和价值评估。在境外投资前，应针对目的地的知识产权法律、政策及其执行情况，进行风险分析。

尽职调查是指在经营活动中对目标企业的资产和负债情况、经营和财务情况、法律关系以及目标企业所面临的机会与潜在的风险进行的一系列调查。

【《规范》条款—7.3.3 企业重组】

企业重组工作应满足以下要求：

a）企业合并或并购前，应开展知识产权尽职调查，根据合并或并购的目的设定对目标企业知识产权状况的调查内容；有条件的企业可进行知识产权评估；

b）企业出售或剥离资产前，应对相关知识产权开展调查和评估，分析出售或剥离的知识产权对本企业未来竞争力的影响。

企业在合并或并购、出售或剥离资产前，需要对相关资产做知识产权尽职调查或评估，出具调查报告或评估报告，报告中应分析在该项活动中知识产权的现状、价值和影响。根据企业的现状，企业内部或委托第三方开展调查都是符合规定的。

【《规范》条款—7.3.4 标准化】

参与标准化工作应满足以下要求：

a）参与标准化组织前，了解标准化组织的知识产权政策；将包含专利和专利申请的技术方案向标准化组织提案时，应按照知识产权政策要求披露并做出许可承诺；

b）牵头制定标准时，应组织制定标准化工作组的知识产权政策和工作程序。

知识产权的标准化，也是知识产权有效运用的具体方式之一。

实施知识产权的标准化时，企业可以根据现有的知识产权在相关行业或产品中的具体地位等实际情况，来确定是申请牵头制定相关标准，还是申请参加相关组织并参与相关标准的制定。不管是牵头还是申请参与制定标准，都应充分考虑企业现有知识产权在未来制定的标准中发挥什么样的作用、制定的标准要达到什么样的目的、通过标准的制定能不能达到这样的目的。

【《规范》条款—7.3.5 联盟及相关组织】

参与或组建知识产权联盟及相关组织应满足以下要求：

a）参与知识产权联盟或其他组织前，应了解其知识产权政策，并进行评估；

b）组建知识产权联盟时，应遵循公平、合理且无歧视的原则，制定联盟知识产权政策；主要涉及专利合作的联盟可围绕核心专利技术建立专利池。

企业如果要参加相关知识产权联盟或其他组织，一般应事先了解该组织的章程、文件对参加者的知识产权有何规定，对企业能否满足相关的规定或是否值得参加该组织，应进行充分的评估，并形成评估报告予以执行。

企业组建知识产权联盟时，应考虑在相关法律法规的框架内，遵循公平、合理且无歧视的原则，由参与者一起制定一个合理的且能执行法人知识产权的政策。涉及专利合作的联盟可围绕核心技术建立专利池。

四、保护

【《规范》条款—7.4.1 风险管理】

应编制形成文件的程序，以规定以下方面所需的控制：

a）采取措施，避免或降低生产、办公设备及软件侵犯他人知识产权的风险；

b）定期监控产品可能涉及他人知识产权的状况，分析可能发生的纠纷及其对企业的损害程度，提出防范预案；

c）有条件的企业可将知识产权纳入企业风险管理体系，对知识产权风险进行识别和评测，并采取相应风险控制措施。

风险管理是保护他人知识产权、避免侵犯他人知识产权的一种管理方式。企业应编制程序文件或管理制度来规范企业的知识产权风险管理，特别是风险的监控以及预防措施或防范预案的流程需要明确。

首先，制度中要有相应的措施来避免或降低风险。企业的生产设备（含生产所需采购的设备等）、使用的办公设备及软件等产品不能有侵犯他人知识产权的可能。一般可以事先明确哪些设备及软件需要采取措施，在哪些过程中需要监控，如在采购过程中的控制、使用过程中的监控等措施，具体的控制和监控应该有明确的部门和人员或岗位负责，并形成相关监控记录，记载风险所在与防止风险的方法。

其次，定期监控生产的产品是否有涉及他人知识产权的情况。同样要明确哪些产品涉及哪些知识产权需要监控，监控的部门、人员或岗位在什么时间开展监控活动，监控的结果最后要形成监控记录。对于目前有哪些产品涉及他人知识产权，存在的风险如何预防，制度中应给出具体方法和程序以及措施。至于是否定期监控，可以根据企业产品涉及风险大小等情况综合考虑监控时间。

通过监控等手段了解并掌握企业的风险所在，并分析这些风险对企业可能造成的伤害程度，目的是要制定预防风险的措施来积极和稳妥地处理风险，以便及时避免风险。

有些企业已建立了企业风险管理体系，应考虑将知识产权的风险管理纳入企业风险管理体系中。实施过程中，应重点考虑识别风险、预防风险、控制风险。

【《规范》条款—7.4.2 争议处理】

应编制形成文件的程序，以规定以下方面所需的控制：

a）及时发现和监控知识产权被侵犯的情况，适时运用行政和司法途径保护知识产权；

b）在处理知识产权纠纷时，评估通过诉讼、仲裁、和解等不同处理方式对企业的影响，选取适宜的争议解决方式。

对于企业的知识产权如何保护，在被侵权时如何应对等，也需要制定程序文件或管理制度来规范现有知识产权被侵犯的流程控制。首先，要及时发现和监控知识产权被侵犯的情况。企业需要明确现有知识产权，可以列出知识产权清单。及时发现知识产权被侵犯的途径可以是企业的员工通过市场调研等，也可以是企业的客户通过网络、电话、邮件、信件等反映。而监控也是企业有关部门发现被侵权的一个途径，所不同的是监控应该列为企业的固定工作，并由监控记录来支撑这项工作的开展。通过对行业或领域内的知识产权信息进行检索分析，也是发现企业知识产权是否被侵犯的措施之一。

其次，在发现有知识产权被侵犯时，可以及时评估在什么时候采取什么措施来保护自身的知识产权。具体方式可以是诉讼、仲裁、和解等，关键是通过评估这些方式对企业的影响，争取选择利益最大化的方式解决知识产权被侵犯的问题。

【《规范》条款—7.4.3 涉外贸易】

涉外贸易过程中的知识产权工作包括：

a）向境外销售产品前，应调查目的地的知识产权法律、政策及其执行情况，了解行业相关诉讼，分析可能涉及的知识产权风险；

b）向境外销售产品前，应适时在目的地进行知识产权申请、注册和登记；

c）对向境外销售的涉及知识产权的产品可采取相应的边境保护措施。

涉外贸易过程中有关知识产权活动的开展，主要有三项：一是要充分了解销售目的地的知识产权法律、政策及其执行情况以及诉讼情况，一定要清楚目的地的知识产权保护情况及拟销售的产品在当地是否有侵权风险；二是要考虑在销售目的地对现有知识产权进行申请、注册和登记，以保护好自身的知识产权；三是做好边境保护措施，按照《知识产权海关保护条例》的要求进行即可。

实施过程中，要识别企业的产品外销活动，如有直接销售到国（境）外、通过网络销售到国（境）外、通过第三方销售到国（境）外等模式。

【《规范》条款—7.5 合同管理】

加强合同中知识产权管理：

a）应对合同中有关知识产权条款进行审查，并形成记录；

b）对检索与分析、预警、申请、诉讼、侵权调查与鉴定、管理咨询等知识产权对外委托业务应签订书面合同，并约定知识产权权属、保密等内容；

c）在进行委托开发或合作开发时，应签订书面合同，约定知识产权权属、许可及利益分配、后续改进的权属和使用等；

d）承担涉及国家重大专项等政府支持项目时，应了解项目相关的知识产权管理规定，并按照要求进行管理。

企业的合同有很多，在合同中有许多涉及知识产权方面的要求。条款 7.5 提出了代理合同、委托开发合同以及国家重大专项合同，涉及知识产权方面的要求。

企业在开展检索与分析、预警、申请、诉讼、侵权调查与鉴定、管理咨询等活动时，需要签订书面合同。在这些活动的合同中要约定所委托技术的知识产权权属、保密等事项，确保委托技术不泄密，不被恶意申请或注册等。

在进行委托开发或合作开发时，也需要签订书面合同。合同中应约定开发的技术成果的知识产权权属、许可及利益分配、后续改进的权属和使用等内容。明确相关知识产权权属及其利益分配，可免除以后不必要的权利纠纷。

涉及国家重大专项等政府支持项目时，应了解与项目相关的知识产权管理规定，并按照要求进行管理。

企业的合同管理，除以上合同之外，还有人事合同、采购合同、生产合同等，标准条款中都有相应的知识产权内容。因此，为了更好地保证相关合同都有必要的知识产权内容，需要对合同中有关知识产权条款进行审查，并形成合同知识产权内容审查清单，审查清单应该明确记录审查这些合同的人员、审查的相关知识产权内容是否符合要求、审查时间等。一般应该由知识产权工作人员根据相关条款的规定对这些合同进行审查，保障这些合同的知识产权约定符合相关条款的规定，可在一定程度上保障企业的利益和避免风险。

【《规范》条款—7.6 保密】
应编制形成文件的程序，以规定以下方面所需的控制：
a）明确涉密人员，设定保密等级和接触权限；
b）明确可能造成知识产权流失的设备，规定使用目的、人员和方式；
c）明确涉密信息，规定保密等级、期限和传递、保存及销毁的要求；
d）明确涉密区域，规定客户及参访人员活动范围等。

实施本条款，需要制定一个程序文件或管理制度，规范保密的管理。制度中要明确形成保密人员、保密设备、保密信息和保密区域的机制和程序。

实施保密程序过程中，应由明确涉密人员的组织机构来确定企业的涉密人员，列成清单，根据相关人员的职位和权力大小等，分别确定涉密人员需要保密的等级和解除相关涉密信息、设备和区域的权限。“保密等级”可以参考《保守国家秘密法》，该法第 10 条规定，国家秘密的密级分为绝密、机密、秘密三级。保密级别最高的是绝密。当然，企业可以根据自身情况设定几个保密级别。涉密人员还应当承担相应的职责。

只有可能造成知识产权流失的设备才可以被确定为涉密设备。同样，需要列出确定的涉密设备清单，涉密设备的应用应该有专门的人员以专门的使用方式用于专门的使用目的。涉密设备清单中列出的涉密设备应该来源于企业所有设备资源（《规范》第 6.2 节），不应该超出设备资源范围。

涉密信息也需要确认并列出清单。涉密信息的管理是企业文件管理的重要内容之一。确认涉密信息后，除了要及时设定涉密等级和保密期限外，对相关涉密信息资料的传递、保存及销毁过程也都需要有一定的程序来控制，在这个过程中至少要明确这些过程中接触的人员、时间与实际行动结果。至于保密期限，可以按照文件的特点来确定，如发明专利保护 20 年，其相关信息保密期限可以确定为 20 年左右，其他文件也可以参照《保守国家秘密法》，该法第 15 条规定：“国家秘密的保密期限，除另有规定外，绝密级不超过三十年。”

确定涉密区域是防止泄密的重要环节，尤其是企业生产区域、涉密资料和涉密设备存放地等，都需要有严格的保护措施。对正常往来的人员如客户或其他参访人员，要约定活动范围，同时约定其他人员不得接近。确认涉密区域应参考涉密信息、涉密人员和涉密设备的规定。

涉密人员、涉密信息、涉密设备、涉密区域四者相互关联，互为因果。实施过程中，要充分考虑四者的关系，不能有相互矛盾之处。

第九节　实施和运行

从研发项目管理的角度看，项目一般主要可以分为立项、研究开发、采购、生产、销售和售后等几个阶段。如何有效地保护、管理和运用知识产权，加强项目每个过程中的知识产权管理是生产型企业的生存根本。

一、立项

【《规范》条款—8.1 立项】

立项阶段的知识产权管理包括：

a）分析该项目所涉及的知识产权信息，包括各关键技术的专利数量、地域分布和专利权人信息等；

b）通过知识产权分析及市场调研相结合，明确该产品潜在的合作伙伴和竞争对手；

c）进行知识产权风险评估，并将评估结果、防范预案作为项目立项与整体预算的依据。

立项阶段是项目的初始环节。这个阶段的主要工作是知识产权的信息检索分析，做好知识产权的信息检索工作就为项目的成立奠定了根基。立项前分析所立项目所属领域的知识产权信息，特别是要对该领域关键技术的专利数量、地域分布、专利权利人的信息进行检索和分析，以了解该项目关键技术的专利数量和地域分布、各专利权人的专利排名、主要竞争对手的专利数量和地域分布。主要的分析方法可采用专利引证分析、同族专利引证分析、专利功效矩阵分析等。同时，要注意做好该研究内容（含产品和技术等）的市场调研，通过了解发明人及其技术的实施或拥有的状态，明确该项目潜在的合作伙伴和竞争对手。评估该项目的知识产权风险，并根据风险的大小制定相应的防范预案，作为项目立项的依据。必须强调，立项阶段的检索工作尤为重要，可有效避免重复立项和研究，少走弯路，也能降低侵权风险，绕过在先的专利“地雷”，所以企业要特别重视。

在具体实施该条款时，应对该项目研究中的几个关键点进行深入检索并保存检索记录，同时对这些检索信息进行分析。分析的内容需包括该研究内容的各关键技术的专利数量、地域分布和专利权人分布，以及无效专利的专利权过期时间、专利无效及侵权诉讼进展等相关信息，最后应形成检索分析报告。

在检索分析的基础上，通过与市场调研相结合，明确现有技术或产品的市场运用状况，初步判断该项目潜在的合作伙伴和竞争对手。最后，在立项报告中涉及的该项目的立项依据，应纳入知识产权风险评估，以及根据评估的结果制定的防范预案之中。

在该条款具体实施过程中，还要注意使企业内部制定的相关管理制度充分得到执行，比如需要申请、签字等流程的实施。相关记录如检索分析报告、评估报告等需要保留。

二、研究开发

【《规范》条款—8.2 研究开发】

研究开发阶段的知识产权管理包括：

a）对该领域的知识产权信息、相关文献及其他公开信息进行检索，对项目的技术发展状况、知识产权状况和竞争对手状况等进行分析；

b）在检索分析的基础上，制定知识产权规划；

c）跟踪与监控研究开发活动中的知识产权，适时调整研究开发策略和内容，避免或降低知识产权侵权风险；

d）督促研究人员及时报告研究开发成果；

e）及时对研究开发成果进行评估和确认，明确保护方式和权益归属，适时形成知识产权；

f）保留研究开发活动中形成的记录，并实施有效的管理。

研究开发过程中的知识产权管理主要有三个目的：一是充分利用现有技术，缩短研发周期、降低研发成本、借用现有技术方案，为项目的顺利实施奠定良好的基础；二是根据项目规划，及时掌握研究成果，并给予评估，适当规避风险，以确定研究成果的权属和保护方式；三是使研究开发的记录保持完整并有效管理。

项目研发的实施阶段，首先要做好该科研项目相关的产业市场情报及知识产权信息等资料的收集与分析。研究人员应根据项目研发周期的长短和不同行业的特点，确定是否需要跟踪该领域的知识产权信息、文献情报，根据最新披露的知识产权信息、文献情报，来判断该研究项目是否需要调整研究方向和技术路线。例如金银首饰的外观设计，一般就是几天或几周，其开发过程就无须跟踪。有一些领域研发周期比较长，如新药开发，长达十余年甚至几十年，其间必须定期跟踪检索相关专利信息、文献情报。一旦发现本研究的技术、产品或方法成为公开的现有技术等变化，就需要判断该研究项目是否需要调整研究方向和技术路线。因此每次跟踪检索有必要形成检索报告，确定好检索时间、检索人员、检索网站、被检索信息的周期等，后期跟踪检索只需要定期维护即可。

具体实施研究开发过程中的知识产权管理可以从以下几个方面着手：

第一，在研究开发活动之前，对该研究项目进行技术检索。检索范围比项目立项时的检索范围要大，主要检索该研究领域的知识产权信息、相关文献及其他公开信息，以方便对项目的技术发展状况、知识产权状况和竞争对手状况等进行分析。通过扩大检索范围，可以全面了解项目的技术研究发展现状、现有技术的知识产权现状以及现有技术产品的竞争对手现状，找到对以后研究中的技术有借鉴或创新的地方和突破竞争对手的地方。

第二，在充分了解、全面检索并分析的基础之上，对该项目的技术研究及其知识产权预期的产出和布局，特别是对知识产权申请的技术方向、申请国家和地区、申请时机、申请类型、申请方式等进行规划和布局。

第三，进行知识产权跟踪分析，明确跟踪内容、跟踪频次等，可以结合项目研究时间的长短来决定跟踪的频次。研发团队成员间共享跟踪信息，如发现不利于本研究技术的知识产权信息，应适时调整原有的开发策略和方法，通过规避、购买或共享专利等方式来避免或降低现有知识产权对该研究的影响。

第四，研究人员应定期报告研究开发成果。在研发成果产出后对其进行最终文献检索，经过评估确认，明确取得知识产权的可能性、知识产权类型、保护建议及新成果的知识产权权利权属等。这里应注意两个词，“及时”对研究开发成果进行评估和确认，“适时”形成知识产权。

第五，对研究和开发活动中形成的档案和记录进行有效管理，相关文件按规定程序进行审批、保存，使研发活动是可追溯的。

项目完成后，对研究对象的所有信息的检索分析记录、研发记录、研发成果的报告及其评估、形成知识产权的记录都需要整理归档，并按照保密资料的要求进行管理。

三、采购

【《规范》条款—8.3 采购】

采购阶段的知识产权管理包括：

a）在采购涉及知识产权的产品过程中，收集相关知识产权信息，以避免采购知识产权侵权产品，必要时应要求供方提供知识产权权属证明；

b）做好供方信息、进货渠道、进价策略等信息资料的管理和保密工作；

c）在采购合同中应明确知识产权权属、许可使用范围、侵权责任承担等。

采购过程中涉及的知识产权管理，主要是防止采购侵权产品和采购信息泄密的管理。

在防止采购侵权产品方面，要做好两方面的工作。一方面是要识别采购产品是否涉及知识产权，如涉及相关知识产权，应当收集相关知识产权信息，如采购产品的商标、专利等，避免供货商提供假冒伪劣产品；如是第三方供货，应当收集知识产权拥有方提供的授权销售的证明。在签订采购合同时，合同中应约定清楚采购产品的知识产权权属情况、许可使用范围和侵权责任承担。这些是利用书面文件来避免采购侵权产品的风险。另一方面则要保管好所有的采购资料，包括供方信息、进货渠道、进价策略等信息资料，应按照保密文件的管理方式进行管理，可参照《规范》条款 7.6 涉密信息的管理。

四、生产、销售和售后

【《规范》条款—8.4 生产】

生产阶段的知识产权管理包括：

a）及时评估、确认生产过程中涉及产品与工艺方法的技术改进与创新，明确保护方式，适时形成知识产权；

b）在委托加工、来料加工、贴牌生产等对外协作的过程中，应在生产合同中明确知识产权权属、许可使用范围、侵权责任承担等，必要时应要求供方提供知识产权许可证明；

c）保留生产活动中形成的记录，并实施有效的管理。

在生产过程中会进行生产环节评审，对生产工艺进行改进和创新，这时应与研究开发阶段一样，将知识产权评审嵌入生产评审流程，考虑生产过程中产生的创新成果的知识产权规划，考虑采取哪种知识产权对其予以保护。通常来说，对于加工方法更适合采取商业秘密的方式进行保护，对其他技术类的生产工艺等宜采取申请专利形式进行保护。当然，生产过程中产生的标识等可以采取商标的方式进行保护。

在委托加工、来料加工、贴牌生产等对外协作的过程中，不管企业是委托方还是被委托人，都应该重视合同的谈判，并对相关合同进行有效的管理，如在合同中明确知识产权权属、许可使用范围、侵权责任承担等。

【《规范》条款—8.5 销售和售后】

销售和售后阶段的知识产权管理包括：

a）产品销售前，对产品所涉及的知识产权状况进行全面审查和分析，制定知识产权保护和风险规避方案；

b）在产品宣传、销售、会展等商业活动前制定知识产权保护或风险规避方案；

c）建立产品销售市场监控程序，采取保护措施，及时跟踪和调查相关知识产权被侵权的情况，建立和保持相关记录；

d）产品升级或市场环境发生变化时，及时进行跟踪调查，调整知识产权策略和风险规避方案，适时形成新的知识产权。

与采购环节不同，企业在销售阶段会面临更大的知识产权风险挑战。如果说采购环节知识产权风险管理的目标是控制风险的导入，那么销售环节即是控制风险的导出。

销售环节是知识产权风险爆发的主要环节，主要在产品的销售前以及销售过程中涉及知识产权的管理。销售前的知识产权管理主要包括产品的宣传活动、参加会展前的准备工作等。当然，对于新产品，在销售之前尤其要注意对所涉及的知识产权状况进行详尽的检索和分析，判断其是否有侵犯他人知识产权的情况，从而研究如何有效规避相关风险。

销售过程中主要进行风险的实时监控，及时跟踪和调查相关知识产权的被侵权情况等，监控在售商品的市场应用情况，是否有更新升级，是否可以形成新的知识产权等，并做好相关的记录。

第十节 审核和改进

【《规范》条款—9.1总则】

策划并实施以下方面所需的监控、审查和改进过程：

a）确保产品、软硬件设施设备符合知识产权有关要求；

b）确保知识产权管理体系的适宜性；

c）持续改进知识产权管理体系，确保其有效性。

在管理体系运行之后，需要通过策划、实施、检查和改进的良性循环，保证知识产权管理体系的适宜性、有效性，这是《规范》对管理体系的基本要求，也是企业落实《规范》的目的。因此，在这个系统过程中的审核就显得尤为关键。

在此强调一点，审核的重点是验证管理体系的符合项，而不只是寻找企业在实施过程中的不符合项。当然，如果在审核过程中相关证据已经表明企业存在不符合项，审核人员则有必要出具不符合项报告，并告知改进建议。任何人都不得擅自将成立并发现的不符合项弱化，因为企业并不会从“等级减轻”中受益，相反，很有可能因为对不符合项的包庇，从而丧失系统的、正式的实施改进的时间和机会。因此，对此相关审核人员及企业尤其应当注意。

【《规范》条款—9.2内部审核】

应编制形成文件的程序，确保定期对知识产权管理体系进行内部审核，满足本标准的要求。

审核一般分为内部审核和外部审核，内部审核是指依靠企业内部的人员对企业策划、实施的内容进行检查和改进的过程，这是企业贯彻执行《规范》要求并自测企业自身管理体系有效性的重要措施之一。

应制定程序文件或管理制度来规范内部审核活动的开展。在时间上，内部审核一般要求定期开展，具体时限可根据企业自身情况确定，但最长间隔最好不超过两个月。内部审核活动应当有规范的流程，而不是随机查验。审核时，需要进行内部审核活动的申请与审批、编制审核计划、审核现场活动及其审核记录（如首次会议、末次会议等）、不符合项报告、形成审核报告、审核后续活动、后续改进等[1]。

【《规范》条款—9.3 分析与改进】

根据知识产权方针、目标以及检索、分析的结果，制定和落实改进措施。

当审核出现不符合项时，企业应当即刻采取改进措施。正如上述条款所述，改进需与企业制定的知识产权方针、目标保持一致，不可有方向上的偏差，如此才能真正实现企业管理体系的内容统一。

希望企业通过《规范》的指引，能够真正打造出适合企业发展的知识产权管理体系，从而为企业亮出知识产权的精品名片。

[1] 章洪流. 企业、高等学校和科研组织知识产权管理规范实施手册［M］. 北京：知识产权出版社，2018：43-44.

第三章 CHAPTER 3
企业知识产权管理体系构建

第一节 概　论

GB/T 29490—2013《企业知识产权管理规范》实施以来，越来越多的企业加入规范知识产权管理体系的行列，并获得了第三方认证。实践证明，企业知识产权管理体系认证已成为全面提高企业内部管理水平、获取外部竞争优势的重要抓手，在助推企业创新发展、提升企业核心竞争力等方面发挥了重要作用❶。

《企业知识产权管理规范》提供基于过程方法的企业知识产权管理模型，指导企业策划、实施、检查、改进知识产权管理体系。建立知识产权管理体系，就是将知识产权的创造、运用、保护和管理，贯穿到企业的生产、研发、经营、管理中，规范企业的业务流程，并通过体系的持续运行和改进，实现全过程知识产权管理，增强企业的技术创新能力，提升知识产权质量和效益。

知识产权管理体系构建三原则在《企业知识产权管理规范》中有明确规定，即战略导向、领导重视和全员参与。

知识产权管理体系是指建立知识产权方针和目标并实现这些目标的体系。因此，知识产权管理体系包括知识产权方针、目标，以及实现方针和目标所需要的机构、人员、资源和一系列生产经营活动各个环节的知识产权管理等，它是一个有机整体。企业构建的知识产权管理体系需要保证适宜性和有效性，因此，企业应按照《企业知识产权管理规范》条款的要求，通过制定知识产权方针及目标，设置知识产权管理机构，编制体系文件，配备人力资源、财务资源、信息资源和基础设施，建立知

❶ 《知识产权认证管理办法》政策解读［EB/OL］.（2016-05-18）［2019-10-25］. http://www.sipo.gov.cn/zcfg/zcjd/1124218.htm.

识产权管理体系框架，为知识产权管理规范工作的开展及知识产权日常管理工作打下基础。

知识产权管理体系构建的流程基本分为四大步骤：调查诊断、文件编写、实施运行和持续改进。其中，调查诊断是策划的前提和基础，文件编写是将体系文件化，实施运行是检验，持续改进是完善。通过这四个步骤可以较好地建立符合企业实际情况的知识产权管理体系。

一、体系构建的原则

企业知识产权管理体系构建的三原则为战略导向、领导重视和全员参与。三原则从战略、领导和操作三个层面对体系的建立和运行提出了要求。这三个原则形成了一个闭环，强调知识产权管理体系不是独立的，需要最高管理者从企业经营战略高度进行总体策划以及全体员工参与，才能确保其系统运行和持续改进，规范生产经营全流程，进一步提高企业知识产权管理水平，提升企业核心竞争力。

（一）战略导向

《企业知识产权管理规范》条款 0.3 规定：企业应统一部署经营发展、科技创新和知识产权战略，使三者互相支撑、互相促进。这表明，企业知识产权管理体系不是封闭和独立的体系，它与企业经营发展、技术研发和管理等相互融合，在建立知识产权管理体系时，要通盘考虑这些影响因素，使知识产权管理体系既能适应外部竞争环境的变化，又能适应企业内部发展的需要。

（二）领导重视

最高管理者是知识产权管理体系的第一责任人，应全面负责知识产权管理工作，最高管理者的支持和参与是知识产权管理的关键。实践表明，凡是最高管理者重视的，知识产权管理体系在企业内部推行起来都较为顺畅。因此，在构建体系时，应充分重视最高管理者的作用。一方面，在体系文件中明确其工作职责；另一方面通过多种形式的活动如培训、会议等提升其知识产权意识。此外，有经验的体系负责人往往在启动会、调查诊断、内部审核、管理评审、外部评审等关键环节邀请最高管理者参与、监督工作。

（三）全员参与

知识产权涉及企业各业务领域和各环节，需要全员参与，应充分发挥全体员工的创造性和积极性。

所谓的全员参与，一方面指所有部门都应当以《企业知识产权管理规范》为切入点，系统地了解知识产权管理体系，包括各自在体系中的位置和承担的责任，熟悉相关操作程序和记录表单等。另一方面在实际工作中要切实实施体系，在实际工作中认真填写运行记录，发现体系中存在的问题，帮助改进、完善体系，检验和提高体系的适宜性和有效性。除此以外，还应积极参加知识产权相关培训，不断学习，提高知识产权意识和运用能力。

二、体系的框架

《企业知识产权管理规范》基于过程方法为企业提供一套知识产权管理体系的参考规范，企业可以按照它的要求建立符合自身实际的知识产权管理体系，体系建立后需要实施和运行，并形成必要的记录。因此，知识产权管理体系是由知识产权方针、目标，以及实现这些目标的知识产权管理机构和人员职责、管理资源、生产经营活动各个环节的知识产权管理所构成的有机整体。

（一）策划知识产权方针

知识产权方针是企业知识产权工作的宗旨和方向，是企业开展知识产权工作的指导思想、行为准则，为企业知识产权管理指明方向。它是建立和实施知识产权管理体系的总纲要，为知识产权目标的建立提供总体框架和指导。知识产权方针需要结合企业的实际情况进行策划。

（二）制定知识产权目标

制定知识产权目标是落实知识产权方针的重要手段。知识产权目标是企业知识产权管理活动的目的，是评价知识产权管理体系适宜性和有效性的重要指标之一。首先，知识产权目标要与知识产权方针保持一致，在方针的指引下制定；其次，要符合企业当前知识产权管理水平，也就是通常说的可实现、可量化、可考核；最后，知识产权目标表述应当尽可能明确、无歧义、易理解。通常，知识产权目标包括长期目标、中期目标和年度目标。

（三）确定知识产权管理机构

知识产权管理部门是知识产权管理机构中最核心的部门，需要配备专业的专职或兼职工作人员或委托服务机构代为管理，明确其岗位职责和权限。其职责包括：①制定企业知识产权发展规划；②建立知识产权管理绩效评价体系；③参与监督和考核其他相关管理机构；④负责企业知识产权的日常管理工作。

通常，大型企业或者以研发为主导的企业都应设立专门的管理机构和专职管理人员，中小型企业可以由相应的管理部门如研发部或其他体系办公室人员兼任。知识产权管理体系涉及各个业务领域和各个环节，对协调和综合能力要求高，因此，知识产权管理机构应当具备一定级别和权限，以方便开展和推动工作。当然，企业也可以与外部知识产权服务机构合作，聘请专业人员担任知识产权顾问，参与企业的知识产权管理活动。

此外，还需要明确知识产权管理体系涉及的相关部门职责，如最高管理者、管理者代表、研发部、生产部、销售部、人力资源部和财务部等其他相关部门。

最高管理者是企业知识产权管理第一责任人。最高管理者的职责主要包括：制定并批准、发布知识产权方针；制定知识产权目标；明确知识产权管理职责和权限，确保有效沟通；任命管理者代表；确保人力资源、财务资源、基础设施、信息资源的配备；定期组织管理评审。

管理者代表由最高管理者在企业最高管理层中指定，其职责包括：确保知识产权管理体系的建立、实施和保持；向最高管理者报告知识产权管理绩效和改进需求；确保全体员工对知识产权方针和目标的理解；落实知识产权管理体系运行和改进需要的各项资源；确保知识产权外部沟通的有效性。

管理者代表在知识产权管理体系中承上启下，非常重要。一方面督促最高管理者重视知识产权，积极参加规范知识产权管理体系的各项活动；另一方面他们是体系从策划、建立到实施运行以及改进的主要推动者。从某种程度上说，管理者代表对知识产权管理体系的重视程度决定了工作开展得顺利与否。《企业知识产权管理规范》虽然规定了管理者代表由最高管理者在企业管理层中指定，由于企业的实际情况各有不同，因此，管理者代表最好由负责全面工作的副总级别领导担任，以便推动知识产权管理规范工作。以下为某公司管理者代表任命书。

知识产权管理体系管理者代表及各种小组任命书

为贯彻执行《企业知识产权管理规范》（GB/T 29490—2013）及相关法律法规要求，特任命某某同志为公司知识产权管理体系管理者代表，并承担下列工作：

1）领导、审查、监督知识产权管理机构的各项工作。

2）及时向最高管理者提供有关知识产权信息。

3）建立知识产权管理体系，实施并保持体系的有效运行。

4）确保知识产权管理体系运行和改进需要的各项资源的落实。

为保证知识产权管理规范工作顺利进行，经公司管理层研究决定，同时成立知识产权管理规范工作小组，负责具体知识产权管理规范工作，工作小组成员如下：

组长：××

组员：××、×××

（四）配备资源

《企业知识产权管理规范》“6　资源管理”部分规定了企业知识产权资源管理的要

求，包括人力资源、基础设施、财务资源和信息资源四个方面。有了资源的输入，才能保证体系的建立、设施的运行和改进，因此，在体系框架中，这四方面的资源必不可少。

第二节　体系构建筹备

企业知识产权管理规范工作是一项系统工程，周期长、环节多、参与人员多，因此筹备工作显得尤为重要。从实际工作看，目前很多企业往往忽视了这个环节，直接导致各部门对规范的目的、意义以及内容了解不够，影响后续工作的开展。那么企业在筹备阶段应该从哪些方面进行规划和准备呢?

首先，选取合适的辅导机构和签署辅导协议。知识产权管理体系规范工作可以不找辅导机构，由企业自己按照《企业知识产权管理规范》建立知识产权管理体系。但是，相对于其他体系来说，知识产权管理体系专业性非常强；加之这项工作是系统工程，时间长、涉及部门众多，因此，目前绝大多数企业都选择辅导机构。辅导机构的选择可以从服务年限、行业口碑、辅导业绩以及辅导人员的能力、辅导经验等方面进行考察。确定辅导机构后，双方应签订辅导协议。辅导协议最重要的是明确双方的权利和义务、落实保密和知识产权权属条款。

其次，成立领导小组和工作小组。成立领导小组是领导重视的具体表现，目的是统一管理层思想，推动知识产权管理体系构建、实施运行和持续改进。工作小组是知识产权管理体系规范工作推进的核心部门，从工作的专业性考虑，应由知识产权管理部门或体系管理部门作为主要牵头负责部门。从实际情况来看，成立领导小组和工作小组对推动知识产权管理体系规范工作的顺利开展有非常大的帮助，应作为筹备阶段的一项重点工作。

再次，确定公司知识产权管理体系组织架构，明确部门职责。这项工作直接关系体系的实施运行，需要在调查诊断基础上，由管理层、体系各部门进行沟通、确定。

最后，制订推进计划、落实时间、人员安排、工作内容等。知识产权管理体系规范工作是一个系统工程，需要投入一定的时间和精力结合自身状况制订推进计划。

第三节　体系构建启动

一、启动会的目的

启动会的召开标志着企业知识产权体系建设工作正式开始，是规范企业内部知识产权管理的基础，也是企业重视知识产权的体现[1]。启动会是知识产权管理体系规范工作的第一个环节，实现以下两点才是成功的启动会：第一，最高管理者出席启动会并向员工传达规范知识产权管理体系的重要性；第二，开展知识产权意识提升的培训。通常，启动会作为整个工作的第一次正式会议，各部门相对重视，抓住这个时机进行动员和开展知识产权意识提升培训再合适不过。

二、启动会的策划

（1）确定时间和地点。时间的选择非常有技巧，可根据企业实际情况确定。地点通常根据参会人数在企业举行。

（2）确定参会人员。参会人员包括最高管理者和管理者代表、各部门负责人（经理、主管）、体系编写人员（知识产权专员、质量体系及其他体系内审员、各部门联络员）。如果条件允许，还可号召全员参与。

此外，还包括其他参会人员，如相关知识产权部门人员（如所在地方知识产权局负责人）及其他特邀嘉宾、辅导机构人员等。

（3）准备好培训课件、会议室、计算机、投影设备，发放资料，以便启动会宣讲顺利进行。

（4）准备管理者代表任命书、成立领导小组和工作小组等文件。

（5）准备签到表，安排专人拍照、录像，记录会议过程，形成会议纪要或培训记录。

三、启动会的内容

通常，启动会约为半个工作日，但对于知识产权管理体系规范工作来说意义非同寻常。它以现场召开的方式，向参会人员传递重视知识产权工作的信息，是一次动员和号召。启动会也可以培训方式，以训代会，安排国家和地方政府、行业政策和《企业知识产权管理规范》讲解，使各部门充分了解知识产权管理体系规范工作，了解知识产权工作，以增强其积极性和配合度。

启动会由管理者代表主持，由最高管理者宣布管理者代表任命、成立领导小组和工作小组，以及最高管理者讲话。尤其需要注意的是，最高管理者讲话至关重要，它既是号召也是支持，关系到各部门对知识产权管理体系的重视程度。

---

[1] 成胤，杨丽萍．企业知识产权贯标三部曲［M］．北京：知识产权出版社，2018：12.

第四节　调查诊断

一、调查诊断的意义和方法

知识产权调查诊断是整个知识产权管理体系规范工作过程中最重要的一环[1]。建立的体系能否符合企业实际情况，调查诊断发挥着重要作用，可以说，调查诊断是构建体系的前提条件。调查诊断可由企业知识产权管理部门或辅导机构实施。

常用的诊断方法包括资料收集、问卷调查、人员访谈、现场走访等。

二、调查诊断前的准备

（一）资料收集

通常的做法是知识产权管理部门收集相关资料，包括组织架构图及部门职责，业务流程，知识产权管理情况，其他体系文件及清单，特别是涉及知识产权、立项、研发、生产、采购、销售和售后、人力资源等方面的制度和表单。资料的收集既是为诊断做准备，也是熟悉、整理企业内部规章制度的过程，是调查问卷设计和人员访谈的依据和基础。资料收集齐全、有针对性，能使诊断更充分，更有目标和针对性。

（二）确定调查诊断对象

（1）最高管理者。标准的指导三原则之一就是领导重视，将企业最高管理者作为调查诊断对象必不可少。同时，也是提高企业最高管理者知识产权意识的有利时机。对最高管理者进行知识产权管理现状调查时，重点是了解企业经营发展战略、知识产权战略及其工作重点及发展方向。同时，可通过正面和反面案例提高其知识产权意识，将知识产权管理体系上升到战略层面或作为工作重点。

（2）管理者代表。管理者代表作为体系的建立、实施和保持者，是承上启下的关键人物，必须将其作为调查诊断对象。通过对管理者代表进行调查，往往能确定知识产权管理体系的基调。因此，对管理者代表调查往往侧重于内外部沟通的有效性和资源的落实。

---

[1] 四川九鼎智远知识产权运营有限公司. GB/T 29490—2013《企业知识产权管理规范》实施手册［M］. 北京：知识产权出版社，2016：29.

（3）各部门负责人和联络员。知识产权管理体系涉及众多部门，各部门负责人应全面掌握部门运行管理情况，也是该部门体系运行的负责人。联络员是具体实施人员，多是体系实施运行时的具体工作人员，负责记录表单。将二者作为调查诊断对象，诊断得越深入，体系的建立和运行越顺畅。

（4）其他相关人员。如合同审查人员、法务人员等可能涉及合同中知识产权条款的审查，将他们纳入诊断对象是有必要的。再如一线生产工人，可能涉及生产工艺的改进，将其纳入诊断对象也非常必要。

三、调查诊断流程

（一）确定诊断形式

资料收集完毕和确定调查对象后，通常就能确定诊断形式了。诊断形式一般分为现场诊断和书面诊断。现场诊断通常指知识产权管理部门拟定调研提纲，到现场与受调研人员逐一面谈的方式。书面诊断则通常以调查问卷的形式邀请受调研人员回答相关内容。书面诊断易流于形式，效果不如现场诊断深入、有效。为了保证体系的适宜性，通常建议采用现场诊断形式。

（二）编制诊断计划

编制诊断计划是调查诊断的重要环节之一，诊断计划的好坏或完善与否，直接决定着调查诊断的效果。调查诊断计划包括计划时间表和诊断访谈表。调查诊断访谈表类似于记者采访提纲，是现场诊断的纲要，既要全面覆盖《企业知识产权管理规范》条款，也要结合企业实际情况，将《企业知识产权管理规范》条款要求进行分解，做到通俗易懂，对照《企业知识产权管理规范》各条款逐一编制。

（三）实施诊断

在收集完资料，相对熟悉情况后，知识产权管理部门人员按照诊断计划深入现场进行诊断。通常，现场诊断以部门为单位，与相关人员进行一对一调查，以期尽量深入。现场诊断时，须做好记录并及时填写现场调查访谈记录表。表 3-1 为管理者代表调查诊断表。

表 3-1 调查诊断表

<table>
<tr><td>被诊断部门：</td><td colspan="2">管理者代表：</td><td colspan="2">诊断时间：</td></tr>
<tr><td>标准条款</td><td>诊断记录</td><td>诊断结论</td><td>问题分析</td><td>解决方案</td></tr>
<tr><td>5.4.1 管理者代表
最高管理者应在企业最高管理层中指定专人作为管理者代表，授权其承担以下职责：
a）确保知识产权管理体系的建立、实施和保持；
b）向最高管理者报告知识产权管理绩效和改进需求；
c）确保全体员工对知识产权方针和目标的理解；
d）落实知识产权管理体系运行和改进需要的各项资源；
e）确保知识产权外部沟通的有效性</td><td>1. 已经任命管理者代表；
2. 管理者代表为总经理助理，属于企业最高管理层；
3. 管理者代表能落实体系运行和改进的各项资源；
4. 管理者代表能保证沟通的有效性</td><td>☑符合
□部分符合
□不符合</td><td></td><td>管理者代表确保 a）b）c）的落实</td></tr>
<tr><td>9.1 总则
策划并实施以下方面所需的监控、审查和改进过程：
a）确保产品、软硬件设施设备符合知识产权有关要求；
b）确保知识产权管理体系的适宜性；
c）持续改进知识产权管理体系，确保其有效性。
9.2 内部审核
应编制形成文件的程序，确保定期对知识产权管理体系进行内部审核，满足本标准的要求。
9.3 分析与改进
根据知识产权方针、目标以及检查、分析的结果，制定和落实改进措施</td><td>1. 企业定期组织质量、环境和健康卫生三体系内部评审；
2. 管理者代表组织召开内部评审；
3. 目前企业有其他体系的《改进措施控制程序》</td><td>□符合
☑部分符合
□不符合</td><td>目前知识产权管理体系处于建立阶段，尚未进入内部评审阶段</td><td>1. 结合原有的内审控制程序，建立知识产权内部评审控制程序；
2. 制订年度内部评审计划，并经过总经理批准审核；
3. 体系运行三个月后，管理者代表组织召开内部评审</td></tr>
</table>

被访谈者：　　　　　访谈人：　　　　　访谈时间：

（四）编写诊断报告

诊断报告通常包括诊断发现、诊断结论和改进建议三个方面。诊断报告是企业知识产权管理现状最直接的体现，因此，需要写得具体，具体分析企业知识产权管理现状与《企业知识产权管理规范》之间的差距，也就是诊断发现。根据诊断发现得出企业知识产权总体情况。改进建议则是结合企业实际，就诊断发现的问题进行分析，提出改进建议。

(五) 反馈诊断报告并沟通

诊断报告初稿完成后应与各部门联络员进行沟通、反馈，确定存在的问题或模糊点，最终完善诊断报告，为下一步编写体系文件打下基础。通常我们建议，由管理者代表将确认后的诊断报告提交给最高管理者，一方面向其汇报知识产权工作现状，引起其重视，尤其是不足与差距方面可以引起最高管理者重视；另一方面，可为下一步构建、实施、改善体系获得支持。

以上是企业以知识产权管理部门为主进行的调查诊断。此外，还可以由辅导机构进行调查诊断，优势在于第三方相对客观、公正并能从专业角度发现问题，提出对策；缺点在于熟悉企业内部情况所需时间较长，同时存在生搬硬套的可能。由辅导机构主导的调查诊断流程和方法基本与以企业为主导的调查诊断相同。通常，辅导机构要求企业提供包括基本经营情况、组织架构图及职责、知识产权基本情况等在内的资料清单，然后以清单资料为依据，初步制订调查诊断计划，并与企业充分沟通修改后形成最终调查诊断计划，进入实施阶段。

第五节　编写体系文件

经过调查诊断后，体系文件的编写工作就正式开始了。编写体系文件是企业实施《企业知识产权管理规范》，建立并保持体系有效运行的重要基础工作，也是企业评价和持续改进知识产权管理体系不可缺少的依据。

一、体系文件的构成

《企业知识产权管理规范》对体系文件的具体内容和形式有明确的要求，主要为知识产权方针和目标、知识产权手册以及标准中要求形成文件的程序和记录。企业可以采用灵活的方式将其知识产权管理体系形成文件，但所制定的知识产权管理体系文件足以证实其对知识产权管理体系及其过程进行了有效策划、运行、控制和持续改进。

体系文件主要作用如下[1]：

---

[1] 四川九鼎智远知识产权运营有限公司．GB/T 29490—2013《企业知识产权管理规范》实施手册［M］．北京：知识产权出版社，2016：65-66．

1）描述知识产权管理体系。

2）为跨职能部门间的沟通提供信息，以利于更好地理解相互的关系。

3）将最高管理者对知识产权管理的承诺传达给全体员工。

4）帮助员工理解其在体系中的作用，从而加深其对工作目的和重要性的认识。

5）说明如何才能达到《企业知识产权管理规范》的要求。

6）为持续改进提供依据。

7）为知识产权管理体系审核提供依据。

（一）《知识产权管理手册》

《知识产权管理手册》通常包括封面、目录、前言、颁布页、企业简介、知识产权方针和目标、管理者代表任命书、组织机构图、职能分配表、管理手册正文（范围、规范性引用文件、术语和定义、知识产权管理体系、管理职责、资源管理、基础管理、实施和运行、审核和改进）、附录等。

1）封面。封面应根据企业管理标准统一封面格式编制。一般应包括文件编号、手册名称、企业名称、发布及实施日期、密级和受控状态等。手册的编号既可以按照企业管理标准的统一编号，也可按照知识产权管理体系文件编号。无论何种编号，首要的是统一、简单、便于查找和记忆。

2）目录。由于手册篇幅较大，为方便查阅，必须编制目录。通常，目录包括手册章节题目和页码。

3）前言。内容包括企业基本情况，如名称、地址、规模、主营产品等。另外，还可包括企业经营发展情况，重点是知识产权管理工作及所获得的荣誉。

4）颁布页。颁布页为知识产权管理手册的颁布令，一般由企业最高管理者签字发布，其内容主要是对手册重要性及各部门实施要求的简要说明及实施日期。

知识产权管理手册

0.1　目录（略）

0.2　前言

随着知识经济的兴起，知识产权已成为国际市场竞争力的核心要素。企业是自主创新的主体，更是知识产权创造、运用、管理和保护的主力军，提高企业的知识产权管理工作水平是增强企业自主创新能力的重要保证。

本管理手册是依据 GB/T 29490—2013《企业知识产权管理规范》，结合本企业的特点及实际，遵守“可行、实效、系统、准确、简明”的原则编写。希望公司员工能认真学习，理解执行，做好知识产权管理工作，提高知识产权创造、管理、运用和保护水平，满足标准要求。

0.3　颁布令

颁布令

本公司的《知识产权管理手册》是根据《企业知识产权管理规范》（GB/T 29490—2013）编制而成，规定了公司的知识产权方针和目标，包括知识产权机构设置、职责和权限的相关文件，管理体系程序文件及对程序文件的引用，知识产权管理体系过程之间相互关系的表述，现予以颁布。

本手册是公司知识产权管理体系运行的准则，要求本公司所属全体员工必须认真学习，自本手册实施之日起贯彻执行。

本手册自××年××月××日起实施。

总经理：

××年××月××日

0.4　公司简介

×××公司创建于××年××月，是××集团公司的全资子公司。公司主要从事……

公司设有……

公司目前的专利情况为：……

0.5　企业文化

公司愿景：争做中国最大最强动力电源供应商

公司使命：致力于提供绿色电源

公司目标：企业强盛　员工幸福

团队精神：忠诚　和谐　创新　高效

工作作风：快　精　细　实

0.6　知识产权方针、目标

一、知识产权管理方针

以科技创新促进企业升级发展，以知识产权保护行业先进优势。

二、知识产权长期目标

加大产品研发与技术创新，注重核心专利技术布局；努力创造知识产权，形成企业竞争壁垒；灵活运用知识产权制度，维护自身合法权益。

三、2019 年知识产权目标

a）严格规范知识产权管理，依据 GB/T 29490—2013《企业知识产权管理规范》建立知识产权管理制度，逐步完善和健全公司知识产权管理体系，保证体系持续有效运行。

b）公司 2019 年内完成发明申请 12 项，实用新型申请 6 项。

c）公司2019年内完成知识产权相关培训3次以上，覆盖公司领导层、知识产权部门、研究院以及全体员工。

0.7 任命书

管理者代表任命书

为贯彻执行GB/T 29490—2013《企业知识产权管理规范》及相关法律法规要求，特任命某某某同志为公司知识产权管理体系管理者代表，并负责下列工作：

a）确保知识产权管理体系的建立、实施和保持；

b）向总经理报告知识产权管理绩效和改进需求；

c）确保全体员工对知识产权方针和目标的理解；

d）落实知识产权管理体系运行和改进需要的各项资源；

e）确保知识产权外部沟通的有效性。

总经理：

2018年10月12日

1 范围

《知识产权管理手册》依据GB/T 29490—2013《企业知识产权管理规范》和本公司的实际相结合编制而成，适用于公司内部和外部经营活动全过程，涉及评价公司是否满足GB/T 29490—2013《企业知识产权管理规范》和有关法律法规要求的评价体系。

本手册涉及GB/T 29490—2013《企业知识产权管理规范》的全部条款内容，没有删减。

2 规范性引用文件

下列文件对于本手册的应用是必不可少的。凡是标注日期的引用文件，仅标注日期的版本适用于本手册。凡是不标注日期的引用文件，其最新版本（包括所有的修改单）适用于本手册。

GB/T 29490—2013　企业知识产权管理规范

GB/T 19000—2016　质量管理体系　基础和术语

GB/T 21374—2008　知识产权文献与信息基本词汇

3 术语和定义

本手册采用GB/T 29490—2013《企业知识产权管理规范》、GB/T 19000—2016《质量管理体系　基础和术语》、GB/T 21374—2008《知识产权文献与信息基本词汇》中的术语和定义。

4　知识产权管理体系

4.1　总体要求

本公司按照标准的要求建立知识产权管理体系，实施、运行并持续改进，保持其有效性，并形成文件。

4.2　文件要求

4.2.1　总则

本公司建立的知识产权管理体系文件包括：

a）形成文件的知识产权方针、目标；

b）知识产权管理手册；

c）知识产权管理控制程序（程序文件、制度文件）；

d）知识产权管理活动中形成的记录文件。

知识产权管理体系文件应按本公司文件管理的规定要求进行管理。体系文件的结构如图1所示。

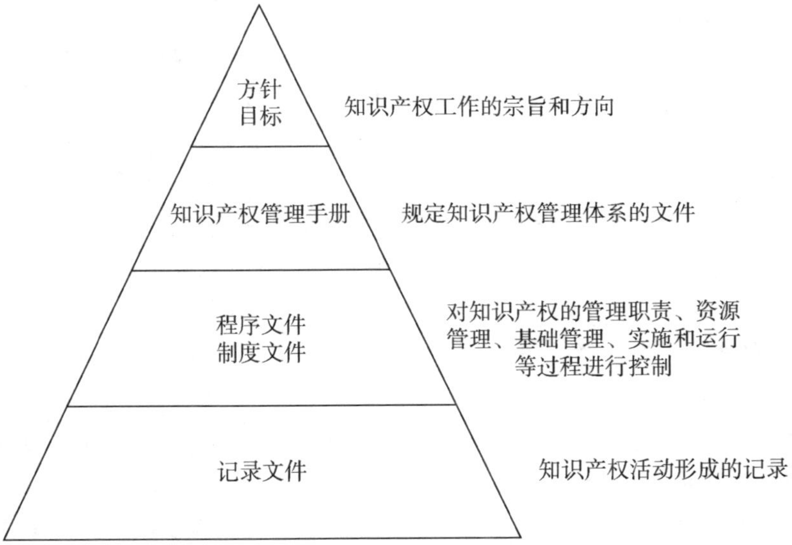

图1　知识产权管理体系文件结构图

4.2.2　文件控制

知识产权管理体系文件是企业实施知识产权管理的依据，对知识产权管理体系的文件控制包括：

a）公司制定的文件，标注编制、审核和批准人员及生效日期，文件发布前经过审核和批准，修订后再发布前重新审核和批准；

b）文件中相关要求应明确；

c）文件根据文件类别及秘密级别的不同分别进行管理；

d）文件易于识别、取用和阅读；

e）失效文件需保留时，需予以相应标记。

相关文件：《文件管理控制程序》《知识产权档案管理规定》。

4.2.3 知识产权管理手册

知识产权办公室组织公司相关职能部门，依据GB/T 29490—2013《企业知识产权管理规范》要求，编制、实施并保持公司的知识产权管理手册。手册包括下列内容：

a）知识产权机构设置、职责和权限的相关文件；

b）知识产权管理体系的程序文件或对程序文件的引用；

c）知识产权管理体系过程之间相互关系的表述。

4.2.4 外来文件与记录文件

为知识产权管理体系有效运行提供客观依据，对外来文件与记录文件做好标识、保存与记录，记录应有部门和记录人落款和时间，确保过程实施的可追溯性，外来文件和记录文件应满足以下要求：

a）知识产权办公室对行政决定、司法判决、律师函件等外来文件进行有效管理，确保其来源与取得时间可识别；

b）各部门建立、保持和维护记录文件，以证实知识产权管理体系符合GB/T 29490—2013《企业知识产权管理规范》的要求，并有效运行；

c）对于外来文件与记录文件，各部门应采取措施保证其完整性，并明确保管方式和保管期限。

引用文件：《文件管理控制程序》《知识产权档案管理规定》。

相关文件：《外来文件与记录文件管理控制程序》。

5 管理职责

5.1 管理承诺

总经理是知识产权管理体系的第一责任人，对实现知识产权管理体系的有效性做出承诺，并通过下列活动实现承诺：

a）制定知识产权方针，作为公司知识产权管理工作的宗旨和方向（见本手册0.6）；

b）制定知识产权目标，作为全公司知识产权管理工作的评价依据和前进方向（见本手册0.6）；

c）明确知识产权管理职责和权限，确保有效沟通（见本手册5.4）；

d）确保公司知识产权管理体系运作所需的资源（见本手册6）；

e）每年按计划组织管理评审，定期评审公司知识产权管理体系的适宜性和有效性（见本手册5.5）。

5.2 知识产权方针（见本手册0.6）

总经理应批准、发布公司知识产权方针，并确保方针：

a）符合相关法律和政策的要求；

b）与本公司的经营发展相适应；

c）在本公司内部得到有效运行；

d）在持续适宜性方面得到评审；

e）形成文件，付诸实施，并予以保持；

f）相关职能部门在具体业务中通过培训、教育、宣传等方式，向全体员工宣贯知识产权方针，使全体员工理解企业知识产权方针。

5.3　策划

5.3.1　知识产权管理体系策划

为实现知识产权目标和满足知识产权管理体系的建立、实施、保持和改进的要求，总经理应确保对知识产权管理体系的策划，包括：

a）理解相关方的需求，对知识产权管理体系进行策划，满足知识产权方针的要求；

b）知识产权获取、维护、运用和保护活动得到有效运行和控制；

c）知识产权管理体系得到持续改进。

5.3.2　知识产权目标（见本手册0.6）

总经理应针对公司内部相关职能和层次，组织建立并保持公司的知识产权目标，并确保：

a）知识产权目标形成文件并可考核；

b）知识产权目标应与知识产权方针保持一致，内容应包括对持续改进的承诺。

知识产权办公室每年12月对各部门知识产权目标完成情况进行考核，填写《知识产权目标实施绩效检查与考评表》。

相关记录：《知识产权目标实施绩效检查与考评表》。

5.3.3　法律和其他要求

依据GB/T 29490—2013《企业知识产权管理规范》要求，总经理应批准建立、实施并保持形成文件的知识产权法律和其他要求相关的控制程序，以便：

a）识别和获取适用的法律和其他要求，并建立获取渠道；

b）及时更新有关法律和其他要求的信息，并传达给员工。

相关文件：《法律和其他要求控制程序》。

5.4　职责、权限和沟通

5.4.1　管理者代表

总经理在最高管理层指定专人作为知识产权管理者代表，授权其承担以下职责：

a）建立、实施并保持知识产权管理体系的运行；

b）向总经理报告知识产权管理绩效和改进需求；

c）确保全体员工对知识产权方针和目标的理解；

d）落实知识产权管理体系运行和改进需要的各项资源；

e）确保知识产权外部沟通的有效性。

管理者代表职责详见本手册0.7“任命书”。

5.4.2 机构

1. 知识产权办公室

研究院负责对知识产权办公室的管理，配备专业的专职或兼职工作人员，承担以下职责：

a）制定企业知识产权发展规划；

b）建立知识产权管理绩效评价体系；

c）参与监督和考核其他相关管理机构；

d）负责公司的知识产权的日常管理工作。

具体包括：

1）负责文件控制、知识产权手册、外来文件与记录文件、知识产权目标、法律法规和其他要求、机构、知识产权激励、基础设施、知识产权维护、实施、许可和转让、合同管理、内部审核的归口管理；

2）负责知识产权档案、评估文件和变更/放弃文件的归档管理；

3）负责编制知识产权管理手册、程序文件及记录表单格式；

4）负责管理知识产权方针、目标、知识产权管理手册和程序文件，包括文件的归档、发放/回收、修订、作废等；

5）负责外来文件的接收和传递、保管和处置；

6）负责知识产权法律法规和其他要求的识别、获取、更新和传递；

7）负责编制《管理评审计划》和《管理评审报告》，落实、跟踪、验证管理评审报告中的改进措施，保留评审记录；

8）负责制定员工知识产权创造、保护和运用的奖励和报酬机制，明确员工造成知识产权损失的责任；

9）负责对公司知识产权进行分类管理、日常维护和定期评估；

10）负责对公司知识产权建立分级管理档案；

11）负责知识产权实施、转让、许可的审核及确认，做好维护管理工作；

12）负责专利相关的检索与分析、预警、申请、诉讼、侵权调查与鉴定、管理咨询等对外委托业务签订书面合同，约定知识产权权属、保密等内容。

2. 其他部门

负责落实与本部门相关的知识产权工作，职责架构图见附件一：知识产权管理体系组织结构图，各部门的职责为：

（1）研究所

研究院负责对研究所的管理，研究所的职责包括：

1）负责对公司知识产权信息资源、知识产权获取、立项、研发活动的归口管理；

2）负责建立信息收集渠道，及时获取所属领域、竞争对手的知识产权信息；

3）负责对信息进行分类筛选和分析加工，并有效利用；

4）负责年度知识产权获取计划的汇总整理，明确获取方式和途径，在获取前进行必要的检索和分析；

5）负责对项目立项阶段进行知识产权风险评估，并制定项目研发阶段的知识产权规划；

6）负责研发全过程的知识产权分析、监控，对成果进行评估、确认；

7）保留研发记录。

（2）人力资源部

1）负责知识产权工作人员、教育与培训、人事合同、入职、离职活动的归口管理；

2）负责明确知识产权工作人员的任职条件；

3）负责制订公司知识产权培训计划，组织知识产权教育培训；

4）负责员工聘用合同和特殊岗位人员有关知识产权保密条款、保密协议的拟定、执行和监督；

5）负责对新入职员工进行知识产权背景调查，对于研究开发等与知识产权关系密切的新入职员工，要求签署知识产权声明，保留相关记录文件；

6）负责对离职员工进行知识产权事项提醒，保留相关记录文件；

7）负责完成本部门的年度知识产权目标；

8）本部门的保密管理。

（3）法律事务部

1）负责知识产权的风险管理、争议处理、合同管理活动的归口管理；

2）负责公司生产、办公设备及软件等知识产权风险的识别，并进行知识产权风险等级评测，并提出相应的防范措施；

3）负责销售产品知识产权风险的识别，进行知识产权风险等级评测，并提出相应的防范措施；

4）负责组织相关部门进行各类争议处理，确定侵权行为是否成立；

5）负责对合同中有关知识产权条款进行审查，并形成记录；

6）负责商标相关的检索与分析、预警、申请、诉讼、侵权调查与鉴定、管理咨询等对外委托业务签订书面合同，约定知识产权权属、保密等内容。

（4）公司办公室

1）负责知识产权保密、信息资源活动的归口管理；

2）负责定期监督各部门保密工作的执行情况；

3）负责对外信息发布之前进行相应的审批。

（5）物资保障部

1）负责知识产权采购活动的归口管理；

2）负责采取措施，避免或降低采购的生产、办公设备及软件侵犯他人知识产权的风险；

3）负责收集供应方知识产权信息，必要时要求供方提供知识产权权属证明；

4）负责供应方信息、进货渠道、进价策略等信息资料以及采购过程中涉及知识产权的记录文件的保管和保密工作；

5）负责明确相关采购合同和对外协作合同涉及知识产权权属、许可使用范围条款，明确对方涉及知识产权的法律责任；

6）对采购合同进行归档管理。

（6）财务会计部

1）负责财务资源活动的归口管理；

2）负责知识产权基础管理、诉讼、评估、培训等事项、知识产权体系管理机构运行以及知识产权激励的费用预算和费用支持；

3）负责知识产权成本的核算及使用监控工作；

4）本部门的保密管理工作。

（7）销售总公司

1）负责知识产权销售和售后活动的归口管理；

2）与研究所配合，在产品销售前或者宣传、会展等商业活动前，进行知识产权评估，避免销售或者宣传侵权产品，制定知识产权保护和风险规避方案；

3）负责对销售市场进行知识产权监控，及时跟踪和调查相关知识产权被侵权情况，配合研究所采取相应的措施；

4）配合法律事务部对侵权行为进行取证；

5）负责对产品升级或市场环境的变化进行及时跟踪调查，调整知识产权保护和风险规避方案，适时形成知识产权。

6）负责涉外贸易过程中所涉及的知识产权工作；

7）负责在进行委托开发或合作开发时，签订书面合同，约定知识产权权属、许可及利益分配、后续改进的权属和使用；

8）负责委托加工、来料加工、贴牌生产等对外协作过程中所涉及的知识产权工作；

9）本部门的保密管理工作。

（8）生产管理部

1）负责知识产权生产活动的归口管理；

2）负责生产过程中涉及产品与工艺方法的技术改进与创新等进行合理化建议提案，对合理化建议成果进行评估和知识产权规划，适时申请知识产权保护；

3）生产管理部负责生产记录的归档管理。

各部门的职能分配表见附表二：知识产权管理体系职能分配表。

5.4.3　内部沟通

管理者代表应确保在公司内部建立沟通渠道，确保知识产权管理体系有效运行。

通过公司内部的例会、部门会议或项目会议、公司年终会以及日常微信交流群，就知识产权管理体系及其过程信息进行沟通。

5.5　管理评审

5.5.1　评审要求

管理评审由总经理每年组织实施，对知识产权的适宜性和有效性进行评估。

5.5.2　评审输入

评审输入应包括：

a）知识产权方针、目标；

b）公司经营目标、策略及新产品、新业务规划；

c）企业知识产权基本情况及风险评估信息；

d）技术、标准发展趋势；

e）前期审核的结果。

5.5.3　评审输出

评审输出应包括：

a）对管理方针及目标的改进建议；

b）对知识产权管理程序的改进措施；

c）确定人力资源、基础设施、财务资源及信息资源的投入。

应保持好评审输入和输出记录。

相关文件：《管理评审控制程序》。

6　资源管理

6.1　人力资源

6.1.1　知识产权工作人员

公司对从事知识产权相关工作的人员，规定任职要求，包括规定相应的技能和经验要求，并采取适当措施，确保其满足相应的条件，胜任相应的工作。

相关文件：《知识产权岗位职责和任职要求》。

6.1.2　教育与培训

人力资源部组织开展知识产权教育培训：

a）规定知识产权工作人员的教育培训要求，制订计划并执行；

b）组织全体员工按业务领域和岗位要求开展相关知识产权培训，并形成记录；

c）组织对中高层知识产权管理人员进行相关知识产权培训，并形成记录；

d）组织对研究开发等与知识产权关系密切的岗位人员进行相关知识产权培训，并形成记录。

相关记录：《年度知识产权培训计划》《培训实施申请表》《培训记录表》。

6.1.3　人事合同

公司通过劳动合同、劳务合同等方式对员工进行管理，约定知识产权权属、保密条款，明确发明创造人员享有的权利和负有的义务，必要时约定竞业限制和补偿条款。

6.1.4　入职

a）人力资源部对新入职员工进行适当的知识产权背景调查和沟通，了解其已有的知识产权权利义务，避免侵害他人知识产权；

b）对于研究开发等与知识产权关系密切的岗位，公司应与员工签订专门的知识产权声明文件，明确其保密责任和义务。

相关记录：《入职员工知识产权背景调查表》。

6.1.5　离职

a）公司对离职的员工应进行相应的知识产权事项提醒；

b）涉及核心知识产权的员工离职时，应签署离职知识产权协议或执行竞业限制协议。

相关记录：《离职人员谈话记录表-知识产权事项提醒》。

6.1.6　激励

知识产权办公室制订知识产权奖励的制度，明确员工知识产权创造、保护和运用的奖励和报酬；明确员工造成知识产权损失的责任。

相关文件：《技术创新奖励激励办法》。

6.2　基础设施

知识产权办公室要配备知识产权管理体系运行所需的相关资源，以确保知识产权管理体系的运行，应包括：

a）软硬件设备，如知识产权管理软件、数据库、计算机和网络设施等；

b）办公场所。

6.3　财务资源

为知识产权工作的有效开展，公司提供相应的经费保障。由财务会计部每年年初制定本年度知识产权费用预算，费用包括以下内容：

a）用于知识产权申请、注册、登记、维持、检索、分析、评估、诉讼和培训等事项的费用；

b）用于知识产权管理机构运行的费用；

c）用于知识产权激励的费用；

d）知识产权风险准备金。

相关记录：《知识产权费用预算表》《知识产权费用使用台账》。

6.4　信息资源

知识产权办公室编制形成文件的程序，规定以下方面所需的控制：

a）建立信息收集渠道，及时获取所属领域、竞争对手的知识产权信息；

b）对信息进行分类筛选和分析加工，并加以有效利用；

d）根据企业需要可建立知识产权信息数据库，并有效维护和及时更新。

相关文件：《知识产权信息管理控制程序》。

7　基础管理

7.1　获取

研究所负责编制《知识产权获取控制程序》，对以下方面进行控制：

a）根据公司年度知识产权目标，制订知识产权创造和取得的年度工作计划，明确所需要的知识产权的种类（如专利、商标等）及创造和取得的方式和途径；

b）获取知识产权前进行必要的检索和分析；

c）保持知识产权获取记录；

d）保障发明创造人员的署名权。

相关文件：《知识产权获取控制程序》《知识产权信息检索控制程序》。

7.2　维护

知识产权办公室负责编制《知识产权维护控制程序》，维护时对以下方面进行控制：

a）对公司拥有的知识产权按照性质、价值等进行分类，建立分类管理档案，进行日常维护；

b）建立知识产权评估机制，由知识产权办公室对拥有的各类知识产权进行价值评估，以便对放弃或维护该知识产权做出决策；

c）知识产权权属变更时，根据公司相关制度，进行变更及相关手续的办理；

d）对知识产权权属放弃时，应明确审批程序和权限，办理手续，由知识产权办公室备案；

e）建立专利分级管理档案，由知识产权办公室配备专职人员进行有效的监管和日常维护。

相关文件：《知识产权维护控制程序》。

7.3　运用

7.3.1　实施、许可和转让

知识产权办公室负责编制《知识产权实施、许可和转让控制程序》，规定以下方面所需的控制：

a）公司应根据法律法规的要求，在生产经营过程和市场交易活动中，促进和监控知识产权的实施，合理运用知识产权，必要时评估知识产权对企业的贡献；

b）在知识产权许可和转让前，针对企业作为让出方和受让方分别制订调查方案，并进行评估。

相关文件：《知识产权实施、许可和转让控制程序》。

7.3.2 投融资

在投融资活动前，应对相关知识产权开展尽职调查，进行风险和价值评估。在国（境）外投资前，应针对目的地的知识产权法律、政策及其执行情况，进行风险分析。

公司目前尚不涉及投融资活动，本次体系文件编写对该部分内容进行了编制，当发生投融资相关活动时，可以按照编制内容执行。

7.3.3 企业重组

企业重组工作应满足以下要求：

a）企业合并或并购前，应开展知识产权尽职调查，根据合并或并购的目的设定对目标企业知识产权状况的调查内容；条件成熟时可进行知识产权评估；

b）企业出售或剥离资产前，应对相关知识产权开展调查和评估，分析出售或剥离的知识产权对本企业未来竞争力的影响。

公司目前尚不涉及企业重组活动，本次体系文件编写对该部分内容进行了编制，当发生企业重组相关活动时，可以按照编制内容执行。

7.3.4 标准化

研究所完成标准化工作应满足以下要求：

a）参与标准化组织前，了解标准化组织知识产权政策；将包含专利和专利申请的技术方案向标准化组织提案时，应按照知识产权政策要求披露并做出许可承诺；

b）牵头组建标准工作组的，应组织制定标准工作组的知识产权政策和工作程序。

公司目前尚不涉及标准化活动，本次体系文件编写对该部分内容进行了编制，当发生企业标准化相关活动时，可以按照编制内容执行。

7.3.5 联盟及相关组织

研究所负责知识产权联盟及相关组织活动，并满足下述要求：

a）参与知识产权联盟或其他组织前，了解其知识产权政策，评估参与利弊；

b）组建知识产权联盟时，遵循公平、合理且无歧视的原则，制定联盟知识产权政策；主要涉及专利合作的联盟，公司应以知识产权为基础，与联盟企业共同推动技术标准，增加企业的行业话语权，在联盟内将自有知识产权作为交易筹码与联盟企业互换使用，构建专利池，开展专利合作。

7.4 保护

7.4.1 风险管理

法律事务部编制《知识产权风险管理控制程序》，规定以下方面所需的控制：

a）采取措施，避免或降低生产、办公设备及软件侵犯他人知识产权的风险；

b）定期监控产品可能涉及他人知识产权的状况，分析可能发生的纠纷及其对企业的损害程度，提出防范预案；

c）条件成熟时，公司可建立风险管理体系，并将知识产权纳入企业风险管理体系，对知识产权风险进行识别和评测，并采取相应风险控制措施。

相关文件：《知识产权风险管理控制程序》。

7.4.2　争议处理

法律事务部编制《知识产权争议处理控制程序》，规定以下方面所需的控制：

a）监控知识产权被侵犯的情况，适时运用行政和司法途径保护知识产权；

b）在处理知识产权纠纷时，评估诉讼、仲裁、和解等不同处理方式对企业的影响，选取适宜的争议解决方式。

相关文件：《知识产权争议处理控制程序》。

7.4.3　涉外贸易

涉外贸易中的知识产权工作包括：

a）向国（境）外销售产品前，销售总公司调查目的地的知识产权法律、政策及其执行情况，了解行业相关诉讼，分析可能涉及的知识产权风险；

b）向国（境）外销售产品前，公司应适时在目的地进行知识产权申请、注册和登记；

c）向国（境）外销售的涉及知识产权的产品可采取相应的边境保护措施。

7.5　合同管理

公司依据《企业知识产权管理规范》，加强合同中知识产权管理：

a）法律事务部对合同中有关知识产权条款进行审查，并形成记录；

b）公司对检索与分析、预警、申请、诉讼、侵权调查与鉴定、管理咨询等知识产权对外委托业务应签订书面合同，并约定知识产权权属、保密等内容；

c）公司在进行委托研发或合作研发时，应签订书面合同，约定知识产权权属、许可及利益分配、后续改进的权属和使用等；

d）承担涉及国家重大专项等政府类科技项目时，公司应了解项目相关的知识产权管理规定，并按照要求进行管理。

7.6　保密

公司办公室编制《保密管理控制程序》，规定以下方面所需的控制：

a）明确涉密人员，设定保密等级和接触权限；

b）明确可能造成知识产权流失的设备，规定使用目的、人员和方式；

c）明确涉密信息，规定保密等级、期限和传递、保存及销毁的要求；

d）明确涉密区域，规定客户及参访人员活动范围等。

相关文件：《保密管理控制程序》。

8 实施和运行

8.1 立项

知识产权办公室配合研究所编制《研发过程中知识产权控制程序》，规定项目立项阶段的知识产权管理工作，包括：

a）项目立项前要进行知识产权的检索调查，分析该项目所涉及的知识产权信息，包括各关键技术的专利数量、地域分布和专利权人信息等；

b）通过知识产权分析及市场调研相结合，明确该产品潜在的合作伙伴和竞争对手；

c）进行知识产权风险评估，并将评估结果、防范预案作为项目立项与整体预算的依据。

相关文件：《研发过程中知识产权控制程序》《知识产权信息管理控制程序》。

8.2 研究开发

知识产权办公室配合研究所编制《研发过程中知识产权控制程序》，规定研究开发阶段的知识产权管理工作，包括：

a）对该领域的知识产权信息、相关文献及其他公开信息进行检索，对项目的技术发展状况、知识产权状况和竞争对手状况等进行分析；

b）在检索分析的基础上，制定知识产权规划；

c）跟踪与监控研究开发活动中的知识产权，适时调整研究开发策略和内容，合理利用他人知识产权，规避侵权风险；

d）研究人员应及时报告研究开发成果；

e）及时对研究开发成果进行评估和确认，明确保护方式和权益归属，适时形成知识产权；

f）保留研究开发活动中形成的记录，并实施有效的管理。

相关文件：《研发过程中知识产权控制程序》《知识产权信息管理控制程序》。

8.3 采购

知识产权办公室配合物资保障部编制《采购过程中知识产权控制程序》，规定原材料、设备等采购活动中的知识产权管理，包括：

a）对涉及知识产权标记的产品由研究所识别供方的相关知识产权信息并由物资保障部做好供方信息、进货渠道、进价策略等信息资料的管理和保密工作，防止商业秘密泄露；

b）在采购合同中应明确知识产权权属、许可使用范围、侵权责任承担等；

c）采购活动的知识产权管理由知识产权办公室与物资保障部配合实施。

相关文件：《采购过程中知识产权控制程序》。

8.4 生产

知识产权办公室配合生产管理部编制《生产过程中知识产权控制程序》，规定生产阶段的知识产权管理，包括：

a）及时评估、确认生产过程中涉及产品与工艺方法的技术改进与创新，明确保护方式，适时形成知识产权；

b）在委托加工、来料加工、贴牌生产等对外协作生产的过程中，应在生产合同中明确知识产权权属、许可使用范围、侵权责任承担等，必要时，应要求供方提供知识产权许可证明；

c）保留生产活动中形成的记录，并实施有效的管理。

相关文件：《生产过程中知识产权控制程序》。

8.5　销售和售后

知识产权办公室配合销售总公司编制《销售过程中知识产权控制程序》，规定销售和售后阶段的知识产权管理，包括：

a）产品销售前，销售总公司对市场同类产品所涉及的知识产权状况进行全面调查分析，制定知识产权保护和风险规避方案，防止销售侵犯他人知识产权的产品；

b）在产品宣传、销售、会展等商业活动前制定知识产权保护或风险规避方案；

c）建立产品销售市场监控程序，一旦发现同类产品涉嫌侵犯公司知识产权的情况，应进行跟踪调查和重点信息收集，掌握对方侵权证据，积极采取维权措施，确保侵权行为能得到及时有效的制止和处理，并建立和保持相关记录；

d）产品升级或市场环境发生变化时，及时进行跟踪调查，调整知识产权保护和风险规避方案，适时形成新的知识产权。

相关文件：《销售过程中知识产权控制程序》。

9　审核和改进

9.1　总则

策划并实施以下方面所需的监控、审查和改进过程：

a）确保产品、软硬件设施设备符合知识产权有关要求；

b）确保知识产权管理体系的适宜性；

c）持续改进知识产权管理体系，确保其有效性。

9.2　内部审核

知识产权办公室编制形成文件的程序《内部审核控制程序》，确保定期对知识产权管理体系进行内部审核，满足本标准的要求。

相关文件：《内部审核控制程序》。

9.3　分析与改进

根据知识产权方针、目标以及检查、分析的结果，制定和落实对存在问题的改进措施，包括：

a）知识产权办公室会同其他相关部门，采取适宜方法对审核、评审结果进行分析，以证实体系会否有效运行；

b）改进的信息来源包括：知识产权方针、目标执行情况；管理评审、内部审核结果；体系过程检查、分析结果；相关方（如第三方认证机构）提出的建议；

c）知识产权办公室根据以上信息反映的问题，确定责任部门。由责任部门对问题进行原因分析，与知识产权办公室配合制定和落实改进措施，并实施改进。知识产权办公室追踪验证改进措施，以促进知识产权管理体系的持续改进。

附件一　知识产权管理体系组织结构图（略）

附件二　知识产权管理体系职能分配表（略）

（二）程序文件

程序是“为进行某项活动或过程所规定的途径”。程序可以形成文件，形成文件时，通常称为形成文件的程序，含有程序的文件称为程序文件。

程序文件是实施知识产权管理的支持性文件。如果没有程序文件很多部门就不知道如何去实施，难以保证体系的有效实施，因此需要编制相应的程序文件。《企业知识产权管理规范》中有10个条款要求编制形成程序文件，分别是外来文件与记录文件、法律法规和其他要求、信息资源、获取、维护、实施许可和转让、风险管理、争议处理、保密和内部审核。此外，企业还可根据实际需要对应其他条款制定程序文件，如争议处理控制程序以及知识产权实施、许可和转让控制程序等。

程序文件的格式没有统一要求，但建议所有控制程序的格式保持一致。

程序文件通常包括以下内容：

1）目的：编写该程序应达到的目的。

2）范围：该程序适用范围。

3）职责：该程序涉及的部门及职责，包括归口部门及相关部门，即通常说的谁来做。

4）术语和定义：该程序使用了非标准用语时，对这些非标用语的解释，如缩略语等。

5）工作程序：列出需要开展的活动，对每项活动如何实施详细展开。通常按照规定做什么、谁做、何时何地做、为什么做以及如何做的程序进行。这部分内容可以用文字描述也可以用流程图的方式描述。

6）记录表单：实施程序所产生的记录和表格。

7）相关文件：实施过程中还需要使用的其他文件，这些文件都应该在工作程序中提到。

8）明确过程的输出和输入。

以下是某企业研发过程中知识产权控制程序。

1. 目的

为有效控制项目立项和研发阶段的知识产权，降低研发成本和避免知识产权侵权风险，特制定本程序。

2. 适用范围

本程序适用于公司项目立项和研发阶段的知识产权控制。

3. 职责

研发部的职责是：

（1）负责在项目立项阶段进行知识产权风险评估，并制定项目研发阶段的知识产权规划；

（2）负责研发全过程的知识产权分析、监控，对成果进行评估、确认；

（3）保留研发记录。

4. 工作程序

4.1　立项阶段

4.1.1　检索

研发部对预立项目所属领域的知识产权信息进行检索，形成《研发项目知识产权信息检索报告》，相关知识产权检索工作执行《知识产权信息检索控制程序》。

4.1.2　分析

研发部分析各关键技术的专利数量、地域分布和专利权人信息，确定技术路线、潜在的合作伙伴和竞争对手，形成《研发项目知识产权状况分析报告》。

4.1.3　评估

研发部对项目所涉及的知识产权进行风险评估，并将评估结果、防范预案作为项目立项与整体预算的依据，记录在《研发项目知识产权状况分析报告》中。

4.2　研发阶段

4.2.1　检索分析

对该项目领域的知识产权信息、相关文献及其他公开信息进行检索，结合检索到的信息和项目的具体情况，对项目的技术发展状况、知识产权状况和竞争对手状况进行分析，形成《信息检索分析报告》。

4.2.2　制定知识产权规划

根据知识产权状况分析结果，制定知识产权规划，填写《研发项目知识产权规划》，对知识产权申请的技术方向、申请国家或地区、申请时机、申请类型、申请方式等进行部署。

4.2.3　跟踪与监控

在项目研发过程中跟踪与监控相关知识产权，适时调整研究开发策略和内容，避免或降低知识产权侵权风险，形成《知识产权监控记录表》。

4.2.4 评估和确认研发成果

及时对研发成果进行评估和确认，形成《研发成果评估报告》，明确保护方式和权益归属，适时形成知识产权。

4.2.5 获取

根据《研发成果评估报告》，进行知识产权申请，执行《知识产权获取控制程序》。

4.2.6 记录

对研发活动中形成的档案和记录进行管理，以使研发活动具有可追溯性，并准确界定研发创新成果的知识产权权利归属。

5. 相关文件

《获取控制程序》(×××/IP-CX-06-A)

《信息检索控制程序》(×××/IP-CX-08-A)

6. 记录

研发项目知识产权信息检索报告	×××/IP-JL-8.1-01
研发项目知识产权状况分析报告	×××/IP-JL-8.1-02
信息检索分析报告	×××/IP-JL-8.2-01
研发项目知识产权规划	×××/IP-JL-8.2-02
知识产权监控记录表	×××/IP-JL-8.2-03
研发成果评估报告	×××/IP-JL-8.2-04

(三) 记录表单

记录表单是开展知识产权管理活动的证据，以确保记录的完整性、规范性和可追溯性。记录的形式有纸张、光盘、照片等，企业可依照自身需要采取不同形式。所有的记录都应当在知识产权手册或程序文件中有指引。

需要强调的是，记录表单应当在进行知识产权活动时记录，如新员工入职时的知识产权背景调查、奖励与处罚、立项前的知识产权检索报告等。

二、体系文件编写的流程

第一步，制订编写计划，按计划分工编写。管理体系具有系统化、整体化的特点，需要统筹规划、分工合作。体系涉及的部门参与文件编写尤其重要，可以提升体系文件的可行性。

第二步，确定方针和计划。结合现阶段企业知识产权工作现状和未来发展规划进行编写，编写后报送最高管理者审阅并修改完善，最后由最高管理者批准发布。

第三步，编制程序文件和记录文件。程序文件是对知识产权活动控制要求的规范性文件。记录文件用于如实记录相关活动的实施情况，它伴随着程序文件而形成。

第四步，编制知识产权手册。知识产权手册通常包括封面、目录、前言、颁布页、企业简介、知识产权方针和目标、管理者代表任命书、组织机构图、职能分配表、管理手册正文（范围、规范性引用文件、术语和定义、知识产权管理体系、管理职责、资源管理、基础管理、实施和运行、审核和改进）、附录等。

手册的编写应充分考虑各部门的职能，分工编写。如立项研发章节，应由技术研发部门编写；人力资源管理章节，应由负责人力资源的部门编写等。最后由知识产权管理部门统一组织进行校稿和完善。

第五步，征求组织意见。体系文件形成初稿后，应组织征求意见。尤其对涉及多部门的，无论职责划分还是程序文件，都需要进行讨论，达成一致意见后签字确认。

第六步，发布实施。通常，程序文件需要部门负责人、管理者代表审批，手册需要编制人员、管理者代表、最高管理者签批。不同文件的审批权限由企业自行决定，但不能低于标准要求。

三、体系文件的构建

（一）管理职责部分的构建

《企业知识产权管理规范》“5　管理职责”部分规定了最高管理者、管理者代表及知识产权管理机构的职责权限以及策划等要求，包括管理承诺，知识产权方针，策划，职责、权限和沟通，管理评审五个方面。

1. 管理承诺

最高管理者是企业知识产权管理第一责任人，全面负责企业日常经营管理事务。最高管理者的职责主要有：制定知识产权方针目标；明确知识产权管理职责和权限并确保有效沟通；确保人力资源、财务资源、基础设施、信息资源的配备；定期组织管理评审。

例如，某生产型企业最高管理者的知识产权管理职责主要有以下几方面：

（1）制定知识产权方针，作为公司知识产权管理总体指导方针。

（2）制定知识产权目标，作为全公司知识产权管理工作的评价依据和前进方向。

（3）明确知识产权管理职责和权限，确保有效沟通。

（4）确保公司知识产权管理体系运作所需的资源。

（5）每年按计划组织管理评审，定期评审公司知识产权管理体系的适宜性和有效性。

2. 知识产权方针

《企业知识产权管理规范》5. 2要求，知识产权方针的制定首先要符合法律法规和政策的要求。主要指知识产权方针在制定时应考虑知识产权有关的国家法律、地方法规以及中央政府、地方政府的政策，内容合法并与政策要求一致。

《企业知识产权管理规范》5. 2要求，知识产权方针要与企业的经营发展情况相适应。首先，企业所处行业和经营模式也关系到知识产权管理模式；其次，企业的经营发展情况各不相同，并且不同企业其经营方针的侧重点也不同，如客户需求、产品质量、环境要求、生产安全、发展战略等。在制定知识产权方针时应充分考虑企业经营发展情况，体现企业特色。知识产权方针应简明扼要、易于理解，力求与企业经营方针相一致，以促进经营方针的实现。在企业内外部环境发生变化时，企业应组织对知识产权方针的适宜性进行评审，必要时进行修订。

知识产权方针为知识产权目标的制定提供总体框架。知识产权方针是企业知识产权管理工作的宗旨和方向，并且为知识产权目标提供指引，因此目标方针应该保持一致。

知识产权方针由最高管理者制定并实施，要在全体员工中得到理解和实施。知识产权方针为知识产权目标的建立提供指导，是企业知识产权管理体系工作的出发点和归宿。企业应依据知识产权方针建立知识产权管理体系。

（1）某化工企业知识产权方针："科学至上、探索创新、绿色环保、走向国际"。

（2）某健身器材企业知识产权方针："知识产权驱动健身器材创新，提升竞争优势，打造行业国际级品牌"。

（3）某电梯企业知识产权方针："激励发明创造、保护自主知识产权、提高企业核心竞争力"。

3. 知识产权目标

知识产权目标是落实知识产权方针和知识产权策划的重要手段。

通常，构建体系时，知识产权目标可分为长期目标、中期目标和年度目标。最为关键的是，目标制定后，需要进行分解，并采取措施落实。

以下为某企业知识产权目标，从宏观到微观，从抽象到具体地制定了长期、中期和2019年目标。

一、长期目标

加大产品研发与技术创新，注重核心专利技术布局；努力创造知识产权，形成企业竞争壁垒；灵活运用知识产权制度，维护自身合法权益，全面提升知识产权服务水平和产业化过程，以知识产权战略打造创新型高新技术企业。

二、知识产权中期（3~5年）目标

（1）提升知识产权管理意识，领导重视，全员参与，形成知识产权文化。

（2）建立、运行并完善知识产权管理体系。

（3）加强对中高层管理人员、研究开发人员、知识产权工作人员以及全体员工的培训，强化其相关知识产权技能，每年组织知识产权培训次数不低于3次。

（4）不断提高科技创新能力，制定国内申请专利、注册商标的年度目标；

（5）规划国（境）外销售目的地的国际专利申请和商标注册；

（6）加强知识产权保护。

三、2019年知识产权目标

（1）严格规范知识产权管理，依据GB/T 29490—2013《企业知识产权管理规范》建立知识产权管理制度，逐步完善和健全公司知识产权管理体系，保证体系持续有效运行；

（2）完成知识产权相关培训3次以上，覆盖公司中高层、知识产权部门、研发部门以及全体员工；

（3）完成发明专利申请3~4件，实用新型专利申请1~2件。

4. 职责、权限和沟通

包括最高管理者、管理者代表、知识产权管理机构的职责、权限和沟通，见本章第一节“二、（三）确定知识产权管理机构”部分。

（二）资源管理部分的构建

资源管理包括人力资源、基础设施、财务资源、信息资源四个方面。

1. 人力资源

企业开展知识产权活动时，首先需要配备相应的人力资源，可以是兼职的也可以是专职的，视企业情况而定。同时要采取适当措施，确保人员能满足岗位要求。

以下是某公司管理者代表、知识产权专职人员和知识产权兼职人员的岗位责任书。

岗位责任书

1. 管理者代表

（1）岗位职责

1）确保知识产权管理体系的建立、实施和保持。

2）向最高管理者报告知识产权管理绩效和改进需求。

3）确保全体员工对知识产权方针和目标的理解。

4）落实知识产权管理体系运行和改进需要的各项资源。

5）确保知识产权外部沟通的有效性。

（2）任职资格

1）要求具有较强的敬业精神与责任感，工作原则性强。

2）技术类或相关专业，五年以上管理工作经验。

3）要求熟悉国家知识产权政策、法律法规，具备知识产权管理理念和扎实的理论基础。

4）对现代企业知识产权管理模式有系统的了解和实践经验积累，能指导各个相关岗位的工作。

5）须具有较强的管理和协调能力、团队领导能力、督导控制能力、决策能力和创新能力。

2. 知识产权专职人员

（1）岗位职责

1）协助管理者代表建立知识产权管理体系。

2）负责公司知识产权内部控制制度的执行，掌握公司知识产权管理体系的运行情况，定期提出分析改进报告。

3）负责公司知识产权的获取、运用、维护和日常管理工作，包括专利申报、专利检索、定期评估、权属变更、知识产权运营和涉及知识产权转让、许可等的合同管理。

4）负责收集、维护和管理公司的知识产权信息，并进行加工分析，提供给相关人员应用。

5）负责知识产权基本知识和有关法律、法规、政策的宣传和普及。

6）负责合同中知识产权条款的审核。

（2）任职资格

1）具有较强的责任感、良好的团队合作精神和服务意识。

2）两年以上相关工作经验。

3）须具有较强的计划执行能力、组织协调能力、分析判断能力、创新能力、语言表达能力、方案操作能力及计算机操作能力。

3. 知识产权兼职人员

（1）岗位职责

处理本部门知识产权相关事项。

（2）任职资格

1）具有较强的沟通能力、良好的团队合作精神和服务意识。

2）具有较强的学习能力。

3）熟悉本部门的相关业务。

配备人员后，还要开展培训并形成记录，有计划地提升员工知识产权意识和能力。

人事合同中应加强保密条款、知识产权权属的约定。员工入职时，需要进行知识产权背景调查，涉及核心岗位还应签署知识产权声明文件。离职时进行知识产权事项提醒，必要时应约定竞业限制和补偿条款。建立奖惩制度并实施。

2. 基础设施

基础设施是开展知识产权工作的基础，企业应根据实际需求配备计算机、网络设备、保密设备、知识产权管理软件等软硬件设备，同时提供满足开展工作的办公场所。

3. 财务资源

企业应设立知识产权经常性预算科目，保障知识产权工作的正常开展。用于开展工作的费用包括专利申请、商标注册、著作权登记、专利实施及许可转让等知识产权管理相关费用；用于支付咨询、代理服务等费用，用于支付研发、原材料采购、生产、销售等环节中知识产权管理费用；用于知识产权激励费用；用于知识产权机构运行的费用（包括人员工资、办公室设备费用等）。有条件的企业可以设置知识产权风险准备金。某企业知识产权经费年度预算表见表3-2。

表3-2　知识产权费用预算表

序号	类　别	预算金额（元）	备　注
一	权利申请及维护		
（一）	专利		
1	申请费		
2	发明专利申请审查费		
3	复审费		
4	著录事项变更手续费		
5	优先权要求费		每项
6	恢复权利请求费		
7	无效宣告请求费		
8	专利登记、印刷费、印花税		
9	延长期限请求费		
10	附加费		
11	专利权评价报告请求费		
12	年费		
13	其他		
（二）	商标		
1	商标注册费		
2	集体商标注册费		

续表

序号	类　别	预算金额（元）	备　注
3	证明商标注册费		
4	补发商标注册证费		
5	转让注册商标费		
6	商标续展注册费		
7	续展注册迟延费		
8	商标评审费		
9	商标异议费		
10	变更费		
11	出具商标证明费		
12	撤销商标费		
13	商标使用许可合同备案费		
（三）	其他知识产权		
1	【请具体说明】		
	小计		
二	咨询服务		
1	贯标咨询费		
2	知识产权培训费		
3	知识产权法律咨询费		
4	知识产权评估费		
5	其他		
	小计		
三	知识产权部门		
1	人工成本		
2	其他		
	小计		
四	其他支出		
1	专利奖励费		
2	风险准备金		

续表

序号	类　别	预算金额（元）	备　注
3	赔偿金及滞纳金		
4	其他		
	小计		
	总计		

4．信息资源

企业应建立信息收集渠道，定期收集信息。信息收集渠道包括各国政府公共信息服务网站、行业和专业领域网站、专业出版物、期刊等。信息收集的范围包括国家、地方政府相关知识产权法律法规及政策、政策解读；国内外专利情况、商标注册情况；报刊杂志刊登的与技术发展及经营发展相关的信息等。收集信息后，需要进行识别，进行分类、维护、管理以及传递。企业应定期更新信息，及时删除失效或更改信息，及时补充新增信息。某企业所属领域知识产权信息收集表见表 3-3。

表 3-3　所属领域知识产权信息收集表

序号	名称	申请号	申请人	法律状态	技术摘要	信息类别	是否有利用价值	利用方式

信息管理重要的一点在于，企业对外发布信息，需要进行相关审批，防范对外发布的信息引起纠纷或泄密。某企业对外发布信息审批表见表 3-4。

表 3-4　信息发布审批表

拟发布信息名称			
拟发布信息内容			
拟发布的信息所包含的重要技术点	□已申请知识产权保护，状况描述： □未申请知识产权保护		
信息发布的渠道			
信息发布的时间			
申请人签字		签字日期	
部门意见	签字/日期：		
管理者代表意见	签字/日期：		

(三) 基础管理部分的构建

基础管理是以知识产权为对象的管理活动，包括知识产权的获取、维护、运用、保护以及合同管理、保密管理六个方面。

1. 知识产权的获取

标准明确要求建立知识产权获取控制程序，并在制订年度工作计划、获取前进行检索分析、保持获取记录和保障职务发明人署名权四个方面做了要求❶。

以下为某企业知识产权获取控制程序。

1. 目的

对本公司知识产权获取进行管理控制。

2. 适用范围

适用于本公司知识产权的获取控制。

3. 职责

3.1 研发部

(1) 负责对公司知识产权获取的归口管理。

(2) 负责年度知识产权获取计划的汇总整理。

3.2 各部门

负责本部门年度知识产权获取计划的编制，知识产权技术文件的撰写。

3.3 各级负责人

负责知识产权获取申请的审批。

4. 工作程序

4.1 制订年度工作计划

研发部根据知识产权年度目标制定《年度知识产权获取计划》，明确获取方式和途径。

4.2 获取

4.2.1 自主研发

4.2.1.1 发明人填写《知识产权检索申请表》，报部门负责人和管理者代表审批；

4.2.1.2 研发部对发明人提供的技术方案等资料进行检索和分析，形成《知

❶ 中规（北京）认证有限公司.《企业知识产权管理规范》审核实务与案例汇编［M］. 北京：知识产权出版社，2019：63.

识产权检索报告》，返回至发明人所在部门；

4.2.1.3　发明人根据《知识产权检索报告》的结论，填写《知识产权申请表》，经过部门负责人、管理者代表审批，总经理确认；

4.2.1.4　确定需要申请知识产权的，研发部撰写知识产权申请文件，发明人确认，向国家知识产权局递交申请；

4.2.1.5　研发部办理获取手续，包括受理文件、中间文件及授权文件等。

4.2.2　购买

4.2.2.1　获取部门提出购买申请，研发部对申请购买的知识产权进行初步检索，论证法律状态、市场容量等，出具《知识产权检索报告》，报管理者代表。

4.2.2.2　由研发部要求对方出具专业评估机构出具的知识产权评估报告，报管理者代表、总经理。

4.2.2.3　财务部组织相关人员同卖方洽谈，并签订转让合同，办理转让手续。

4.2.2.4　研发部负责更新知识产权台账。

4.3　记录归档

研发部负责相关资料的归档工作。

5. 相关文件及附件

相关文件：《信息检索控制程序》（MBH/IP-CX-08-A）

附件：知识产权获取流程图

6. 形成的记录

年度知识产权获取计划	MBH/IP-JL-7.1-01
知识产权检索申请表	MBH/IP-JL-7.1-02
知识产权检索报告	MBH/IP-JL-7.1-03
知识产权申请表	MBH/IP-JL-7.1-04
知识产权获取登记表	MBH/IP-JL-7.1-05
专利管理台账	MBH/IP-JL-6.4-05
商标管理台账	MBH/IP-JL-6.4-06

附件：

流程	责任部门/岗位		支持文件说明	记录
制订年度计划	研发部			年度知识产权获取计划
自主研发；购买			信息检索控制程序	
检索申请；购买申请	各部门			知识产权检索申请表
检索报告；检索报告	研发部	财务部		知识产权检索报告
知识产权获取申请；双方洽谈	各部门	财务部		知识产权申请表 知识产权转让协议
申请文件撰写；转让手续	研发部	财务部		
申请文件递交；更新台账	研发部			专利管理台账 商标管理台账
获取手续办理	研发部			
记录归档	研发部			知识产权获取登记表

知识产权获取流程图

2. 知识产权的维护

知识产权的维护主要包括日常维护、评估以及运营措施。对已有的知识产权，建立档案和各类台账。有条件的企业可进行分级管理。编制体系文件时，需形成知识产权维护控制程序。

3. 知识产权的运用

标准的知识产权运用主要指实施、许可和转让三种，强调在运用前进行评估，对运用过程进行有效监控。此外，企业投融资、企业重组、标准化、参加联盟及相关组织前应了解知识产权政策。体系中，通过知识产权实施、许可和转让控制程序进行，涉及的表单有《知识产权实施、许可和转让申请表》《知识产权评估报告》《变更放弃申请审批表》等。

4. 知识产权的保护

GB/T 29490—2013 中的保护主要有两个方面：一是风险管理，强调从源头控制风险；二是风险发生时的争议处理。风险管理方面要采取措施，避免或降低生产时办公设备及软件侵犯他人知识产权的风险，定期监控产品可能涉及他人知识产权的状况，分析可能发生的纠纷及对企业的损害，提出防范预案。争议处理方面，及时发现和监控被侵权情况，运用多种途径进行保护。在处理纠纷时，根据企业实际情况，灵活选择合适的争议解决方式。在体系文件中，通过知识产权风险管理控制程序、知识产权争议处理控制程序来进行控制，涉及知识产权调查报告、知识产权风险识别台账、产品知识产权定期监控及风险规避方案等记录表单。

随着全球化进程的加快，许多企业都有对外贸易业务，因此知识产权保护更加复杂。标准要求，向境外销售前，应调查目的地与知识产权相关的法律、政策及其执行情况，了解行业诉讼相关知识；产品销售前，应适时进行知识产权申请、注册和登记。在向境外销售时，可采取相应的边境保护措施。

某企业产品知识产权定期监控报告见表 3-5。

表 3-5　某企业产品知识产权定期监控报告

<table>
<tr><td>产品名称</td><td colspan="4"></td></tr>
<tr><td>销售区域</td><td colspan="4"></td></tr>
<tr><td rowspan="14">产品知识产权侵权状况调查及风险规避措施</td><td colspan="4">第一次监控</td></tr>
<tr><td>监控日期</td><td></td><td>监控人</td><td></td></tr>
<tr><td colspan="4">涉及的知识产权状况</td></tr>
<tr><td colspan="4">知识产权侵权风险分析</td></tr>
<tr><td colspan="4">风险规避措施</td></tr>
<tr><td colspan="4">管理者代表审核意见：</td></tr>
<tr><td colspan="4">第二次监控</td></tr>
<tr><td>监控日期</td><td></td><td>监控人</td><td></td></tr>
<tr><td colspan="4">涉及的知识产权状况</td></tr>
<tr><td colspan="4">知识产权侵权风险分析</td></tr>
<tr><td colspan="4">风险规避措施</td></tr>
<tr><td colspan="4">管理者代表审核意见：</td></tr>
</table>

5. 知识产权的合同管理

标准中的合同管理主要指合同中知识产权条款的管理，强调企业在签订合同（包括采购合同、销售合同、研发合同等）时，要充分考虑知识产权风险，并对知识产权条款进行审查，形成审查记录。

6. 知识产权的保密管理

企业在日常经营中会产生很多保密信息，标准对知识产权保密管理从涉密人员管理、涉密设备管理、涉密信息管理、涉密区域管理四个方面进行控制。编制体系文件时，须编制保密管理控制程序。

（四）实施和运行部分的构建

GB/T 29490—2013 第 8 章“实施和运行”是从业务流程角度规定了企业立项、研究开发、采购、生产、销售和售后各个环节的知识产权管理要求，突出了企业全流程管理理念[1]。

1. 立项

要求企业加强知识产权信息分析，明确竞争对手和合作伙伴，加强风险评估并制定防范预案。

通常情况下，企业在立项阶段可在原有的科研开发制度或程序上加入涉及知识产权的环节。此环节要求进行知识产权检索，形成《知识产权检索报告》，作为立项与否的依据。此外，立项前，企业一般都会进行市场调研，市场调研信息也可加入知识产权风险评估中，作为立项与否的依据。

以下是某公司信息检索控制程序。

1. 目的

为使本公司经营活动中所需的知识产权检索得到有效控制，特制定本程序。

2. 适用范围

适用于本公司生产经营活动中所需的知识产权检索。

3. 职责

3.1　各部门

负责提出知识产权检索申请。

---

[1] 北京强企知识产权研究院，中规（北京）认证有限公司. 企业知识产权管理体系内审与咨询实用教程［M］. 北京：中国质量标准出版社传媒有限公司，中国标准出版社，2019：62.

3.2　研发部

负责知识产权检索工作。

3.3　各级负责人

负责审批检索申请。

4. 检索程序

4.1　检索申请和审批

需要进行知识产权检索的部门人员向部门责任人提交《知识产权检索申请表》，部门责任人审核后报管理者代表审批。

4.2　检索

4.2.1　检索方式

包括自行检索和委外检索。

4.2.2　检索渠道

（1）主要官方网站：

国家知识产权局（http://www.cnipa.gov.cn/）

中国发明专利技术信息网（http://www.1st.com.cn）

中国专利信息网（http://www.patent.com.cn）

中国知识产权网（http://www.cnipr.com/）

欧洲专利局（http://ep.espacenet.com）

美国专利商标局（http://www.uspto.gov/patft/）

加拿大专利数据库（http://patents1.ic.gc.ca/intro-e.html）

（2）主要知识产权数据库：

国际专利文献数据库（INPADOC）

中国专利文摘数据库（CNABS/CPRSABS）

化学物质登记数据库（REGISTRY）

美国化学文摘（CA/CAPlus）

德温特世界专利索引数据库（DWPI）

世界专利文摘库（SIPOABS）

中国台湾文摘库（TWABS）

专利全文数据库（CN/EP/US/WO/JP）

中国外观设计专利数据库

soopat（www.soopat.com）

佰腾（www.baiten.cn）

（3）主要科技文献数据库：

中国知网系列数据库（CNKI）

万方数据知识服务平台

4.2.3　检索工作

研发部根据检索内容确认检索方式，并进行检索工作，向申请部门出具《知识产权检索报告》复印件。

4.3　归档

研发部将《知识产权检索报告》原件归档。

5. 相关文件及附件

相关文件：《获取控制程序》（MBH/IP-CX-06-A）

附件：知识产权信息检索控制流程图

6. 形成的记录

知识产权检索申请表	MBH/IP-JL-7.1-02
知识产权检索报告	MBH/IP-JL-7.1-03

附件：

<table>
<tr><th>流　　程</th><th>责任部门/岗位</th><th>支持文件说明</th><th>记　　录</th></tr>
<tr><td rowspan="4">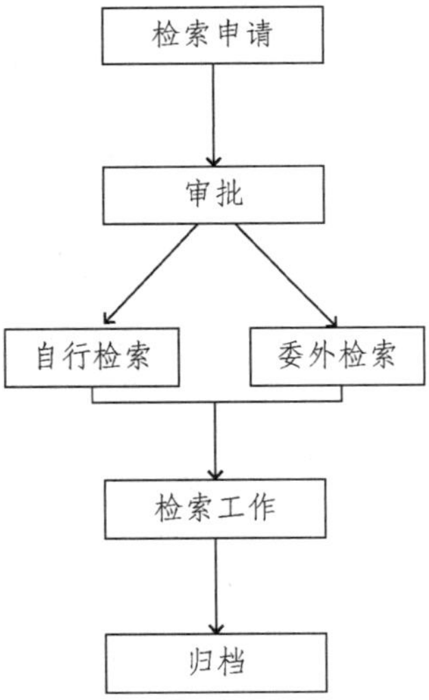</td><td>各部门</td><td rowspan="3">获取控制程序</td><td rowspan="2">知识产权检索申请表</td></tr>
<tr><td>各部门
管理者代表</td></tr>
<tr><td>研发部</td><td>知识产权检索报告</td></tr>
<tr><td>研发部</td><td></td><td>知识产权检索报告</td></tr>
</table>

知识产权信息检索控制流程图

2. 研究开发

研究开发阶段的知识产权管理主要强调在检索基础上制定知识产权规划，并实行动态管理，及时跟踪与监控研发活动中的知识产权；对研究开发成果进行评估，及时形成知识产权。同时，保留研究开发活动中形成的记录，并实施有效管理。因此在编制体系文件时，需要制定研发过程中知识产权控制程序。

以下是某企业研发过程中的知识产权控制程序。

1. 目的

为有效控制项目立项和研发阶段的知识产权，降低研发成本和避免知识产权侵权风险，特制定本程序。

2. 适用范围

本程序适用于公司项目立项和研发阶段的知识产权控制。

3. 职责

研发部的职责是：

(1) 负责对项目立项阶段进行知识产权风险评估，并制定项目研发阶段的知识产权规划；

(2) 负责研发全过程的知识产权分析、监控，对成果进行评估、确认；

(3) 保留研发记录。

4. 工作程序

4.1　立项阶段

4.1.1　检索

研发部对预立项目所属领域的知识产权信息进行检索，形成《研发项目知识产权信息检索报告》，相关知识产权检索工作执行《知识产权信息检索控制程序》。

4.1.2　分析

研发部分析各关键技术的专利数量、地域分布和专利权人信息，确定技术路线、潜在的合作伙伴和竞争对手，形成《研发项目知识产权状况分析报告》。

4.1.3　评估

研发部对项目所涉及的知识产权进行风险评估，并将评估结果、防范预案作为项目立项与整体预算的依据，记录在《研发项目知识产权状况分析报告》中。

4.2　研发阶段

4.2.1　检索分析

对该项目领域的知识产权信息、相关文献及其他公开信息进行检索，结合检索到的信息和项目的具体情况，对项目的技术发展状况、知识产权状况和竞争对手状况进行分析，形成《信息检索分析报告》。

4.2.2 制定知识产权规划

根据知识产权状况分析结果，制定知识产权规划，填写《研发项目知识产权规划》，对知识产权申请的技术方向、申请国家或地区、申请时机、申请类型、申请方式等进行部署。

4.2.3 跟踪与监控

在项目研发过程中跟踪与监控相关知识产权，适时调整研究开发策略和内容，避免或降低知识产权侵权风险，形成《知识产权监控记录表》。

4.2.4 评估和确认研发成果

及时对研发成果进行评估和确认，形成《研发成果评估报告》，明确保护方式和权益归属，适时形成知识产权。

4.2.5 获取

根据《研发成果评估报告》，进行知识产权申请，执行《知识产权获取控制程序》。

4.2.6 记录

对研发活动中形成的档案和记录进行管理，以使研发活动具有可追溯性，并准确界定研发创新成果的知识产权权利归属。

5. 相关文件及附件

相关文件：

《获取控制程序》（MBH/IP-CX-06-A）

《信息检索控制程序》（MBH/IP-CX-08-A）

附件：研发过程控制流程图

6. 记录

研发项目知识产权信息检索报告	MBH/IP-JL-8.1-01
研发项目知识产权状况分析报告	MBH/IP-JL-8.1-02
信息检索分析报告	MBH/IP-JL-8.2-01
研发项目知识产权规划	MBH/IP-JL-8.2-02
知识产权监控记录表	MBH/IP-JL-8.2-03
研发成果评估报告	MBH/IP-JL-8.2-04

附件：

<table>
<tr><th colspan="2">流　　程</th><th>责任部门/岗位</th><th>支持文件说明</th><th>记　　录</th></tr>
<tr><td rowspan="3">立项阶段</td><td>检索</td><td rowspan="9">研发部</td><td>信息检索控制程序</td><td>研发项目知识产权信息检索报告</td></tr>
<tr><td>分析</td><td></td><td rowspan="2">研发项目知识产权状况分析报告</td></tr>
<tr><td>风险评估</td><td></td></tr>
<tr><td rowspan="6">研发阶段</td><td>检索分析</td><td></td><td>信息检索分析报告</td></tr>
<tr><td>制定规划</td><td></td><td>研发项目知识产权规划</td></tr>
<tr><td>跟踪监控</td><td></td><td>知识产权监控记录表</td></tr>
<tr><td>评估确认</td><td></td><td>研发成果评估报告</td></tr>
<tr><td>获取</td><td>获取控制程序</td><td></td></tr>
<tr><td>记录</td><td></td><td></td></tr>
</table>

研发过程控制流程图

3. 采购

GB/T 29490—2013 第 8. 3 节规定，采购阶段的知识产权管理主要是采购时加强信息收集，在合同中明确知识产权权属、许可使用范围、侵权债务承担等，同时做好供应商管理和保密管理。采购阶段的知识产权管理主要是规避风险，因此，在编写体系文件时，一定要在合同中明确知识产权条款，约定供需双方的知识产权权利义务，必要时应增加补充条款。某企业拟采购产品知识产权状况调查表见表 3-6。

表 3-6 某企业拟采购产品知识产权状况调查表

<table>
<tr><td rowspan="5">基本情况</td><td>供方名称</td><td colspan="2"></td><td>法　　人</td><td></td></tr>
<tr><td>地　　址</td><td colspan="2"></td><td>电　　话</td><td></td></tr>
<tr><td>主供产品</td><td colspan="2"></td><td>邮政编码</td><td></td></tr>
<tr><td>主要客户</td><td colspan="2"></td><td>网　　址</td><td></td></tr>
<tr><td colspan="5">企业简介：</td></tr>
<tr><td rowspan="6">调查内容</td><td>现行管理体系</td><td colspan="4">□ISO 9001　□ISO14001　□ISO17025　□GB/T 28001　□GB/T 29490</td></tr>
<tr><td>知识产权诉讼历史</td><td colspan="4">□无　□有____次</td></tr>
<tr><td>产品外包装标识</td><td colspan="4">标识类别：□注册商标　□非注册商标　□认证标识　□其他标识
使用规范性：□是　□否</td></tr>
<tr><td rowspan="3">产品专利权分布</td><td>专利号</td><td>专利名称</td><td>权利人</td><td>法律状态</td></tr>
<tr><td></td><td></td><td></td><td></td></tr>
<tr><td></td><td></td><td></td><td></td></tr>
<tr><td>风险规避方案</td><td colspan="5"></td></tr>
<tr><td>知识产权权属证明</td><td colspan="5"></td></tr>
</table>

调查人：　　　　　　　　　　调查日期：

采购合同知识产权补充条款

甲方和乙方于____年____月____日共同签署了《×××合同/协议》，双方本着互利互惠的原则，经友好协商，就《×××合同/协议》中未尽事项特订立以下补充协议。

1. 供货方应保证购买方在使用本合同项下的货物或其任何一部分时免受协力厂商侵犯其专利产权、商标权或著作权的起诉。

2. 购买方不对供货方提供的货物的商标、专利是否侵犯他人的权利负责，如因供货方提供货物引发争议或违法导致购买方受损的，供货方应赔偿。

3. 供货方保证提供货物的商标、专利等知识产权归供货方所有的，对于非供货方所有知识产权的货物，供货方有义务提供给购买方相关的权属证明。

4. 供货方商标、专利许可购买方的使用范围仅限于合同范围内产品，合同终止后，供货方应授权购买方或协力厂商从事制造所必需的知识产权、技术协助，技术文件设备或工具。

5. 本补充条款是《采购合同》的组成部分，与《采购合同》具有同等法律效力。

6. 本补充条款经甲乙双方签字或盖章后即时生效，本补充条款一式两份，甲、乙双方各执一份。

4. 生产

生产部门为提高效率和质量，不断改进工艺，因此在生产阶段也涉及产品与工艺方法的技术改进与创新。对于这类成果，标准要求及时评估、确认保护方式，适时形成知识产权。随着现代企业分工越来越细分，委托加工、来料加工、贴牌生产等对外协作也屡见不鲜，对这部分活动，要求在合同中明确知识产权权属、许可使用范围、侵权责任承担等。编制体系文件时，应覆盖上述要求。

以下是某生产型企业生产过程中知识产权控制程序和委托加工合同知识产权补充条款。

生产过程中知识产权控制程序

1. 目的

本程序规定了在生产过程中与知识产权活动相关事项的处理。

2. 适用范围

本程序适用于公司生产的全过程。

3. 职责

生产部负责对生产过程中生产设备、产品、工艺改进等进行合理化建议提案，对合理化建议成果进行评估和知识产权规划，适时申请知识产权保护。

生产部负责知识产权条款审查的请求的提出。

生产部负责生产记录的归档管理。

采购部负责合同中知识产权条款的拟定和审查。

研发部负责知识产权规划的审查。

4. 工作程序

4.1　产品外包装上标识的知识产权管理

应核实知识产权的法律状态以及标识图案、专利号、认证体系号的正确性，避免使用过期的知识产权标识，确保标识的正确规范性。

4.2 委托加工时的合同管理

对于委托进行工程建设时，签订的合同必须明确各方的知识产权权利和义务。在委托合同中应约定委托加工产品的知识产权权属，以及后续改进设计的知识产权权属及利益分配，同时应明确各自所承担的知识产权风险。在合同中应明确贴牌生产产品的知识产权状况，避免还未生产就已经侵犯第三方的知识产权。

4.3 生产过程中的知识产权管理

生产过程中涉及对生产设备、工艺改进等进行合理化提案，填写《合理化建议申请表》，并对合理化建议进行评估，合理化建议实施后，要适时申请知识产权保护。

4.4 生产记录的管理

生产过程中的生产记录要保留完整，并实施有效管理。

5. 相关文件

无

6. 记录

生产过程知识产权规划表、合理化建议申请表、合同知识产权条款审查表、委托加工合同知识产权补充条款。

委托加工合同知识产权补充条款

甲方和乙方于____年____月____日共同签署了《×××合同/协议》，双方本着互利互惠的原则，经友好协商，就《×××合同/协议》中未尽事项特订立以下补充协议。

一、知识产权补充条款

项目有关的相关的工作成果或半成品（包括但不限于软件、源代码、工作记录、培训教材、培训案例、操作手册、音像资料等），无论其以任何形式，记载于何种载体，其全部知识产权均为甲方所有。

二、保密内容及范围

1. 甲、乙双方确认，乙方应对项目相关信息（“保密信息”）承担保密义务，包括但不限于如下所列：

1）甲方与乙方就项目的合作信息，不应向任何第三方透露；

2）甲方向乙方提供的原始材料、文档等，无论以任何形式，无论是否要求乙方保密，均视为保密信息；

3）项目进行中形成的工作成果或半成品，无论以何种形式体现，无论记载于何种载体，如乙方不能确定是否为保密信息，则应按保密信息处理，除非得到甲方相反指示。经甲方要求时，乙方应将上述信息归还甲方并不得保存备份。

2. 乙方如有以下行为之一，将被视为违反保密义务：

1）将保密信息私自抄录、复制、电邮或以其他任何形式提供给乙方以外的人员阅读、复制、传递。

2）拒绝按本协议约定归还及处理保密信息。

3）拒绝按照甲方的要求采取保密措施。

4）其他违反保密义务的行为。

3. 如本协议对保密义务有特别约定，则乙方应按约定执行；如项目过程中甲方就保密义务有特别指示，则乙方应按指示执行；如无约定或无指示，则乙方有义务按照通常对商业秘密采取的保密措施，以必要、合理的措施，采取谨慎、诚实的态度对待保密信息。

4. 本协议约定的保密义务，在项目终止后仍应继续履行。

三、本补充条款是《委托加工合同》的组成部分，与《委托加工合同》具有同等效力。

四、本补充条款经甲乙双方签字或盖章后即时生效，本补充条款一式两份，甲、乙双方各执一份。

5. 销售和售后

销售环节是知识产权风险显现环节，因此在销售环节一定要增强风险意识，降低知识产权风险。《企业知识产权管理规范》对规避、降低销售环节知识产权风险有如下措施：

一是加强销售前知识产权风险评估；二是加强宣传环节知识产权审核；三是建立销售过程中的知识产权控制程序；四是环境发生变化时及时跟踪，调整知识产权策略和风险规避方案。尤其需要注意的是在参加国际性展会前，应进行全面风险分析，做好预案。因此，在编写体系文件时要全面覆盖上述四个方面。

以下是某企业销售过程中的知识产权风险控制程序。

1. 目的

本程序规定了在销售过程中与知识产权活动相关事项的处理。

2. 适用范围

本程序适用于公司销售的全过程。

3. 职责

1）销售部负责对产品销售前或者产品宣传、会展等商业活动前的知识产权状况进行审查和分析，制定知识产权保护和风险规避方案。

2）销售部负责建立知识产权监控程序，及时跟踪和调查相关知识产权被侵权状况，并建立和保持相关记录。

3）销售部负责对产品升级或市场环境的变化进行及时跟踪调查，调整知识产权保护和风险规避方案，适时形成知识产权。

4）行政部（知识产权办公室）、研发部负责协助销售部进行知识产权风险评估。

5）行政部（知识产权办公室）负责审查销售合同中的知识产权条款。

4. 工作程序

4.1　售前准备

研发部协助销售部对预售产品所涉及知识产权状况进行全面审查和分析，包括目标市场竞争对手、专利布局、专利授权等情况，必要的时候提出知识产权检索请求，形成《知识产权风险评估报告》。

4.2　产品宣传、会展

4.2.1　产品宣传语应注意分寸，遵守诚信原则、真实原则，对产品的性能和功效不能过誉。

4.2.2　产品说明书描述要客观严谨，如果涉及公益、认证性标识及第三方标识和版权，要标明这些标识和版权归谁所有。

4.2.3　展会前进行知识产权风险分析和排查，控制好侵权风险；应派出熟悉本公司产品的技术人员在展会现场巡查，以调查是否有竞争者侵犯本公司知识产权。

4.3　产品销售

4.3.1　产品销售过程中，销售部要定期监控产品的知识产权状况，填写《销售产品知识产权监控记录》。

4.3.2　销售合同中如涉及知识产权条款，尽最大谈判责任签署公平条款，销售部拟定销售合同后，填写《合同知识产权审查表》，由行政部（知识产权办公室）负责审核其中的知识产权条款。

4.4　产品售后

当产品升级或市场环境、竞争对手产品发生变化时，销售部应当及时进行跟踪调查，将新出现的情况形成《销售产品知识产权监控记录》，提交至行政部（知识产权办公室），行政部（知识产权办公室）调整知识产权策略和风险规避方案。

当产品升级或市场环境、竞争对手产品发生变化时，销售部应该适时填写《销售产品知识产权规划表》，形成新的知识产权。

5. 相关文件

无

6. 记录

合同知识产权审查表、知识产权风险评估报告、销售产品知识产权监控记录、销售产品知识产权规划表。

(五) 审核和改进部分的构建

审核和改进作为标准的最后一章，规定了知识产权管理体系持续改进的要求，包括总则、内部审核、分析与改进三方面的管控措施，也是完成PDCA闭环的重要环节。体系在实施运行中，应定期（体系正式运行后1~3个月内）进行内部审核，并加以改进。以下是山东某公司知识产权管理手册中审核和改进部分。

9. 审核和改进

9.1 总则

策划并实施以下方面所需的监控、审查和改进过程：

a）确保产品、软硬件设施设备符合知识产权有关要求。

b）确保知识产权管理体系的适宜性。

c）持续改进知识产权管理体系，确保其有效性。

行政部（知识产权办公室）编制形成文件的程序《内部审核控制程序》，确保定期对知识产权管理体系进行内部审核，满足本标准的要求。

相关文件：《内部审核控制程序》

9.2 分析与改进

利用知识产权方针、目标以及检查、分析的结果，制定和落实对存在问题的改进措施，包括：

a）行政部（知识产权办公室）会同其他相关部门，采取适宜方法对审核、评审结果进行分析，以证实体系会否有效运行。

b）改进的信息来源包括：1）知识产权方针、目标执行情况；2）管理评审、内部评审结果；3）体系过程检查、分析结果；4）相关方（如第三方认证机构）提出的建议。

c）行政部（知识产权办公室）根据以上信息反映的问题，确定责任部门。由责任部门对问题进行原因分析，与行政部（知识产权办公室）配合制定和落实改进措施，并实施改进。行政部（知识产权办公室）追踪验证改进措施，以促进知识产权管理体系的持续改进。

第四章 CHAPTER 4

企业知识产权管理体系运行与保持

第一节　发文宣贯

一、概论

发文宣贯，可以简单理解为发布知识产权管理体系文件，宣传贯彻《企业知识产权管理规范》（下文简称《规范》）的活动，是完成了知识产权管理体系的建立、文件编制与审核之后，体系运行开始前的必要活动，在企业知识产权管理规范工作中起着承上启下的重要作用。

发文宣贯的主要内容包括：①明确公司已经完成了知识产权管理体系的建设，发布知识产权手册、控制程序、管理制度及相关记录表单；②开展企业知识产权培训；③指导各部门人员理解知识产权管理文件的要求，确保其在实施运行过程中能够按要求执行❶。

二、目的

发文宣贯是企业知识产权管理规范工作的重要环节，一般采取正式召开会议的形式，会议成功与否，直接关系到体系运行是否顺利，其目的主要包括以下三个方面：

（1）提升员工积极性。通过正式场合颁布知识产权管理体系文件，由最高管理者和管理者代表宣布工作的重要性，表明态度，有助于提升全员参与知识产权管理规范工作的积极性，确保顺利进入实施运行环节。

（2）提升员工专业技能。通过开展培训，提升全体员工的知识产权意识和专业技能，确保各部门人员理解知识产权管理体系的内容，为体系有序运行奠定良好的基础。

（3）确保体系运行的持续性。通过正式、统一的场合，可以集中、分部门、有针对性地指导各部门人员有序运行知识产权管理体系，明确各部门的工作职责、工作内容和工作要求，为后续体系的高效、持续运行提供保障。

---

❶ 成胤，杨丽萍. 企业知识产权贯标三部曲［M］. 北京：知识产权出版社，2018：29.

三、流程

企业知识产权管理规范发文宣贯流程如图 4-1 所示。

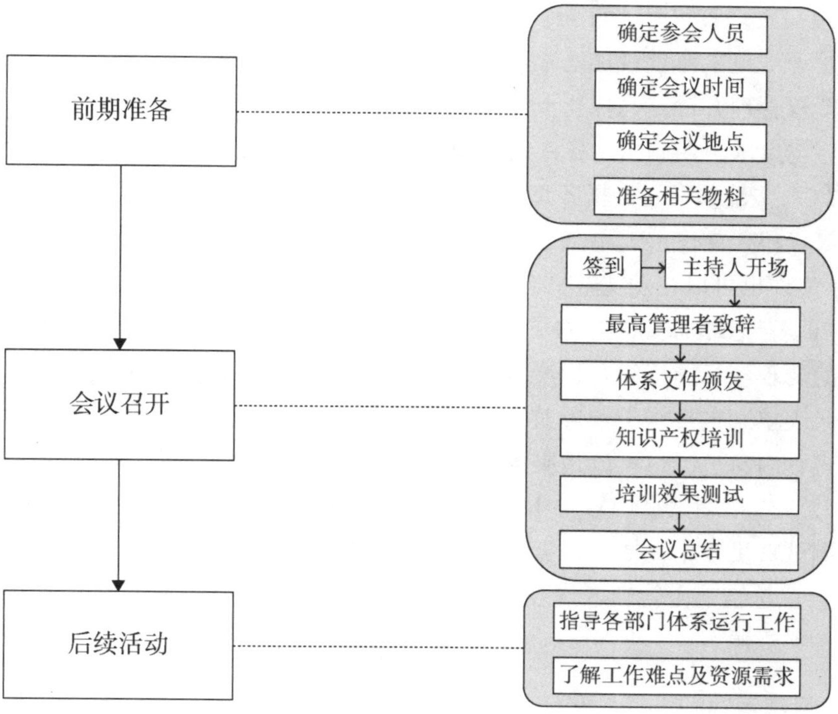

图 4-1　发文宣贯流程

（一）前期准备

（1）确定参会人员（Who）。参会人员包括企业中高层管理者、各部门负责人和体系覆盖人员以及认证咨询服务机构人员，企业知识产权管理人员需提前与主持人、发言人、培训讲师、记录人员沟通好。

（2）确定会议时间（When）。协调中高层管理者的时间，确保最高管理者、管理者代表和各部门负责人到会。

（3）确定会议地点（Where）。根据参会人数和多媒体需求，确定会议地点。

（4）准备相关物料（What）。物料包括相关文件（体系文件、培训课件、会议通知、会议议程、签到表、会议记录、培训记录等）、会议用品（计算机、投影仪、话筒等）。

（二）会议召开

会议一般由管理者代表主持，会议议程可包括[1]：

[1] 成胤，杨丽萍. 企业知识产权贯标三部曲［M］. 北京：知识产权出版社，2018：30.

（1）签到。企业员工与认证咨询服务机构人员分别在规定的签到表上签到，填写部门和职务，形成记录。

（2）主持人开场。宣布会议开始，分别介绍企业、认证咨询服务机构参会人员。

（3）最高管理者致辞。首先，宣布知识产权管理体系运行工作正式开始，表明对知识产权管理规范工作重视的态度，强调企业知识产权管理的重要性；其次，宣读并讲解知识产权管理方针，确保得到全体员工的理解；最后，提出对知识产权管理规范工作的期望与要求，明确指示各部门需积极参与、配合知识产权管理体系运行工作。

（4）体系文件颁发。根据各部门的职责，为各部门发放相应的手册、程序、制度文件及记录表单。文件形式不限于纸件，也可以是电子件（确保发布前经过审核和批准），体系文件也可以在发文宣贯会之前发放。

（5）知识产权培训。向全体员工进行知识产权管理标准化的培训，包括方针的含义、目标的要求、各岗位的知识产权管理职责、知识产权管理体系文件（手册、程序文件、记录表单）的要求等。宣贯会的培训讲师可以是企业的管理者代表、知识产权部门负责人、内审员，也可以是服务机构经验丰富的认证咨询人员。

（6）培训效果测试。设置自由发言、问答、演练和考核环节，各部门参与人员各抒己见，测试宣贯效果，提高员工参与积极性，有效推进体系运行。

（7）会议总结。由管理者代表进行会议总结，表明将在体系运行过程中落实各部门需要的各项资源。

（三）后续活动

（1）指导各部门体系运行工作。会议结束后，以部门为单位，企业知识产权管理人员和认证咨询服务机构专业咨询师与体系内的各个部门座谈、交流，指导相关人员正确、充分理解体系文件的内容，理解体系运行过程中涉及的记录表单，并能够准确填写。

（2）了解工作难点及资源需求。座谈、交流过程中，企业知识产权管理人员还应切实了解各部门实际工作的难点以及资源的需求，并整理上报至管理者代表和最高管理者，确保资源能够得到有效配置，体系能够正常试运行。

四、标准要求

发文宣贯是企业知识产权管理规范工作的重要环节，《规范》中涉及相应的条款对该环节的文件发布和培训提出了明确的要求，可指导企业在具体操作过程中正确执行。

1. 文件发布要求

根据《规范》条款 4. 2. 2a）要求，知识产权管理体系文件（包括手册、控制程序、制度、记录表单）发布前经过审核和批准，修订后再发布前重新审核和批准。手册、控制程序和制度文件一般要经过管理者代表审核，总经理批准；记录经过管理者代表审核批准，具体执行时应以企业《文件管理控制程序》中的规定为依据。

2. 培训要求

根据《规范》条款6.1.2要求，需组织对知识产权工作人员、全体员工、中高层管理者和研究开发等与知识产权关系密切的岗位人员进行知识产权培训，并形成记录，培训记录一般包括培训计划、培训通知、培训签到表、培训记录、培训课件以及现场影像资料等。知识产权管理规范工作中的培训可以安排在启动、发文和实施运行等阶段，确保培训对象涵盖上述四类人员，课程内容根据不同需求和对象进行设置。

五、实施要点

发文宣贯是企业知识产权管理规范工作比较重要的环节，抓住实施要点可以达到事半功倍的效果，并为后续体系运营工作打下良好基础，操作要点包括以下几方面：

1. 形式多样性

发文宣贯可以采取电子发文，各部门组织学习的方式，也可以采取现场召开宣贯大会的方式，建议选择第二种，邀请最高管理者和管理者代表参加，以期提升全体员工的知识产权意识，推动体系运行工作顺利进行。

2. 宣贯效果的考核和测试

宣贯培训主体包括全体员工，对员工的监督考评可以保障培训有效运行。企业应检查考核培训效果体系的效果，对培训的完成情况进行记录，并将完成情况或考核结果纳入绩效考核，设置激励制度，促进宣贯培训高效地进行[1]。

3. 最高管理层的参与

目前很多企业，从管理层到员工均存在对知识产权管理重视程度不足、畏难情绪较重的情况，思路和观念的转变是知识产权管理规范工作顺利进行的关键。最高管理者的支持和参与是知识产权管理规范活动顺利开展的第一步。通过参加宣贯会，一方面可以表明对知识产权管理工作的态度，提高员工的积极性；另一方面，还可以通过培训，了解知识产权管理规范对企业发展的意义，熟悉知识产权管理规范工作给企业带来的好处，了解规范化工作的流程和时间节点，整体把控企业知识产权管理工作，有效促进企业知识产权管理能力的提升。

4. 服务机构与管理层的沟通

宣贯会是认证咨询服务过程中比较重要的正式场合，也是服务机构与企业管理层难得的接触、交流、沟通的机会，服务机构应在宣贯过程中增进与企业管理层的沟通，因企制宜，打造适合企业的知识产权管理体系。宣贯会前，服务机构应与管理层进行充分沟通，提醒管理层会议的重要性，建议管理层利用会议场合动员全体员工积极参

[1] 李玥，郝伶同. 企业贯标机遇与问题研究［J］. 中国发明与专利，2018（06）：36-42.

与知识产权管理规范工作；宣贯会结束后，可以就知识产权管理规范工作进度、遇到的问题和下一步实施计划与管理层进行进一步沟通，沟通形式不拘一格，可以采取一对一交流、正式热烈的会议讨论或者轻松融洽的茶话会等方式。

六、案例分析

（一）案情回顾

江苏某公司是一家集科研、开发、生产及营销为一体的企业。主要生产和经营增塑剂、建筑乳液等，是邻苯二甲酸二甲酯和邻苯二甲酸二乙酯的生产商和供应商。

该公司知识产权管理体系宣贯会在公司二楼会议室举行，政府分管科技局主任、管委会成员及企业生产、研发、销售、采购等相关业务部门负责人，以及江苏省某知识产权管理咨询有限公司副总经理、工程师均参加了启动会议。

宣贯会上该公司总经理（最高管理者）提出，自知识产权管理体系建设以来，公司结合自身多年来科研经验，已经成功申报 11 项实用新型专利、两项发明专利、一项海外专利，另有多项专利正在整理准备中，取得了不错的成绩。同时强调知识产权管理体系是推动公司发展的需要，是企业发展运行的有力保障，希望全体员工能积极参与后续的实施运行和审核改进工作。

随后来自知识产权管理咨询有限公司的咨询师围绕标准条款、知识产权管理规范化的作用、知识产权管理规范化流程、注意事项等方面展开系统培训，对于与企业经营业务密切相关的知识产权资源管理、基础管理、实施和运行等环节，还结合生动的案例进行了详细讲解，帮助各部门准确理解自身职责和工作要点，确保知识产权管理规范工作顺利开展。

会后，知识产权管理咨询有限公司的咨询人员分别与生产、研发、销售、采购等部门进行了座谈、交流，了解知识产权管理体系建立、运行过程中遇到的问题和面临的困难，对座谈、交流过程进行了记录，并给出合理建议。

（二）分析及启示

（1）参会人员级别高。不仅邀请了服务机构、企业最高管理层，还邀请了政府部门负责人参加宣贯会，足见该公司对知识产权管理规范工作的重视，对于员工工作积极性的调动起到非常重要的作用。

（2）总经理致辞内容充分。致辞内容包括知识产权管理规范工作成效、对知识产权管理规范工作的重视和对员工的期望，增强了员工的信心，有效推动了知识产权管理规范工作持续进行。

（3）宣贯培训实用性高。突出重点，结合案例进行讲解，对于知识产权管理具有实践指导作用。

（4）会后沟通重实效。采取按照部门一对一交流的方式，切实了解问题，指导运行体系，有助于提高运行效率和质量。

通过宣贯，公司明确表示已经完成了知识产权管理体系的建设，领导者重视，全员参与并树立了知识产权意识，为企业运行知识产权管理体系打下良好的基础。

七、文件示例

企业知识产权管理体系相关文件见表 4-1～表 4-4。

表 4-1　年度培训计划表

编号：

序号	培训时间	培训对象	培训方式	培训内容	培训讲师	考核方法
1		管理层				
2		知识产权人员				
3		研发部门				
4		全体员工				
5		……				

编制/日期：　　　　审批/日期：

表 4-2　培训实施申请表

编号：

申请部门/申请人	
主讲人（职务/职称）	
培训时间	具体时间（包括学时）
培训对象	姓名、部门、职务等
培训内容	培训主题及方式 目的及要求 重点、难点 教学方法及手段 教学进程（教学内容、教学环节及时间分配等） 拟采用的考核方式
部门负责人意见	
知识产权部门意见	

编制/日期：　　　　审批/日期：

表 4-3　培训签到表

编号：

培训日期		培训地点	
组织部门		培训讲师	
培训内容			
序　　号	部　　门	姓　　名	职　　务

编制/日期：　　　　审批/日期：

表 4-4　培训记录表

编号：

培训题目		培训时间	
培训地点		培训教师	
使用教材		培训方式	
参加培训部门及人员名单（共　　人）：			
培训内容摘要：			
考核方式及成绩：			

编制/日期：　　　　审批/日期：

第二节　实施运行

一、概述

企业按照知识产权管理体系的要求实施相关活动，是企业全体员工贯彻执行知识产权体系文件要求的过程，试运行期一般不少于三个月。

文件编写完成后经过发文宣贯、培训，进入实施运行阶段。该阶段，企业应指导各部门按照知识产权管理手册、制度、程序文件的要求规范各部门的工作流程，加强过程管理中对记录文件的检查，及时督促相关层面的执行情况，适时进行针对性的补充培训或采取其他措施，确保知识产权管理文件的要求落到实处，各种知识产权事务按照新的体系要求进行[1]。

二、目的

实施运行是知识产权管理体系发挥其管理绩效的核心，只有通过实际运行，不断改进，才能建立完善适合本企业的知识产权管理体系，更好地进入知识产权管理规范工作的下一阶段，实施运行的目的包括以下几个方面：

（1）提升企业知识产权管理水平。通过对体系文件的学习，按照体系文件要求规范企业各业务的知识产权管理，不仅可以提高企业人员的知识产权专业技能，还可以改善企业知识产权管理环境，提升知识产权管理水平，有效控制知识产权风险，提高市场竞争力。

（2）检验并进一步完善体系。虽然在体系策划阶段对企业的管理现状和需求进行了充分的调查诊断和分析，但是由于体系文件编写人员的知识产权专业水平参差不齐，企业经营状况复杂，导致企业建立的知识产权管理体系文件存在与企业不适宜的情况，通过体系运行可以检验体系的适宜性，对存在不适宜的地方及时进行讨论、修订与更新，修改体系文件，完善企业知识产权管理体系。

（3）为体系的审核认证打下基础。完成体系运行，填写相应的记录表单，可以为后续的内部审核、管理评审和第三方认证提供审核证据，为后续活动奠定坚实的基础。

三、过程

企业知识产权管理体系实施运行过程如图 4-2 所示。

---

[1] 四川九鼎智远知识产权运营有限公司. GB/T 29490—2013《企业知识产权管理规范》实施手册［M］. 北京：知识产权出版社，2016：109-110.

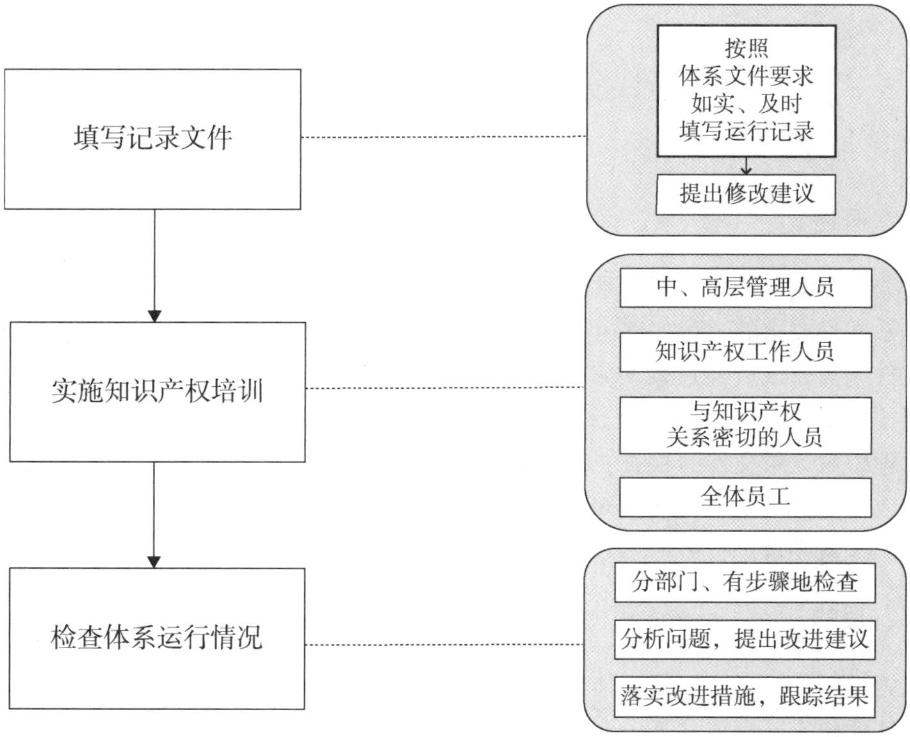

图 4-2　实施运行过程

（一）填写记录文件

记录是阐明所取得的结果或提供所完成活动的证据的文件，是知识产权管理体系有效运行的证据，能够用于实现可追溯性。记录的如实、及时填写对于体系实施运行的规范化起着关键作用；同时，记录文件便于落实体系运行的进度，为企业内部审核和第三方审核提供验证依据。在体系运行中，公司各部门应按照知识产权管理手册、程序文件和管理制度的要求，使用发放的记录文件格式填写运行记录，并根据体系文件与业务流程的适宜性提出修改建议。

（二）实施知识产权培训

教育培训是知识产权管理体系中的一项重要要求，培训贯穿整个知识产权管理规范过程，在启动、发文、实施运行等环节，企业均可按照《规范》的要求，结合实际情况开展培训，并形成记录。

体系实施运行阶段的难点和重点在于熟悉和了解新的知识产权工作要求，并且遵照实施❶。因此，根据部门、岗位的特点，对中高层管理者、知识产权工作人员、研发

❶ 北京强企知识产权研究院，中规（北京）认证有限公司. 企业知识产权管理体系内审与咨询实用教程[M]. 北京：中国标准出版社，2019：95-96.

人员和全体员工进行多次、分级、有针对性的培训尤为重要。

1. 培训内容

具体培训内容可涉及国家宏观政策、《规范》内容、知识产权管理体系文件、知识产权管理规范工作流程及要点、知识产权基础技能和专业技能等。

2. 培训方式

培训的方式可以多种多样，如聘请专家做专题讲座、举办报告会、组织集中短期培训等，通过内部培训、讨论会、各种会议、自学等，可针对不同的方式制定适宜的考核评价方法，保证培训效果[1]。

3. 培训对象

（1）中、高层管理人员。中、高层管理人员是企业知识产权管理的核心，确保管理层对国家宏观政策、标准要求、知识产权知识、管理知识的正确理解才能确保其做出合理的决策，并为企业全体员工对知识产权的认识提供引导。

因此，针对企业管理层应从宏观层面开展及时、有效、全面、权威的系统培训，培训内容可以标准内容和国家政策为主，让领导层了解标准以及知识产权工作的重要性，提高知识产权保护和战略意识，促进企业知识产权文化建设，进而提升全体员工知识产权管理的积极性。

（2）知识产权工作人员。知识产权工作人员包括专职人员和兼职人员，专职人员一般为知识产权工程师，兼职人员为各部门的主管及知识产权对接人。知识产权工程师需主导或者配合其他部门完成知识产权获取、维护、运用、保护等基础管理事务；而知识产权对接人既要理解公司知识产权战略、方针、目标，又要与其他业务部门进行协调、沟通，督促本部门完成知识产权管理规范工作。

因此，对于知识产权工作人员，除深入了解标准内容、体系文件外，还应掌握检索分析、技术交底书撰写、审查意见答复、知识产权获取流程等基本知识；另外，企业还应在知识产权工作人员中培养内审员，组织相关人员有计划地参加知识产权管理体系内审员培训，确保其正确理解《规范》的要求，熟悉企业管理流程和习惯，具有良好的个人素养与审核员通用的知识和技能，具备开展岗位工作的能力和经验，同时为企业内部审核和管理评审做好人员储备。

（3）与知识产权关系密切的人员。《规范》第 8 章对研发人员提出了多项知识产权工作要求，包括检索、分析、风险评估、防范、调整研发策略、评估研发成果等，第 6 章、第 7 章也有相关内容对与知识产权关系密切的人员提出了明确要求。

因此，研究开发等与知识产权关系密切的人员在企业知识产权管理体系中占据

---

[1] 四川九鼎智远知识产权运营有限公司. GB/T 29490—2013《企业知识产权管理规范》实施手册［M］. 北京：知识产权出版社，2016：108.

十分重要的位置，其知识产权专业技能的高低直接影响体系运行的有效性。针对此类人员应根据其所需达到的知识产权专业技能水平，进行专利文件撰写、检索分析、挖掘布局、风险监控等相关培训，并通过内部培训和委外培训的方式使其具备相应的能力。

（4）全体员工。对全体员工的培训，可在每位员工入职时分批进行，也可定期对全体员工开展培训，还可根据工作人员的具体情况，如个人的岗位、职责、知识结构、能力缺陷等方面，制订个性化的培养方案和计划。全员培训重在意识培训，重点加强法律法规、知识产权基本常识培训，保密管理制度及其岗位工作相关的制度，使其提升知识产权保护意识。

但是，知识产权管理体系的实施与运行最终会落在各个职能部门以及各个工作岗位上，这在《规范》6.1.2 教育与培训中也有明确的要求。因此，公司需要针对不同业务领域和岗位要求制订相关的培训计划，并按照计划执行。例如，对人力资源人员需要进行人事合同、知识产权背景调查、竞业限制、知识产权奖惩等方面的培训；对法务人员需要进行法律法规及相关法律知识、知识产权侵权判定与诉讼实务、知识产权风险预警、知识产权应急处理等方面的培训；针对合同审查人员需要进行知识产权和保密协议相关法律法规、合同知识产权和保密条款实务等方面的培训；针对采购、生产、销售和财务等其他各职能部门均需要根据《规范》要求和业务需求开展具有针对性的培训，使其能够满足赋予其职责所需的能力的要求。必要时，企业还可要求相关人员取得专利代理师资格证书等相关国家资质证书。

（三）检查体系运行情况

体系运行期间，企业应定期检查运行情况，针对文件管理、资源管理、知识产权基础管理、各业务部门实施和运行过程分部门、有步骤地进行检查，对体系运行过程中存在的问题进行分析，对不符合体系文件和不适宜公司实际的地方进行讨论、修订与更新，根据企业知识产权方针、目标制定落实改进措施，跟踪验证改进结果，确保知识产权管理体系的有效性、适宜性。

四、标准要求

实施运行是企业知识产权管理体系构建过程中的重要环节，《规范》中多处提出了明确要求，包括体系文件、知识产权方针、资源管理、立项、研发、采购、生产和销售业务过程的运行。

（1）总体要求。根据《规范》条款 4.1 的要求，企业应按《规范》的要求，建立知识产权管理体系，实施、运行并持续改进，保持其有效性，同时对体系的文件化提出了明确要求。

（2）记录文件要求。根据《规范》条款 4.2.4b）的要求，企业应该建立、保持和维护记录文件，作为知识产权内部审核和外部审核的证据文件，以证实知识产权管理体系符合标准要求，确保体系的有效运行。

（3）知识产权方针要求。根据《规范》条款5.2的要求，企业知识产权方针应由最高管理者批准、发布，并通过培训、教育、宣传等方式，向全体员工宣贯，确保知识产权方针在企业内部得到有效运行。

（4）知识产权管理活动要求。根据《规范》条款5.3.1的要求，最高管理者应策划知识产权体系，并在实施过程中形成相应的过程文件，以实现对企业生产经营活动中各环节知识产权创造、运用、保护和管理的有效运行和控制。

（5）资源管理要求。根据《规范》条款5.4.1d）的要求，管理者代表应落实知识产权管理体系运行和改进需要的各项资源，条款6.2和6.3也对基础设施资源和财务资源提出了明确的要求，另外管理者代表还应落实人力资源和信息资源，确保体系有效运行。

（6）内部沟通要求。根据《规范》条款5.4.3的要求，企业应建立微信、邮件、会议、讨论、研讨、交流等正式或者非正式的沟通渠道，保证知识产权体系有效运行。

五、实施要点

体系的实施运行是知识产权管理体系发挥管理绩效的核心。为防止体系流于形式，空有文件而缺乏执行过程，企业应加强对实施运行的管控，并在实际工作中形成运行记录。操作要点包括以下几个方面[1]：

1. 建立知识产权管理机制

企业首先应将知识产权管理作为企业管理的重要方面，形成有效的知识产权管理机制，将知识产权管理常态化、专职化。一是要完善知识产权管理组织架构，总经理作为第一责任人，在最高管理层中任命一名管理者代表，设立相应的知识产权管理部门，配备专业的知识产权管理人员，同时还需要将企业各业务部门纳入管理体系中；二是建立系统的知识产权管理制度，保证知识产权工作开展的持续性，切实提升企业知识产权管理水平，为企业创造效益，提高企业市场竞争力；三是建立沟通机制，各业务部门设一名专门的知识产权联络人员，负责本部门知识产权事务的沟通和协调，确保体系有效运行。

2. 形成实施运行记录文件

体系运行过程中，在体系文件没有修改的情况下，公司全体员工需要按文件的规定和要求，在各项经营活动过程中如实、及时地形成完整的运行文件以记录各项业务

[1] 李玥，郝伶同. 企业贯标机遇与问题研究［J］. 中国发明与专利，2018（06）：36-42.

过程，并作为企业内部审核和第三方认证审核的证据。

3. 开展检索等专业技能培训

《规范》中明确企业知识产权管理体系构建过程中要开展教育和培训。实施运行是体系构建中的重要环节，运行历时长、参与人员全面，可以针对企业不同层级的人员进行系统化、针对性的培训。

实践表明，知识产权管理规范工作中最难的不是知识产权文化的建设、意识的形成、体系文件的建立、运行及改进，而是企业知识产权检索、分析等专业人员的空缺以及现有知识产权人员和研发人员等相关人员检索技能的不足。《规范》中多处对知识产权检索提出了明确要求，涉及入职、信息资源、获取、涉外贸易、立项、研究开发、销售和售后等过程，不同过程侧重点不同，如入职过程中，需要对新入职员工进行适当的知识产权背景调查；知识产权获取过程中，需要进行查新检索和可专利性分析；立项过程中，需要进行项目知识产权分析评议；产品售前，需要进行知识产权风险预警分析等。

在体系运行过程中，应重视对员工检索能力的培训，制订详细的培训计划，设置课程体系，有效提升知识产权工作人员、研发人员等的检索技能，确保《规范》中涉及检索的关键性环节深入、持久、制度化地开展和落实。

4. 将体系监督纳入绩效考评

体系运行的具体执行主体是全体员工，设置激励制度，将对员工的监督考评纳入绩效考评可以充分调动员工的积极性，提高体系运行质量和效率，保障体系有效运行。

体系运行过程中，企业首先应制定详细的目标，并将具体目标分解至各个部门；其次要定期检查体系的运行情况，及时对目标的完成情况进行记录；最后针对完成情况较好的部门和人员给予相应的奖励，并作为公司年度绩效考评的参考依据，提高员工参与知识产权管理规范工作的积极性，有效促进体系持续、高效地运行。

5. 适时改进管理体系

按照一般的知识产权管理规范流程，体系运行一段时间后，企业会组织内部审核和管理评审，对运行过程中存在的问题进行整改，对不适宜的文件进行修改。但是体系运行持续时间较长（至少 3 个月），如果将运行过程中的问题都积累到内部审核阶段，会降低运行效率，严重时还会影响体系正常运行。因此，应该建立运行过程中的沟通机制，针对各部门出现的共性、关联性问题应及时提出，讨论后统一整改，监督验证整改措施的有效性，并做好文件修改记录和体系文件版本的更新。实施运行过程中的及时整改验证，可有效提升体系运行效率，保证知识产权管理体系的有效性、适宜性。

六、案例分析[1]

（一）案情回顾

1. 企业简介

天津 KH 医药企业是由天津某科研单位与天津某医药企业共同发起创立，涉及新药研发、生产、销售等领域以高科技为主导的现代科技企业。公司自 2003 年成立以来，一直致力于从事新药研发与产业化经营，已获得 4 个品种 7 个规格的生产批件，均已上市销售。公司具有较强的研发能力，能够结合市场需求自主选题，同时与股东单位建立了紧密的合作关系，通过自主选题、临床前研究、临床研究、生产放大的产研销合作，高效地推进了科研成果的产业化。

2. 企业知识产权概况

企业的总经理直接负责企业知识产权工作，现有知识产权职能归属到科技质量部，拥有较完善的管理制度，申请流程较为规范。在此基础上，企业在围绕新产品开发新技术的同时，又重视知识产权保护技术，累计申请专利 61 项，其中发明专利 41 项，实用新型专利 2 项，外观专利 18 项，其中授权发明专利 22 项，发明专利授权比例超过 50%。

3. 企业知识产权管理现状

（1）组织架构方面

天津 KH 医药企业知识产权工作由总经理直接负责，其高度重视知识产权管理和知识产权运作，其余管理层人员也采取各种方式对知识产权进行过学习，并从专业化的角度推动贯彻落实知识产权工作。

公司组成知识产权管理小组归属科技质量部，组长由科技质量部部长兼任，小组成员还包括科技质量部 3 位兼职的知识产权工程师，负责管理公司的知识产权工作。该小组组长的职责是全面管理知识产权工作，具体领导、协调、管理和推广具体业务发展，及时向总经理报告。知识产权工程师主要负责申请文本的修改，对专利进行检索和分析，对管理文件及管理过程进行管控，及时缴纳知识产权费用；由知识产权管理小组组长分配工作，并向组长报告工作完成情况。

（2）制度建设方面

以《天津 KH 医药企业知识产权工作办法》为总纲，已建立了《天津 KH 医药企业知识产权保密办法》《天津 KH 医药企业专利申请、维护办法》《天津 KH 医药企业专利国际申请办法》《天津 KH 医药企业知识产权转化、奖酬办法》《天津 KH 医药企

[1] 侯佳佳. 基于天津 KH 医药企业知识产权管理改进方法的研究［D］. 天津：天津大学，2016.

业知识产权档案管理办法》5个具体办法，已经制定的管理制度可操作性较强，能够保证企业的知识产权工作有效落实。

（3）实施运行方面

①设计了一系列配套专利表单。明确申请流程，设计了《专利申请信息表》等一系列简明、实用的配套表单，保证管理办法的切实执行。

②制定了专利的具体申请流程。流程关键节点人员涉及项目的主要完成人、专利部门负责人、知识产权管理小组组长、总经理。

③设立知识产权管理费用预算。知识产权管理小组每年根据下一年申请计划设立知识产权预算，由总经理审批后上报至财务，每年知识产权管理费用预算总计40万元左右。

（二）分析及启示

1. 问题分析

天津KH医药企业知识产权管理已经取得了很多成就，制定了一些知识产权管理制度，初步建立了知识产权管理体系，但是在实施运行过程中还存在诸多问题，包括知识产权管理机制不健全、不注重员工专业技能的提升、未激发全体员工参与知识产权管理的积极性等。

（1）知识产权管理机制不健全

天津KH医药企业知识产权管理工作由总经理直接负责，知识产权小组具体执行，未任命管理者代表，未设立独立的知识产权办公室，也没有在各个业务部门设置知识产权联络员，导致各部门之间存在责任不清楚、互相扯皮等问题，许多工作无法正常开展。现有的集中（技术管理）知识产权管理不适合企业知识产权管理的现状，不利于从总体层面上推进知识产权工作。

（2）不注重员工专业技能的提升

天津KH医药企业致力于新药研发与产业化经营，已获得4个品种7个规格的生产批件，均已上市销售。因此，企业的立项、研发、采购、生产和销售过程中的知识产权管理十分重要，公司现有的教育培训仅限于总经理和管理层，其他人员没有机会得到专业的技能培训，如检索分析、挖掘布局、风险预警分析等，导致员工知识产权专业水平得不到提升，无法系统、有效地参与知识产权管理工作。

（3）未激发全员参与知识产权管理工作的积极性

天津KH医药企业未开展针对全体员工的培训，除了科技质量部几个兼职知识产权管理者，公司其他管理人员、技术人员参与知识产权培训的机会均较少，造成公司职工整体知识产权意识差，在公司中没有形成对知识产权给予高度关注的氛围。

2. 改进措施

以公司管理知识产权出现的问题为据，建立健全组织机制，明确职能部门的职责和管理人员的职责，推动知识产权管理体系的完善和管理活动的顺利开展，加强知识产权文化，提升员工知识产权技能，提高企业知识产权管理的有效性。

（1）建立知识产权专职机构，明确职责

建立专职知识产权机构，专职人员 4 人，科室设立联络员，部门的职责包括：

①负责企业全面知识产权工作，努力实现企业制定的各项知识产权目标。

②负责企业知识产权创造、保护、交易的管理。

③对企业重大课题的知识产权状态提出明确的知识产权意见。

④负责企业知识产权法律事宜的管理。

⑤负责企业知识产权的价值评估。

⑥知识产权战略规划。

⑦监控知识产权管理方法的有效性，并向高层管理人员报告。

其他管理机构负责落实与本机构相关的知识产权工作，高度配合知识产权管理机构开展的知识产权管理活动。

通过组织机构的完善和沟通渠道的建立，积极、全面推进各部门的知识产权管理工作，确保体系运行的有效性。

（2）培养专业人员，推进知识产权管理活动

通过制定系统培训课程，培养知识产权获取、维护、运用、保护方面的专业人员。培养检索分析人员，在立项过程中，加大信息的收集整合力度，开展竞争情报分析工作，从而全面系统地分析市场行情、竞争对手和现状，及时掌握研发动向，通过对信息的全面整合，以专利为导向，指导研发，加快专利项目转化；培养知识产权价值评估人员，对现有存量专利进行评估、分级管理，并对不同级别的专利给出处置建议；根据公司发展阶段和实际业务经营需求，培养知识产权运营人员，通过专利导航、分析、挖掘、布局，培育高价值专利，开展专利交易与产业化，国际对接等；培养知识产权法务人员，开展风险管理活动，有效应对知识产权诉讼纠纷。

（3）加强知识产权文化建设，调动全员积极性

深入健全培训知识产权和宣传管理，举办不同范围、不同深度的知识产权培训，让企业领导层充分认识到知识产权的重要性，带头参加学习；对企业中层干部进行与岗位相匹配的知识产权培训；组织知识产权专职人员不定期外出学习，知识产权联络员集中培训；每年至少举行 2 次全体员工培训，持续提升职工知识产权理念，逐步形成坚持学习相关知识、并尊重知识产权的企业文化，调动全员参与企业知识产权管理规范化活动。

七、文件示例

体系运行工作检查记录表见表4-5。

表4-5 体系运行工作检查记录表

编号：

被检查部门	人力资源部	
检查时间		
被检查人		
检查内容	标准条款及要求（具体要求略）	实施运行情况
	一、知识产权工作人员	
	二、教育与培训	
	三、人事合同	
	四、入职	
	五、离职	
	六、激励	
运行过程中存在的问题	检查人：　　日期：	
原因分析	被检查部门负责人：　　日期：	
整改措施及预计完成日期	被检查部门负责人：　　日期：	
整改措施验证记录	检查人：　　日期：	

第三节　内部审核

一、概论[1]

企业知识产权管理内部审核有时也称为第一方审核、内审，是对知识产权管理体系运行进行自我检查的有效管理活动，是持续改进管理体系的重要过程，是企业建立自我完善机制的重要手段。

[1] 山东省知识产权局，烟台市知识产权局，中知（北京）认证有限公司，等.《企业知识产权管理规范》解析与应用［M］. 北京：知识产权出版社，2016.

内部审核一般在体系试运行至少三个月后开展，每年不少于一次，由组织自己或以组织的名义进行，内部审核的对象是企业自身的管理体系，它为有效地管理评审和纠正、预防措施提供信息。在许多情况下，尤其在小型企业内，内部审核可以由与受审核活动无责任关系的人员进行，以证实其独立性。

二、审核目的

内部审核的目的是证实组织实际运行的管理体系的绩效和有效性的信息，从而识别出组织活动中真实存在的漏洞或问题，确保能够进行适宜的纠正并且能够采取相应的措施，有效地实施和保持业务管理体系并使其持续改进❶。具体包括以下几点：

（1）了解企业业务活动中存在的问题。通过内部审核，梳理各业务部门工作流程，检验其合理性，以便及时了解业务活动和管理过程中存在的问题和漏洞，并快速有效地对其进行解决，从而改进企业管理，促进企业健康、快速发展。

（2）验证体系的符合性。通过内部审核，对照国家标准和公司体系文件对公司各项知识产权管理活动进行检查，验证企业的管理体系是否持续地满足规定的要求并且正在运行，并对发现的问题及时采取纠正和预防措施，使体系不断地改进完善。

（3）确定体系的适宜性和运行有效性。通过内部审核，对照公司业务需求和经营活动，检查各部门提交的审核证据文件，可以验证体系的适宜性和运行的有效性。

（4）为后续活动做准备。内部审核中发现的不符合项可以为组织管理体系的改进提供有价值的信息，作为管理评审的输入❷。同时，内部审核的过程记录文件也是外部审核的证据文件的一部分。

三、审核流程❸❹

内部审核流程如图 4-3 所示。

（一）策划

年度审核计划是根据上年度内外部审核发现的系统性、重复性、批次性问题以及本年度的经营情况和知识产权目标制定的审核计划，一般由企业管理者代表组织编写，内容包括审核次数、审核时间、审核方式、审核范围等。

内部审核策划是否充分，直接影响内部审核的质量和效果。进行内部审核策划时应充分考虑和关注复杂的、以往曾出现过的问题的过程，对相应过程加大关注程度和审核力度。审核策划根据企业实际需求，应重点考虑以下几点：

---

❶ 唐琳茹. 论如何实施内部审核及内审员的作用［J］. 现代商贸工业，2017（34）：128-129.

❷ 徐春梅. 浅谈实验室管理体系内部审核存在的问题及对策［J］. 质量管理与监督，2019（06）：114-115.

❸ 成胤，杨丽萍. 企业知识产权贯标三部曲［M］. 北京：知识产权出版社，2018：33-36.

❹ 唐琳茹. 论如何实施内部审核及内审员的作用［J］. 现代商贸工业，2017（34）：124-125.

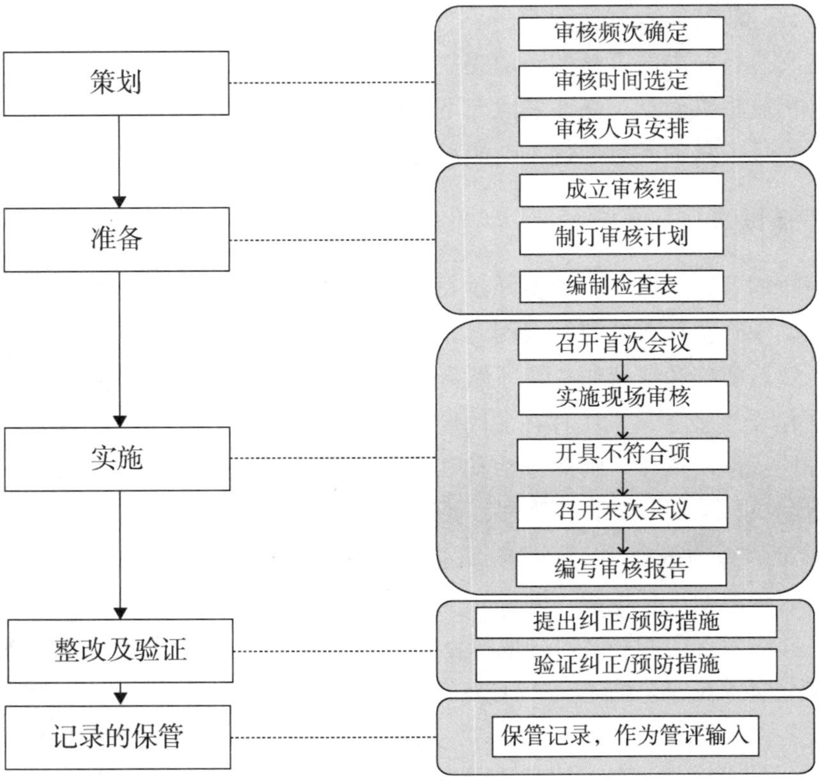

图 4-3　内部审核流程

（1）频次确定。原则上不少于一年一次，如果出现重大知识产权事件，应该考虑增加审核频次。

（2）时间选定。结合各部门的工作情况，错开阶段性工作较多的时段，但是必须在管理评审之前进行审核，因为内部审核是管理评审的输入之一。

（3）人员安排。成立审核组，选择有资质或具备知识产权基础技能、专业技能和管理体系构建经验的内审员作为审核组成员。

（二）准备

1. 成立审核组

成立内部审核组，一般由企业管理者代表任命内部审核组组长，并指定内审员成员。

2. 制定实施计划

内部审核实施计划是根据年度审核计划制定的更为详尽的针对某一次审核的实施计划，一般由内部审核组组长组织编写，至少包含以下内容：审核目的、审核范围及要素、受审核的部门名称、内部审核组人员及分工、审核日程安排等内容。需要注意的是，审核计划要提前下达至相关部门，确保充足的准备时间。

3. 编制检查表

为确保审核的完整性和有效性，内审员应根据内部审核实施计划的安排，编制检查表，列出与受审核部门有关的项目和要点。编写检查表应先了解所审部门上一次审核内容，并覆盖所审部门对应条款的全部内容；审核要点要有针对性，同一条款一般准备1~3个问题。

（三）实施

1. 召开首次会议

首次会议由内部审核组组长主持，会议时间一般30分钟左右，参加人员包括内部审核组成员、企业中高层管理人员、受审核部门负责人及相关人员。首次会议要明确审核计划和人员分工，强调公正、独立的审核原则。

2. 实施现场审核

现场审核阶段，审核组组长负责审核全过程的控制，内审员按照实施计划和检查表，通过提问、交谈、查阅文件和记录、现场查看等方式来收集客观证据。建议现场审核时尽可能提开放性的问题，并留给受审人员充分的时间回答问题，审核员注意聆听回答并如实填写审核记录。

3. 开具不符合项

审核组会议在当天审核工作完成后召开，由内部审核组组长主持，内部审核组成员参加，主要目的在于讨论并解决内部审核中有争议的事项，整理当天审核结果，并开具内部审核不符合项报告。

4. 召开末次会议

末次会议由内部审核组组长主持，参加人员与首次会议相同。末次会议主要对审核情况进行介绍，全面总结体系工作的优缺点，对企业的管理体系的符合性和有效性等得出结论；宣读不符合项报告，说明不符合项报告的数量、分类，提出整改措施及要求。

5. 编写审核报告

末次会议后，由审核组长组织编写内部审核报告，经企业领导批准后分发至相关部门和人员。

（四）整改及验证

对内部审核发现的问题，不论是书面开具的不符合项还是口头提示的问题，都要全面整改，整改不能仅限于纠正，还应采取纠正措施和预防措施；对整改完成的不符合项，内审员应对完成日期和预期效果进行跟踪验证。

（五）记录的保管

审核过程中需注意审核记录的保存，内部审核结果是管理评审的输入，其结论的真实性直接影响管理评审的准确性。

四、标准要求

内部审核是知识产权管理体系运行的重要活动，也是确保知识产权管理体系正常运行的重要手段，内审对于确认管理体系的有效性，推动管理体系持续改进发挥着重要作用。《规范》第 9 条对内部审核提出了明确要求。

（1）总体要求。从《规范》条款 9.1 可以看出，企业对知识产权管理体系的审核和改进包括企业对知识产权管理体系本身的改进，以及对体系实施、运行过程的改进两个方面。企业既要通过审核和改进，确保知识产权管理体系与生产经营体系相匹配，能够对企业发展整体产生积极影响，即确保体系的适宜性；又要确保知识产权管理体系能够长期保持生命力，能够持续、稳定发挥其对企业的积极促进作用。

（2）内部审核要求。从《规范》条款 9.2 可以看出，企业应制定与知识产权管理需求相匹配的知识产权管理体系审核程序，并根据程序开展内部审核活动，以验证企业的知识产权管理体系符合标准要求，并分析原因，为改进计划的实施提供依据。

（3）分析与改进要求。从《规范》条款 9.3 可以看出，企业应根据内部审核的检查和分析结论，制订改进计划，明确改进措施，并指明如何落实改进措施，达到改进计划的预期效果，对于取得成功的改进计划和措施，还应固化为相应的制度或者流程。

五、实施要点[1][2]

1. 管理层重视

管理层重视是做好内部审核工作的前提。内部审核工作要覆盖体系文件的全部要素和企业知识产权管理体系运行涉及的各个部门、岗位和活动，开展内部审核工作需要调动人力、物力、财力资源，同时公司管理层也是被审核的对象，因此，管理层重视是做好内部审核工作的前提。管理层大力支持知识产权部门负责人、内部审核组工作，才能确保内部审核工作的正常进行，并取得实际效果。

2. 做好审核策划

审核策划是否充分是做好内审工作的关键。内审策划方案的制定应注意以下几个方面：一是有针对性，可参考近两年的管理评审报告、第二方和第三方审核报告，年度知识产权事件，进行统计分析，有针对性地制定审核方案并配置相应的内审员

---

[1] 徐春梅. 浅谈实验室管理体系内部审核存在的问题及对策［J］. 质量管理与监督，2019（06）：114-115.

[2] 陆敏敏，王王. 浅析企业质量管理体系内部审核问题和改进建议［J］. 科技视界，2019（12）：213-215.

资源，根据需要还可搭配开展专项审核，解决企业当前暴露的较为严重的系统问题；二是内容完整，策划内容符合准则文件、体系文件要求，切合公司实际，避免有所遗漏；三是安排合理，合理安排内审时机及内审员资源，以获得最佳的审核效果和效率。

3. 明确审核内容

企业开展知识产权管理内部审核的内容应涵盖知识产权管理体系建立及运行的各个环节，主要包括：企业的知识产权方针、目标是否同企业实际经营发展战略相适应；知识产权管理机构是否符合企业发展的实际需要；企业知识产权管理需要的人力、财、物、信息资源是否配备完善；企业在立项、研发、采购、生产、销售及售后等生产经营过程的知识产权管理是否存在不足；企业知识产权获取、维护、运用、保护、保密等基础管理中是否存在问题等。

4. 审核方式多样性

企业开展知识产权管理体系内部审核可以采取多种审核方式，可以查阅各项内容的管理文件、台账以及活动记录；也可以实施现场考察，检查各部门知识产权工作开展情况；还可以组织召开座谈会或者听取各部门详细汇报。

5. 审核人员组成

企业开展知识产权管理内部审核的人员由管理者代表牵头，知识产权管理部门及各相关部门的负责人、内审员等组成。要求审核人员熟悉知识产权管理体系文件，掌握审核方法和技巧，熟悉知识产权业务领域，具备专业的知识，具有一定的知识产权工作经验，善于沟通和交流，且与受审核内容无利害关系，审核人员要秉承独立公正原则，保持审核结论的客观性。

6. 提高纠正和预防措施的有效性

内审不符合项的有效关闭，是知识产权管理体系内审成效的关键。针对内审所发现的不符合项，应准确找出根本原因，能做到举一反三，当纠错和预防措施涉及跨部门情况时，还应加强沟通、组织协调，确保措施有效并得到有效实施。同时，内审员应主动与不符合项的责任部门及措施实施的部门加强沟通，确保措施制定有效并促进措施的落实、验证，形成管理的闭环，实现知识产权管理体系的自我完善。

六、案例分析

（一）案情回顾

某制造型企业，其组织架构包括人力资源部、财务部、销售部、知识产权部、质量控制部和生产部等 11 个部门。该企业实施运行知识产权管理体系 6 个月后，为满足体系持续改进的需求，开展了内部审核工作。

在内部审核过程中，首先由审核小组根据年度审核计划制定了审核实施计划和内审检查表，并将审核计划下发至各个部门。现场审核阶段，内部审核组组长（由管理者代表担任）负责审核全过程的控制，在研发部和知识产权部选择了两位员工作为审核组的组员。审核过程中，内审员按照内部审核实施计划和内审检查表，通过提问和交谈、查阅文件和记录、现场查看等方式来收集客观证据，但是对于业务部门提出的问题不能做出准确、流畅的解释，部分部门因为业务工作安排较满，相关人员不在岗，匆匆结束了内审工作。

在本次的内部审核中，共开具一般不符合项一项、观察项一项，对存在的不符合事实进行了纠正，并制定了纠正措施。

（二）分析及启示

（1）制订审核计划时未协调各部门时间。制订审核计划时，审核小组未与各业务部门进行充分沟通，导致时间安排不合理，审查项涉及活动的人员不在岗、相关记录材料提供迟缓以及因为工作安排较满而没有时间配合内部审核，影响了审核效率和审核效果。

（2）内审员专业素养不足。审核组的组员为管理者代表临时从研发部和知识产权部调取，缺乏审核知识、方法，审核思路不明确，对审核点的切入无法准确把控，同时对知识产权体系标准、企业内部知识产权管理体系文件不熟悉，沟通能力和水平不强，导致内审质量低。

（3）未对内审纠正和纠正措施进行验证。内审现场审核结束后，仅制定了纠正和纠正措施，未对整改期限和整改效果进行验证，导致内审流于形式，不能有效促进管理体系的持续改进。

七、文件示例（部分）

内部审核控制程序

1. 目的

验证知识产权管理体系是否符合 GB/T 29490—2013《企业知识产权管理规范》的要求，是否达到有效保持，并实施改进。

2. 范围

适用于公司知识产权管理体系所覆盖范围的内部审核。

3. 职责

3.1　管理者代表

负责领导内部审核工作的组织。

3.2　知识产权办公室

负责内部知识产权管理体系的审核的归口管理。

3.3　各部门

负责配合内部审核工作的开展。

4. 工作程序

4.1　审核策划

一、时间间隔

知识产权管理体系内部审核每年至少一次，时间间隔不超过12个月，由知识产权办公室组织实施。出现以下情况时，由管理者代表及时组织进行知识产权管理体系内部审核：

1）组织机构、管理体系发生重大变化。

2）出现重大知识产权事故。

3）法律、法规及其他外部要求的变更。

4）在接受第三方审核之前。

5）在知识产权认证证书到期换证之前。

4.2　实施计划

1）管理者代表确定审核组组长及审核组成员，审核组根据体系覆盖的范围，考虑以往审核的结果，策划审核方案。

2）审核组组长制定《内部审核实施计划》，明确审核目的、范围、时间和方法及审核内容。

3）审核内容包括受审部门、审核的范围、审核依据和方法、审核时间的安排等。

4.3　审核准备

1）审核员根据内部审核工作的分工，准备好审核所依据的文件，编制《内部审核检查表》。

2）被审核部门应做好必要的准备工作，如果对审核日期有异议，可在两天之内通知审核组，经过协商再行安排。

4.4　审核实施

1. 首次会议

审核开始前，应召开首次会议。首次会议由审核组长主持，公司管理层及内部审核员参加。其内容一般包括：介绍审核组成员及分工；介绍审核的范围、目的、审核依据；审核计划的确认等内容；介绍审核采取的方法和程序；澄清审核计划中不明确的内容；介绍审核日程安排；管理者代表对审核提出相关要求。

2. 审核过程

审核应按计划执行。审核员通过交谈、查阅文件和记录等方式收集证据，检查知识产权管理体系的运行情况。发现问题时，填写《不合格项报告》，并由负责部门确认。

3. 末次会议

审核结束后，审核组长召开被审部门负责人及有关人员、审核组成员等参加的末次会议，末次会议内容一般包括审核的总体介绍、不合格情况说明、不合格的纠正要求及审核结论。

4. 审核报告

由审核组长编写《内部审核报告》，报管理者代表审批。

审核报告的内容包括：审核目的、范围、方法和依据；审核组成员，受审核部门及相关人员名单；审核计划的实施情况、不合格项分析、审核结论、发现的问题摘要及建议采取的纠正措施等。

知识产权办公室将《内部审核报告》发到各部门。

4.5 纠正

受审核部门在收到审核报告及《不合格项报告》以后，一周之内应对不合格项提出纠正措施，并组织实施，做好记录。

4.6 验证

审核组对不合格项报告中的纠正措施的实施情况进行跟踪检查，并验证其有效性，将检查结果记录，形成文件存档。

4.7 归档

内部审核中的全部记录由审核组长移交知识产权办公室保存。

5. 相关文件及附件

相关文件：无

附件：内部审核控制流程图

6. 记录

内部审核实施计划	××××/IP-JL-9.2-01
内部审核检查表	××××/IP-JL-9.2-02
内部审核会议签到表	××××/IP-JL-9.2-03
不合格项报告	××××/IP-JL-9.2-04
内部审核报告	××××/IP-JL-9.2-05
内部审核会议纪要	××××/IP-JL-9.2-06

附件：

流　　程	责任部门/岗位	支持文件	记　　录
审核策划	知识产权部		内部审核实施计划
审核准备	知识产权部		内部审核检查表
审核实施	知识产权部 各部门		内部审核会议签到表 内部审核报告 内部审核会议纪要
改进			不合格项报告
验证			
归档	知识产权办公室		

内部审核控制流程图

示例记录表单略。

第四节　管理评审

一、概论

企业最高管理者就企业知识产权管理体系的现状、适宜性和有效性以及方针和目标的贯彻落实及实现情况组织进行综合评价活动并出具评审报告的过程为管理评审。管理评审一般采取会议的形式实施❶。

二、目的

管理评审的目的是通过输入、评价、输出等过程来总结管理体系的运行绩效，从当前运行绩效上找出与预期目标的差距，提出知识产权方针、目标、管理程序改进建议和资源需求，并落实改进措施，以持续保持质量管理体系的适宜性、充分性和有效性。

三、流程❷

管理评审流程如图 4-4 所示。

❶ 陈丹枫. 构建企业知识产权管理体系的若干思考［J］. 上海铁道科技，2017，160（04）：134-136.

❷ 程贵丽. 质量管理体系之管理评审工作［J］. 山西建筑，2014（29）：278-279.

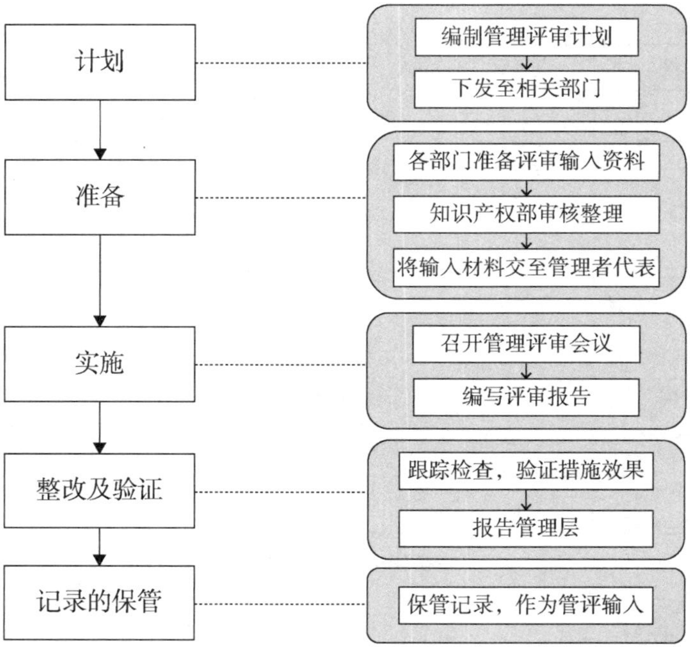

图 4-4　管理评审流程

（一）计划

由知识产权管理部门编制管理评审计划，内容包括：评审目的、依据和范围，评审参加人员、时间和地点，评审具体内容及相关部门应准备的评审输入资料及要求等。管理评审计划报管理者代表审核，由最高管理者批准，并提前一周下发至组织各层次，便于各部门充分做好管理评审准备及输入资料的整理。

（二）准备

1. 各部门准备评审输入资料

各相关部门负责人在收到管理评审计划后，应依据《规范》要求，结合本部门的职责特点，提供相应的资料，资料应如实反映本部门涉及知识产权活动的绩效与问题，并针对问题给出改进建议。

2. 知识产权管理部门审核整理输入资料

各部门准备的资料集中到知识产权管理部门后，由知识产权管理部进行统一的审核整理，确保管理评审内容的全面性、客观性；还可筛选出比较典型或重要的问题，提前与管理层进行沟通，提高评审会的效率和质量。

3. 知识产权部门将输入材料交至管理者代表

在管理评审会议前，知识产权部门将输入材料交至管理者代表，管理者代表确认后，将材料提交给最高管理者，管理者代表可以和最高管理者事先沟通，以便于最高管理者进行决策，这有助于管理评审时突出重点，控制会议主题，提高管理评审会的质量。

（三）实施

1. 召开管理评审会议

管理评审一般采用会议评审的形式，由最高管理者或其授权的人员主持，管理者代表协助进行，各部门相关人员汇报与知识产权相关的工作进展情况及发现的问题，参会人员共同讨论改进措施，并提出改进意见。

2. 编写评审报告

评审会议后，根据评审结果编制管理评审报告，报告内容包括评审目的、评审时间和地点、参加评审人员、评审内容摘要、评审综述、评审结论，还有改进、纠正和预防措施摘要及责任部门等信息。管理评审报告报管理者代表审核，最高管理者批准后下发实施。

（四）改进措施验证

知识产权管理部门根据管理评审报告要求，按期进行跟踪检查，并验证措施的完成效果，将检查结果报告给管理者代表和最高管理者，使评审工作形成闭环管理。

（五）记录保管

根据体系文件要求，保管管理评审记录文件，作为第三方审核证据的一部分，也可用于指导体系的改进和下年度审核策划的制定。记录内容应清晰、客观准确、真实，保存期限根据记录文件相关控制程序的规定执行。

四、标准要求

管理评审是企业知识产权管理规范工作的关键环节，对于体系的持续改进具有导航引领和引擎推动的作用，《规范》条款 5.5 对管理评审提出了明确的要求。

（1）总体要求。从《规范》条款 5.5.1 可以看出，管理评审由最高管理者组织实施，并应该按照策划的时间间隔（每年至少一次）进行管理评审，其目的是评审知识产权管理体系的适宜性和有效性。

（2）评审输入要求。从《规范》条款 5.5.2 可以看出，管理评审应以知识产权方针、目标，企业经营目标、策略及新产品、新业务规划，企业知识产权基本情况及风险评估信息，技术、标准发展趋势和前期审核结果为评审输入材料。

（3）评审输出要求。从《规范》条款 5.5.3 可以看出，管理评审输出包括：提出知识产权方针、目标的改进建议；提出知识产权管理体系及程序的改进建议；确保人力资源、基础设施、财务资源、信息资源的投入。

五、实施要点

1. 最高管理者亲自组织

《规范》明确提出，管理评审由最高管理者亲自组织实施，对体系的适宜性和有效性进行评审。在前期进行管理评审会议策划时，就应明确最高管理者为会议组织召开者和会议主持人，并在策划案中明确会议流程、会议主题和各部门发言顺序，以便最高管理者和各部门领导提前做好准备工作，确保管理评审的顺利进行。

2. 提前准备输入材料

管理评审会议的输入材料较多，需要公司各个业务部门配合完成，并由知识产权管理部门进行统一审核整理，管理者代表和最高管理者也需要提前熟悉输入材料，以确保管理评审的质量和效率。因此，在召开管理评审会议前，至少提前一周发出通知，根据标准要求的5个方面，进行责任分解和分工，明确相关职能单位需要提供的资料内容，同时强调各部门提出体系运行中存在的主要问题或建议。各部门准备的资料集中到知识产权部门后，需要进行统一的审核整理，确保输入材料内容全面、客观，促进体系运行的有效性。

3. 注重组织形式的多样性

管理评审组织形式灵活多样，不一定局限于现场会议形式。如较大型企业，如果分公司或者各个部门未设在同一个办公区域，可以采取电话会议、视频会议的方式，还可以组织各个事业部或分公司在一定时间内分别进行管理评审，然后各部门或分公司将管理评审结果在总裁办公会上进行评审，并将评审结果在一定范围内发布，督促各部门制定改进措施。

4. 建立绩效考评机制

可将管理评审的相关要求纳入企业总体的绩效考核，激励最高管理层、各部门负责人和全体员工积极参与管理评审，督促各部门积极提出体系的改进建议，并及时完成整改，提高管理评审的质量和效率。

六、案例分析

（一）案情回顾

某大型集团公司，体系覆盖人数3600多人，涉及总裁办、战略投资部、计划财务部、营销管理部等13个职能部门以及7个事业部。该集团公司下属的7个事业部独立运营，有独立的职能部门，包括研发、生产、销售、采购等各个二级部门。

该集团公司在年度周期内用一个月的时间开展管理评审。先由集团公司总裁（最高管理者）组织管理者代表、副总裁及各单位领导召开会议并下发通知，各个部门和事业单位按管理评审要求（包括输入时间、输入内容、分工负责人等）分别组织部门内管理评审汇报工作，公司副总裁和各单位领导在总裁办公会上向总裁报告职责范围内的知识产权管理体系运行情况和持续改进的结果及需求。总裁办公会通过讨论决定知识产权管理体系改进措施及资源需求的配置，并形成评审结论和改进决定，写入管理评审报告，管理评审报告由总裁签发并传达至各部门。管理者代表主持改进决定的下达，各责任部门组织有效实施，知识产权部负责对其实施的有效性进行跟踪验证，并保管管理评审的记录。

（二）分析及启示

对于大型集团公司来讲，将管理评审与总裁办公会相融合，是一种行之有效的管理评审组织形式，可以提高评审效率和评审质量，可以借鉴。

七、文件示例（部分）

管理评审控制程序

1. 目的

对知识产权体系定期进行评审，以确保其持续的适宜性和有效性。

2. 适用范围

适用于本公司知识产权管理体系的管理评审。

3. 职责

3.1　总经理

主持管理评审活动，评价知识产权管理体系运行的适宜性和有效性，提出改进要求。

3.2　管理者代表

负责组织准备管理评审的输入资料。

3.3　知识产权办公室

负责编制《管理评审计划》和《管理评审报告》，落实、跟踪、验证管理评审报告中的改进措施，保留评审记录。

3.4　各职能部门

准备并提供与本部门工作有关的评审材料。

4. 评审计划

4.1　评审时间间隔

管理评审由总经理主持，每年至少一次，时间间隔不超过12个月，通常在内审后进行，有下列情况之一者，可增加管理评审频率：

（1）本公司组织机构、体制发生重大调整时。

（2）本公司发生重大知识产权事故时。

(3) 市场或外部环境发生重大变化，已影响到公司生产经营和生存发展时。

(4) 管理体系审核中发现严重不合格时。

(5) 即将进行第二方、第三方审核，并得到审核方要求时。

4.2 管理评审计划

《管理评审计划》由知识产权办公室编写，管理者代表审核后报总经理批准，并发放至有关部门。

计划主要内容包括评审时间、评审目的、评审范围及评审重点、参加评审部门（人员）、评审依据、评审准备工作要求等。

5. 评审准备

(1) 知识产权办公室将《管理评审计划》至少提前一周分发至各部门，各部门准备并提供与本部门工作有关的评审所需资料，作为管理评审的输入。

(2) 管理评审输入，一般包括：

a. 公司知识产权方针和目标的适宜性和贯彻执行情况。

b. 企业经营目标、策略及新产品、新业务规划。

c. 企业知识产权基本情况及风险评估信息。

d. 技术、标准发展趋势。

e. 公司内部知识产权管理体系内部审核和以往管理评审的结果。

6. 评审实施

6.1 管理评审会议

1) 总经理主持管理评审会议，宣布会议的目的和要求，各部门就体系运行情况进行工作汇报。

2) 评审会议对评审项目和内容进行评审，对存在的问题提出处理意见，确定整改责任人和时间。

3) 知识产权办公室对整个评审过程进行记录，形成《管理评审会议纪要》。

6.2 管理评审输出

1) 知识产权管理体系的适宜性和有效性，包括对知识产权方针、目标、管理程序等提出改进建议，做出评价。

2) 有关决定和措施的资源需求。

6.3 管理评审报告

管理评审会议结束后，知识产权办公室编制《管理评审报告》，由管理者代表审核后报总经理批准，并发放到有关部门。

7. 相关措施的实施和验证

7.1 相关措施实施

相关部门对管理评审中的有关决定，制定改进和预防措施，并加以实施。

7.2　相关措施验证

知识产权办公室跟踪改进和预防措施的落实情况，验证其有效性，并将结果汇报给总经理。

8. 归档

知识产权办公室负责将评审会议资料整理归档，包括《管理评审计划》《管理评审输入》《会议签到表》《管理评审会议纪要》及《管理评审报告》等。

9. 相关文件及附件

相关文件：《文件管理控制程序》（××××/IP-CX-01-A）

附件：管理评审控制流程图

10. 形成的记录

管理评审输入	××××/IP-JL-5.5-01	管理评审计划	××××/IP-JL-5.5-02
会议签到表	××××/IP-JL-5.5-03	管理评审会议纪要	××××/IP-JL-5.5-04
管理评审报告	××××/IP-JL-5.5-05		

附件：

流　　程	责任部门/岗位	支持文件	记　　录
评审计划 ↓	总经理 管理者代表 知识产权办公室		管理评审计划
评审准备 ↓	总经理 管理者代表 各部门		管理评审输入
评审实施 ↓	总经理 管理者代表 各部门负责人		会议签到表 管理评审会议纪要 管理评审报告
相关措施实施和验证 ↓	总经理 管理者代表 各部门		管理评审报告
归档	知识产权办公室		

管理评审控制流程图

管理评审计划

编号：

<table>
<tr><td>评审时间：</td><td></td><td>会议地点：</td><td></td></tr>
<tr><td>评审目的：</td><td colspan="3">体系的适宜性、充分性和有效性，知识产权方针的持续适宜性，知识产权目标的实现情况，其他重大事项</td></tr>
<tr><td>参加部门：</td><td colspan="3"></td></tr>
<tr><td colspan="4">评审内容：
(1) 组织机构及资源配置是否适宜，并满足体系持续运行的能力。
(2) 知识产权体系运行状况与要求的符合性、有效性。
(3) 知识产权方针、知识产权目标的实现情况与不断变化的客观要求适应性、充分性及建议。
(4) 体系策划及知识产权成果的申报情况。
(5) 体系审核结果，纠正措施与预防措施实施效果，持续改进的方向。
(6) 可能影响体系的变更。
(7) 合同履行的有效性分析。
(8) 以往管理评审的跟踪措施及执行情况。
(9) 法律、法规的遵循情况。
……</td></tr>
<tr><td colspan="4">评审议程：</td></tr>
</table>

编制/日期：　　　　审核/日期：　　　　批准/日期：

管理评审报告

编号：

评审会议时间、地点：
评审目的： 开展知识产权管理体系审核，及时发现运行中存在的不足，通过持续改进完善，确保知识产权管理体系运行的适宜性、充分性和有效性
评审依据： 企业知识产权管理规范
评审范围及评审重点： 评审范围包括知识产权管理方针和管理目标、管理体系与知识产权管理方针和管理目标的适应性、管理体系的运行情况和文件管理
参加评审部门及人员：
评审内容摘要：
管理评审的实施情况：
评审结论：
改进措施： 1. 知识产权方针、目标改进建议 2. 知识产权管理程序改进建议 3. 资源需求 4. 其他建议
本管理评审报告发放范围：

编制/日期：　　　　审核/日期：　　　　批准/日期：

第五章 CHAPTER 5
企业知识产权管理体系构建难点剖析

企业知识产权管理体系的构建如同一座高楼大厦的建造，其过程如下：

①调查企业现有知识产权状况、经营状况，诊断、分析存在的问题，打好地基。

②进行体系策划，如同设计大楼的框架结构。

③根据体系策划的结果，构建体系，完成文件编写，如同大楼框架结构的搭建，同时做好内部组织机构建设，最高管理者为第一责任人，任命一名管理者代表，建立外部沟通渠道，确保与政府部门、合作方和其他相关方沟通的有效性，并设置专门的知识产权管理部门，建立内部沟通渠道，监督和管理其他各职能部门落实本部门知识产权管理工作，通过培训、宣贯等激发全体员工参与知识产权管理工作。

④做好风险管理工作，如同房屋防护结构；做好保密管理工作，明确涉密人员、设备、信息及区域，如同给房屋安装门禁和防盗窗；落实信息资源，建立信息搜集渠道，加强信息利用，在各业务环节根据标准要求做好检索分析工作。

⑤将企业知识产权管理体系与其他体系（如质量管理体系、环境管理体系和职业健康安全管理体系）进行融合，提升企业整体管理效率。企业知识产权管理示意图如图 5-1 所示。

第一节　多体系融合

《企业知识产权管理规范》的编制、颁布和实施相较于其他管理体系较晚，其编制大量借鉴和参考了 ISO 9001 质量管理体系的范式和思路，其核心管理理念是一致的，即在统一的国际标准组织规范的管理模式框架下，按照“持续改进原则”，针对各自的管理对象和目的，建立一个系统、兼容、柔性的管理系统。在企业实际经营管理活动中，为了实现质量、环境、职业健康安全体系的同步建设，而将三体系（质量管理体系 QMS、环境管理体系 EMS、职业健康安全管理体系 OHSMS）的贯标和认证工作同步展开，并将这 3 个体系通称为“三体系”（QES）。要开展好企业知识产权管理体系建设，就必须关注知识产权管理体系与“三体系”（QES）的融合和一体化建设，企业知识产权管理体系与 QES 三体系融合工作对于企业贯标成效非常重要❶。

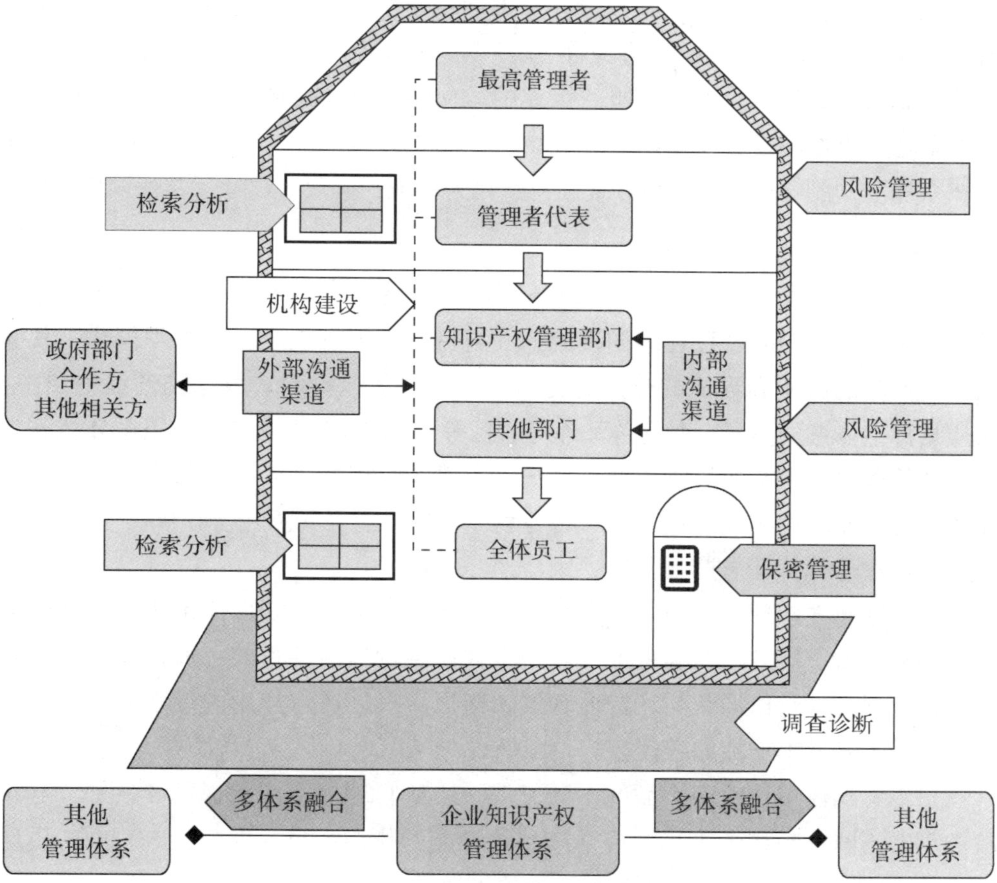

图 5-1　企业知识产权管理示意图

一、相关管理体系简介

（一）ISO 9001 质量管理体系

1. 体系简介

ISO 9000 族标准是国际标准化组织（ISO）在 1994 年提出的概念，是由 ISO/TC 176（国际标准化组织质量管理和质量保证技术委员会）制定的国际标准，ISO 9001 是 ISO 9000 族标准所包括的一组质量管理体系核心标准之一。ISO 9001 用于证实组织具有提供满足顾客要求和适用法规要求的产品的能力，目的在于增进顾客满意度。自

❶ 李西良. 企业知识产权管理体系与 QES 三体系融合研究［J］. 知识产权，2017（10）：92-96.

1987 年 ISO 9000 正式诞生以来，标准已历经了四次正式的改版，分别发生在 1994 年、2000 年、2008 年和 2015 年。其中 2015 年版 ISO 9001 质量管理体系标准发布于 2015 年 9 月 15 日，与旧版相比，主要在以下几个方面发生了变化：采用了高层结构，统一了所有管理体系标准的通用术语；采用了基于风险的思维，弱化了形式上的强制性要求；成文信息要求更加灵活，提高了服务行业的适应性；更加强调组织环境，增强对领导作用的要求；更加注重实现预期的过程结果以增强顾客满意，引入了组织知识。改版后的体系标准，能够帮助组织更好地适应变化的环境，实现永续经营和持续成功❶。

2. 启示与借鉴

一是知识产权管理与 ISO 9001 质量管理体系的基本模式类似。ISO 9001 质量管理体系是基于产品生产的过程管理和控制，并与目标管理有机结合的管理模式。其基本模式是以产品的产生和形成的全过程为依据，建立从设计输入开始到产品输出控制，以及质量标准体系的不断自我完善和外部监控等 20 个基本要素的全封闭循环体系。知识产权的管理也具有类似的要素循环系统，知识产权创造过程与产品形成的全过程密切相关，同时专利的实施也必须以产品为载体，比较适合于采用 ISO 9001 质量管理体系的过程方法进行管理与控制。

二是二者建立管理体系的宗旨有相似性。ISO 9001 质量管理体系所有活动的目的是满足顾客要求，增进顾客满意度，其过程控制强调增值的目的；进行知识产权创造的需求也可视为来自市场需要，合理有效的知识产权创造与使用的过程应是利润增加的过程，而不是成本增加的过程。

三是二者均注重技术和产品的不断发展。质量管理体系注重提高和发展，与知识产权的创造不断推动技术进步，提升产品的性能的作用一致。因此，ISO 9001 质量管理体系的模式对知识产权创造和运用活动的管理具有较大的借鉴作用。

（二）OHSMS 职业健康安全管理体系

1. 体系简介

职业健康安全管理体系（OHSMS）是 20 世纪 90 年代后期兴起的现代安全管理模式，是由英国标准协会等 13 个全球主要标准制定机构、认证机构与专业组织整合诸多安全管理体系标准共同发展而成，于 1999 年 4 月发布。OHSMS 18001 与 ISO 9001 及 ISO 14001 标准是互相兼容的，均遵循 PDCA 持续改进模式。2001 年 11 月 12 日，国家质量监督检验检疫总局正式颁布了《职业健康安全管理体系规范》，自 2002 年 1 月 1 日起实施，代码为 GB/T 28001—2001，属推荐性国家标准，该标准与 OHSMS 18001 内容基本一致。

---

❶ 曾军. 浅谈 2015 版 ISO 9001 质量管理体系标准变化［J］. 泸天化科技，2018，157（02）：39-43.

职业健康安全管理体系的基本思想是实现体系持续改进，通过周而复始地进行“计划、实施、监测、评审”活动，使体系始终保持持续改进，确保体系功能不断加强，它是一个动态的、自我调整和完善的管理系统❶。

2. 启示与借鉴

OHSMS 职业健康安全管理体系包括六个要素：总要求、职业安全方针、策划、实施与运行、检查与纠正措施和管理评审。该管理体系的特点是以企业整体为对象，不是以具体的产品或服务为对象，其重点是风险的防范与控制，根据对危险源辨识，进行风险评价，实施风险控制，其运行控制的要求与 ISO 9001 质量标准体系相比更简单，仅涉及企业整体，不涉及产品的具体开发及生产过程。OHSMS 职业健康安全管理体系与知识产权管理的类同性包括三个方面：

一是二者均具有较强的客观性。两体系要求均来自企业内部而不是顾客，依据的标准都是国家法律法规，具有较强的客观性。

二是二者均以预防为主。职业健康安全管理体系控制的宗旨以预防为主，不关注提高和发展，这方面与知识产权保护的目的与要求大致相同。

三是二者通用性均较高。其整个标准体系未提出具体的安全绩效准则，也未做出设计管理体系的具体规定，执行标准的弹性范围较宽，具有较强的通用性，对企业的个性要求较低，比较适于知识产权这种无形财产的管理❷。

（三）ISO 14001 环境管理体系❸

1. 体系简介

ISO 14000 环境管理体系是 ISO 继推出 ISO 9000 标准之后的又一套管理标准，ISO 14000 系列标准于 1996 年正式发布后，分别于 2004 年、2015 年经历了两次全面的修订。ISO 14001 标准是 ISO 14000 系列标准的核心标准，是组织用于策划、实施、检查和评审环境管理体系规范性的标准，同时也是第三方机构认证的标准。

2. 启示与借鉴

一是二者均强调符合法规要求，没有绩效要求。ISO 14001 标准的目的是所有组织均能按照这个标准建立统一的环境管理体系，既适用于发达国家，也适用于发展中国家；既适用于大企业，同时也适用于小企业。由于各国家、各地区经济发展水平不一样，因此不可能采用统一的环境绩效标准来进行衡量，这与知识产权管理类似，企业处于不同的生命周期和不同规模，知识产权战略和目标也不一样，在这点上有借鉴意义。

---

❶ 苗金明，等. 职业健康安全管理体系的理论与实践［M］. 北京：化学工业出版社，2005.

❷ 支越，毛孝明. 职业健康与安全管理体系（OHSAS18001）简介［J］. 电子质量，2000（04）：35-38.

❸ 田书平. QHL 公司“五合一”管理体系整合研究［D］. 桂林：广西师范大学，2019.

二是二者均强调预防和持续改进。污染预防和持续改进是ISO 14001标准的两个核心思想，通过控制组织活动全过程中的环境因素，预防环境污染，达到保护环境的目的；同时在符合法律法规、环境质量标准的前提下，不断改进，提升自己的环境绩效。知识产权管理中，也需要风险防范，避免知识产权风险，并通过持续改进，提升知识产权管理水平，提高企业竞争力。

三是二者均具有广泛适用性。ISO 14001标准具有广泛适用性，不仅适用于制造业，也适用于非制造业；既适用于几十人规模的小公司，也适用于大型集团公司；没有行业限制，也没有规模限制。知识产权管理也有相同的性质，可以借鉴。

二、四体系的共同点和区别点

（一）共同点

一是都是自愿性的标准。质量、环境、职业健康安全管理标准均是自愿性标准，企业建立相应的管理体系，申请管理体系的所有认证行为必须是自愿行为，必须是从提升管理水平以及企业加强市场竞争的需求出发。

二是使用的过程模式结构相同。原理都采用PDCA循环过程，即计划（P）—实施（D）—检查（C）—总结、改进（A），同时均采用过程方法，有别于传统只关注结果的片面管理，四体系均关注管理活动中的所有管理过程和相互作用，通过制定程序并做到持续改进，最终达到预期结果。

三是都要求建立文件化的管理体系。四体系均要求形成包括方针目标、手册、程序、管理制度和记录在内的管理体系文件，并对文件管理提出了明确要求，同时要求建立文件化的管理体系。

（二）区别点

一是关注管理目标不同。质量管理体系的主要关注对象是顾客，以顾客需求为输入，通过管理体系的PDCA循环，输出产品质量的合格率和稳定性，以持续满足顾客需求为管理目的；环境管理体系以环境为主要关注对象，通过运行控制管理，以兑现企业环保承诺，共建、共维可持续发展环境为管理目的；职业健康安全管理体系以组织人员为关注对象，以保障员工的职业健康安全为管理目标；而知识产权管理体系则主要关注企业知识产权管理，通过倡导知识产权战略导向作用，以促进企业创新和知识产权管理能力为目的。

二是管理研究对象不同。质量管理体系的管理研究对象为产品，凡是通过认证的企业，表明其能持续稳定地向顾客提供预期和令其满意的合格产品；环境管理体系的研究对象为环境因素；职业健康安全管理体系的研究对象为危险源；而知识产权管理体系的研究对象为无形资产形成的专有权，通过对无形资产形成知识产权过程中的获取、维护、运用、保护等进行基础管理，实现企业战略目标，提升企业核心竞争力。

三是专业技术要求不同。质量管理体系以顾客的需求为输入，通过过程方法，输出管理绩效，其中涉及各行业产品检验、计量、检测等相关专业技术要求。而环境管理体系、职业健康安全管理体系、知识产权管理体系则根据专业领域的不同，分别要求企业遵守国际、国家和地区相关法律法规的要求，如知识产权管理体系，对于专利、商标、著作权、商业秘密等不同类型的专有权利，分别受相关法和实施细则约束，其中就会涉及特定技术领域的专业性要求。

体系融合过程中，需要关注体系的共同点和区别点，将四大体系的共性部分整合到一起，同时兼顾好个性化的需求，通过体系融合，提升企业整体管理效率。

三、四体系融合实施要点❶

（一）组织机构融合

知识产权、质量、环境和职业健康安全四个管理体系在组织管理原则方面均强调了领导作用和全员参与的重要性。因此，IPQES 四体系在组织机构融合建设过程中应坚持统一领导、分级管理的原则。组织机构的融合包括以下几个步骤：

一是明确公司最高管理者的职责。公司最高管理层统一制定体系管理工作的方针、政策，规定各级体系的归口管理部门、人员编制、部门的任务和职责。

二是明确公司管理者代表的任命。公司最高管理层在高层管理人员中任命一名管理者代表并授权其全权负责管理体系的管理事宜，管理者代表需同时具备知识产权、质量、环境、职业健康安全基本技能。

三是设立管理体系办公室。设立管理体系办公室或者将 4 个体系的管理职责合并到一个管理部门，如合并到企管部或者体系办，全面把握四体系的总体运行，具体负责组织管理评审在内的各种审核、检查工作和全面战略管理工作。

四是明确各职能部门的职责。各职能部门负责各管理体系的日常运行。具体操作过程中，各职能部门的相关人员组成联合管理小组，每个职能部门至少指定一名联络员，并进行统一培训，确保联络员具备多体系管理知识和技能，将联络员培养成为一专多能的内审员，壮大公司内审员队伍。

（二）体系文件融合

一个企业的管理是通过对企业内各种过程进行规范管理来实现的，而这一过程则是由体系文件运行作为依据，从而保证各类活动能够实现经济、高效地运转，以满足相关方的要求。因此，要开展体系融合工作，文件的融合建设是关键。体系文件的融

---

❶ 李西良．企业知识产权管理体系与 QES 三体系融合研究［J］．知识产权，2017（10）：92-96.

合包括以下几个方面：

一是管理手册和程序文件。结合各标准结构和条款的特征，通常建议以质量管理体系为模板，将知识产权、环境和职业健康安全标准的相关要求补入质量管理体系管理手册和程序文件的模板中，在补入过程中要注意不能为了形式满足而导致各标准要求和条款的缺失。

二是制度文件。对比四体系制度的共性和不同点，制定一套文件管理制度，覆盖各体系文件管理要求，包含各体系文件类型，并与公司原有文件管理的处理结合，形成一套通用的管理制度。

三是记录文件。为减少工作量，简化记录表单，可以质量体系的表单为模板，补入其他体系的相关要求。例如，合同评审，可以补入知识产权条款一栏满足知识产权管理的要求，另外，类似培训计划、会议记录、内审计划、内审检查表等可形成标准化通用表格。各体系就具体执行内容不同而形成记录文件。

（三）实施过程融合

实施过程融合是四体系融合建设的具体实践，需要结合各体系实际运行与维护要求开展过程整合，实施过程的融合涉及以下几个方面：

一是结构相似、内容相关的过程融合。对于各体系在各职能部门实施的结构相似、内容相关的运行过程，可以协同运作。例如，内部审核融合，管理体系在审核活动中的工作都包括组织评审小组、编制审核计划、文件审核、现场审核、首次会议、审核组内部会议、末次会议、编写审核报告、发放整改通知单等。因此，每年可由联合管理小组统一制订内审计划，统一实施。各职能部门只需面对一次大规模的审核，而各体系的管理者也都能完成自己的内审任务。同时，因由联合管理小组统筹安排内审过程，可根据实际情况灵活制订审核计划，避开生产运营的高峰期，也可针对不同的职能部门安排不同的审核时间。培训过程融合，对于不同管理体系的培训计划进行统一编制与管理，可制定一套培训管理制度或标准程序，执行时根据培训内容、人员、时间差异制定培训计划。

二是体系日常运行和维护工作融合。同步开展四体系的日常运行和维护工作，尤其是针对四体系文件修订、内审、管理评审、外审等运维工作，可以同时进行，以简化现有体系管理的流程，降低管理运维成本。

三是执行过程的融合。在具体执行过程中，可以将相似的过程进行融合，具体操作过程中可以通过对记录表单的适应性修改进行融合。如某公司原有质量管理体系中的合同审查表，合同评审较细致。现贯彻《企业知识产权管理规范》，需对合同中的知识产权条款进行审查。该项审查与质量管理体系合同审查并无冲突，只需要加入知识产权条款一栏即可。

多体系融合，尤其是将 IPQES 四体系纳入企业管理已成为趋势和潮流，也是企业全面提升竞争力的手段和工具。建立“简洁、高效、适用、风险可控”的融合体系，是未来企业迈向国际化和规范化的必然趋势。企业应及早开展多管理体系的融合建设工作，并开展持续改进工作，围绕四体系建设总目标不断改进和提高，通过提高管理效率达到提高经济效益的最终目的。

四、典型案例

（一）案情回顾

某大型制造型企业组织架构包括质量控制部、财务部、生产部、销售部、科技管理部、人力资源部、安全管理部、物流中心等12个部门，已完成了三体系（质量管理体系QMS、环境管理体系EMS、职业健康安全管理体系OHSMS）的建立和实施工作，并通过了第三方认证机构的审核和认证。

为了进一步提升企业综合管理能力，提高市场竞争力，公司拟建立知识产权管理体系。在咨询了相关机构，并了解了体系融合的过程之后，该公司决定进行四体系IPQES（知识产权、质量、环境、职业健康安全）融合，并开展了以下相关工作：

1. 进行组织架构调整

将质量控制部、安全管理部与科技管理部整合成一个新的企业管理部，将之前各部门四个体系的管理职责合并，以便统筹建立融合体系。

2. 文件统一控制管理

依据《规范》条款4.2.2对于文件控制的相关要求，控制管理包括文件需要易识别、标识，有成熟的评审和批准程序，对文件的更改进行控制，做好发放、访问、回收、使用及销毁等流程性工作。该企业将4个体系的文件控制统一起来进行管理，通过文件控制程序统一进行文件的管控，通过使用统一的表单对文件进行编号、填写，包括其发放、更改等流程性工作都合并，提高了企业的工作效率，以维持企业管理体系的有效性。

3. 实施过程融合

将相似的过程进行融合。例如，依据《规范》条款7.5关于合同管理的要求，知识产权管理体系要求对合同涉及知识产权条款进行评审，以现有三体系的合同评审为模板，将知识产权条款加入表单中，形成四体系合同评审的统一表单，并统一编号进行评审，以提高合同评审的工作效率，避免做重复、低效的工作。

（二）分析及启示

该企业在了解了体系融合的优点之后，结合自身情况，积极探索和实践四体系融合，在组织架构、文件管理及工作实践中充分贯彻四体系融合建设，并持续改进，促进公司整体管理水平的提升，同时培养了一批具备多领域理论知识与实践经验的复合型管理人才，值得借鉴。

第二节　调查诊断

调查诊断如同医生开方前的“望闻问切”，在贯标工作中是极其必要且重要的。调查诊断是对现有知识产权资源和管理现状的梳理，通过诊断发现不足，找出漏洞，进而有针对性地查缺补漏，为后续目标制定与分解，手册、程序编制，人员培训等的顺利开展奠定坚实的基础❶。本节从调查诊断的常见问题、实施要点（包括诊断形式和技巧）展开阐述，并通过具体案例进行分析。

一、常见问题

1. 企业自行实施调查诊断

知识产权管理规范工作推行之初，许多企业采取自行诊断的方式，但是自行诊断存在很多不足：一是企业自身的知识产权专业技能不足，不能对存在的问题进行准确、深入的理解和剖析；二是企业自行诊断，难免有“身在此山”的局限性；三是只有邀请专业的咨询机构出具专业的诊断意见，管理层才能完全信服，并给予相应资源的支持，推进知识产权管理规范工作的开展。

2. 企业提供资料不完整

为了提高诊断效率，正式诊断前，一般会先按照标准要求收集企业现有的相关资料。例如，公司其他管理体系文件清单；公司组织机构架构图及部门职责；公司现有的制度清单及表单清单，特别注意涉及知识产权、立项、研究开发管理、生产管理、采购管理、销售及售后管理、人力资源方面的制度及表单内容；知识产权管理情况汇总等。如果企业不能按照要求完整、准确地提供资料，诊断阶段就无法全面地发现问题，进而无法有针对性地解决问题，从而影响知识产权管理规范整体工作的推进。

3. 调查提纲准备不充分

企业在知识产权管理规范工作中，没有充分完整地拟定调研提纲，调查内容未覆盖全部标准条款，遗漏企业现阶段存在的突出问题，无法深入地挖掘企业所面临的风险，导致体系建设不符合标准要求；另外，还会导致调查过程不连贯、效率低、有效性差，影响后续知识产权管理规范工作。

❶ 谭倩，王雷. 企业知识产权贯标工作中的重点与难点［J］. 中国管理信息化，2019（11）：87-88.

4. 诊断报告生成不及时

调研过程中，由于问题碎片化，很多重要问题夹杂在一些小问题当中，诊断报告不及时完成，可能会遗漏关键点，导致体系建设的过程出现漏洞，功亏一篑。

二、诊断形式[1]

1. 书面诊断

书面诊断是以书面形式要求企业提供知识产权相关制度、流程和要求等内容。书面诊断比较严谨，但也存在一定的片面性，容易死板，对于某些文字的表达容易造成歧义，没有现场诊断灵活。

2. 现场诊断

现场诊断是指辅导机构与企业构建体系的负责人员约定具体的调研时间、地点，拟定调研提纲，确定参与调研的人员，并逐一与接受调研的人员进行面谈的方式。现场诊断在交流时更易引导被调研者挖掘深层次内容，这种方式与书面诊断相比更加灵活高效。同时，在现场诊断过程中应有针对性地查找企业所能提供的资料，用文件印证调研内容。调研人员可以适当解析《企业知识产权管理规范》，便于被调研者理解规范内容，清楚了解如何建立体系等问题，进而在体系运行过程中起到实质作用，不停留于表面工作。

三、诊断要点

1. 寻找知识产权认证咨询服务机构共同开展

企业自行进行调查诊断存在不客观、不公正、效率低、有效性差等缺点。随着认证咨询机构的专业化程度不断提高，建议企业在知识产权管理规范过程中寻找经验丰富的专业机构共同开展全方位调查诊断，不仅可得到专业、全面的诊断意见，利于工作开展，咨询机构的专业身份还可增加管理层的信服度，有助于知识产权管理规范工作顺利进行。

2. 调查诊断对象应涵盖各层级人员

调查诊断的全面性，还体现在对调研对象的全层级覆盖方面。首先，管理层要接受调研，管理层的重视程度决定了知识产权管理规范工作能否顺利进行，最高管理者和管理者代表接受调研，有益于知识产权管理规范工作的信息获取、人力财力的调动以及保障体系建成后的有效实施；其次，各部门负责人应接受调研，不仅可提供部门内的准确信息，还可以管理者的视角提出问题，促进体系的改进和完善；最后，一线

---

[1] 成胤，杨丽萍. 企业知识产权贯标三部曲［M］. 北京：知识产权出版社，2018：105-106.

核心人员也是重点调研对象，有助于调研人员了解基层的技术、流程和需求，全面调研各层级人员，确保诊断工作深入、具体、高效。

3. 诊断依据企业发展实际状况

诊断应基于《规范》、经济和社会发展状况、法律和政策要求以及企业的实际经营发展状况，结合企业经营实际和近期发展目标，根据企业需求适度调整，切忌超出实际，增加工作量，影响正常的业务工作。

4. 调查诊断提纲全面、准确、灵活

按照PDCA的过程管理办法，诊断前应制订诊断计划，拟定诊断提纲，提纲的质量决定着诊断工作的成效。提纲要全面覆盖规范条款，不得疏漏。提纲应简单准确，便于被调研者理解，并有利于在现场诊断时沟通引导。

5. 重视诊断结果的输出

现场诊断时应及时、准确、全面记录调研过程，对重点问题做好特殊标记，为形成诊断报告做好第一手数据储备，防止调研结果丢失而导致诊断报告的缺陷。调研结束后，应立即做出诊断报告，确保诊断报告的准确、及时。另外，调查诊断报告是知识产权管理规范过程中重要的成果物文件，同时还用于指导后续的体系策划，应重视报告的层次、可读性和实用性，为知识产权管理规范工作的持续进行打下良好的基础。

四、典型案例

（一）企业简介

某制药集团是一家以研发为基础的专业制药企业，专注于肿瘤、心血管、消化及代谢以及中枢神经系统等领域药品的研发。公司成立于1994年，在全国设有生产和研发基地，现有员工近4000人，其中专业研发人员近300人。公司致力于为客户提供高品质的医药产品和专业化的服务，目前集团约有30个上市产品，覆盖抗肿瘤、心血管、消化及代谢等领域，其中有专利保护产品的收入占总收入的90%以上，公司业务遍及国内绝大部分省、自治区、直辖市，产品进入8500多家医院，并出口多个国家和地区。目前，该制药集团已成为中国健康领域的知名企业，并进入中国医药行业创新力20强行列。集团将以创新和国际化为目标，力争2020年成为世界100强的国际性专业制药企业。

（二）调查诊断要点

（1）立项、研发过程诊断。该企业是“以研发为基础的专业制药企业”，注重研发，且以研发为导向。因此，调查诊断应重点关注条款8.1和8.2中对立项和立项研究开发的相关要求，确保企业对立项研发的管理完善，重点分析立项研发过程中存在的问题和漏洞。

（2）保密过程诊断。研发型企业会产生多项创新技术成果，可能涉及公司的商业秘密，公司应该有相关措施对商业秘密加以保护。根据条款7.6中对保密的要求，调查诊断时除了调研现有保密过程中存在的问题之外，还应注重引导管理层更深入地对商业秘密加以保护，从人员、设备、信息和区域各个方面采取保密措施，形成严密的保护系统，避免因为泄密造成公司损失。

（3）实施过程诊断。“有专利保护的产品收入占总收入的90%以上”这句话传达了两个重要信息：该企业不仅注重知识产权，而且自主知识产权是其重要的利润来源，应注重知识产权对企业的贡献和实施。根据条款7.3.1的要求，调查诊断时应重点了解企业如何促进和监控知识产权的实施，是否定期评估知识产权对企业的贡献。

（4）获取、维护过程诊断。药物的知识产权主要反映在专利上，所以该企业的专利数量较多，因此调查诊断过程中，应根据条款7.1和7.2的要求，关注其获取、维护过程，详细了解其对专利的获取方式和途径是否有明确的规范；对专利的维护期限、专利的价值是否有详细的评估流程和研判标准等；对专利的权属变更或放弃是否有完整、明确的程序和记录等。

（5）知识产权方针启示。“集团将以创新和国际化为目标，力争2020年成为世界100强的国际性专业制药企业。”很明显，这句话应该是该企业与知识产权相关的方针或长远目标。知识产权方针是企业知识产权工作的宗旨；而目标是落实方针的重要手段。企业类型不同，知识产权方针和目标应有所不同，诊断时应深入了解企业的战略、愿景、使命，便于制定出与企业发展实际相适应的知识产权方针和目标，指导企业知识产权工作。

第三节　机构建设

知识产权管理机构是企业开展知识产权管理的组织保障。企业的知识产权管理机构设置是否科学合理，决定了企业知识产权管理工作的质量与效率。根据《规范》要求，一个企业的知识产权组织机构至少应包含四个层级：最高管理者、管理者代表、知识产权管理部门和由全体员工构成的其他职能部门，组织架构图如图5-2所示。

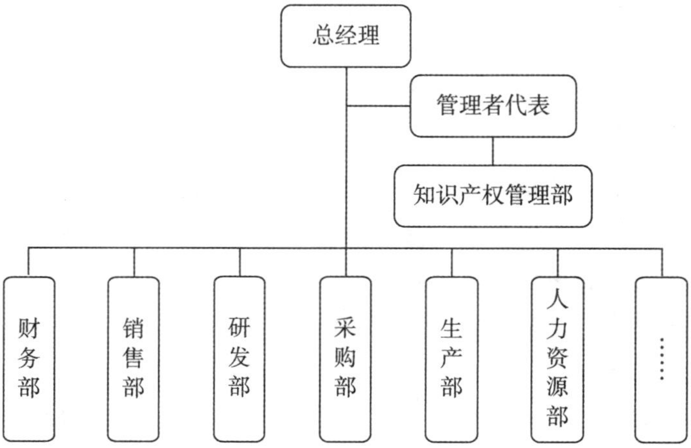

图 5-2　企业知识产权管理组织架构图

一、标准要求

（一）最高管理者

《规范》共涉及八处对最高管理者提出了明确的要求。一是“0.3 原则”中的 b）项。该条款将“领导重视”作为企业知识产权管理的三大指导原则之一，表明最高管理者的支持和参与是知识产权管理的关键，最高管理层应全面负责知识产权管理。二是“5.1 管理承诺”。该条款指出最高管理者是企业知识产权管理的第一责任人，并明确其五大职责。三是“5.2 知识产权方针”。该条款明确了知识产权方针的批准、发布应由最高管理者负责，并对方针提出了六项具体要求。四是“5.3.1 知识产权管理体系策划”。该条款要求最高管理者策划体系，确保知识产权管理活动有效运行且体系持续改进。五是“5.3.2 知识产权目标”。该条款要求最高管理者建立并保持知识产权目标，并对目标提出了两项具体要求。六是“5.3.3 法律和其他要求”。该条款要求最高管理者应批准建立、实施并保持形成法律法规程序文件，此外还提出两项具体要求。七是“5.4.1 管理者代表”。该条款明确管理者代表应由最高管理者指定，并授权其五项具体职责。八是“5.5.1 评审要求”。该条款明确提出管理评审的组织者为最高管理者。

（二）管理者代表

《规范》共涉及一处对管理者代表提出明确要求，即“5.4.1 管理者代表”，该条款明确了两点：一是管理者代表应属于企业最高管理层；二是管理者代表应承担五项具体职责。

（三）知识产权管理机构

《规范》共涉及一处对知识产权管理机构提出明确要求，即“5.4.2 机构”，该条款明确了四点：一是企业应建立知识产权管理机构；二是专业的知识产权工作人员可以是专职或兼职的；三是知识产权管理机构应承担四项具体职责；四是其他管理机构应负责落实与本机构相关的知识产权工作。

（四）全体员工

《规范》共涉及四处对全体员工提出明确要求。一是“0.3 原则”中的 c）项。该条款将“全员参与”作为企业知识产权管理的三大指导原则之一，表明知识产权涉及企业各业务领域和各业务环节，应充分发挥全体员工的创造性和积极性。二是“5.2 知识产权方针”。该条款明确了知识产权方针应得到全体员工的理解。三是“5.4.1 管理者代表”。该条款明确全体员工对知识产权方针和目标的理解应由管理者代表落实。四是“6.1.2 教育与培训”。该条款明确全体员工应按照业务领域和岗位要求参加知识产权培训。

二、常见问题

（一）最高管理者

一是知识产权意识不足。很多中小型企业未遇到过知识产权纠纷，也未曾获得过知识产权红利。因此，最高管理者的知识产权意识不足，对知识产权的理解停留在专利申请、商标注册阶段，没有知识产权战略思维，不愿匹配相应的人力、物力和财力支撑知识产权管理规范工作。

二是未尽到自身职责。很多企业的最高管理者仅指派高管担任管理者代表，不关注，也未承担和实施其他职责，使得知识产权管理规范工作只停留于形式，即使知识产权管理体系通过认证，也无法有效运行，无法对企业知识产权管理起到实质作用。

（二）管理者代表

一是权限不够。管理者代表虽由最高管理者指定任命，但并未对其进行相应职能的授权，导致其无法领导下级部门。

二是能力不足。管理者代表本身知识产权能力和协调能力不足，与最高管理者和其他部门沟通不够紧密，无法起到承上启下的作用，也不能积极履行自己的职责，导致知识产权管理规范工作推进效率低、质量差。

（三）知识产权管理机构

一是未履行自身职责。很多企业虽然成立了知识产权管理机构，但是该机构未尽到自身职责，未对其他职能部门起到积极引导、监督和管理作用，也未积极在全员范围内组织各项知识产权活动，进行知识产权宣传教育，没有激发员工的积极性，导致知识产权工作成效很低。

二是知识产权工作人员能力不足。很多企业在成立知识产权管理机构时，配备了专职或兼职的人员，但是人员不具备知识产权基本技能，也不具备管理能力，导致工作开展不顺利，也不能对其他员工起到带头和指导的作用。

（四）全体员工

一是知识产权意识不足。很多员工认为知识产权管理只是知识产权部门的工作，认为不是自己的本职工作，参与积极性不高，畏难情绪重，甚至在一定程度上阻碍了知识产权管理工作的推进。

二是知识产权业务能力不足。知识产权管理涉及各个业务部门，对研发人员、销售人员、行政人员等都有一定的专业要求，业务能力的不足导致知识产权管理规范工作流于形式，无法保证体系实施运行的有效性。

三、解决对策

1. 设置合理的知识产权组织架构❶

明确知识产权与其他职能部门的关系，由企业知识产权部门和事业部下设知识产权联络员，形成企业内部的集中与分散相结合的综合型知识产权管理网络，推进企业知识产权管理工作，实现公司的知识产权战略。综合型组织架构图如图 5-3 所示。

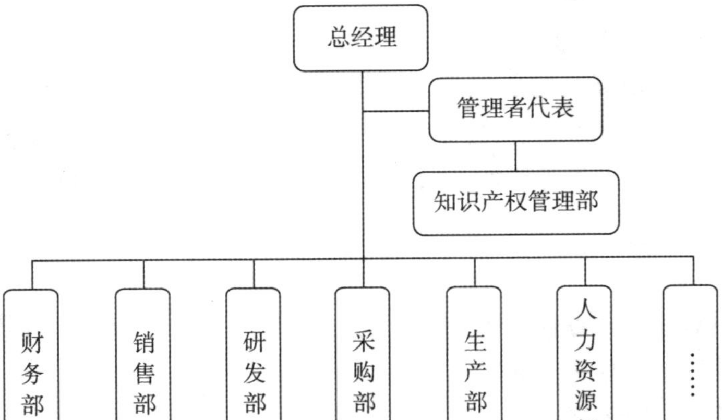

图 5-3　综合型组织架构图

❶ 北京强企知识产权研究院，中规（北京）认证有限公司. 企业知识产权管理体系内审与咨询实用教程[M]. 北京：中国标准出版社，2019：80.

2. 提升各层级的知识产权意识

从最高管理者、管理者代表、知识产权管理人员到全体员工，通过开展各项有针对性的教育、宣传、培训活动，促进企业知识产权文化的建设，分层次、有步骤地提升各层级的知识产权意识；完善知识产权激励机制，调动员工从事知识产权创造和管理的积极性；从领导层面，将知识产权列为每年的重点工作来抓。

3. 提高各层级的知识产权业务能力

在企业范围内举办不同范围、不同深度的知识产权培训，让企业领导层充分认识到知识产权的重要性，企业中层管理人员掌握岗位知识产权技能，知识产权专职人员掌握知识产权专业技能，并对知识产权联络员集中培训；同时，由于每次培训目的不同，企业应严格选择培训内容和讲师，尽量邀请既精通知识产权方面的知识，又有业务、市场等背景的专家；培训的内容涵盖知识产权创造、运用、保护、管理各个方面，通过培训提升各层级的知识产权专业技能，使之能够完成岗位职责。

四、典型案例

（一）案情回顾

1. 企业概况

某企业是一家集设计、研发、生产、销售、服务为一体的某行业高端品牌公司，于2012年首次通过质量管理体系的认证，并于2017年进行了质量、环境和中国职业健康安全管理三大体系的融合，在体系的建立/运行方面有一定的基础。

2. 组织架构

该公司在知识产权管理体系建立的过程中，由总经理在中层管理者中任命一名管理者代表，公司还设有知识产权管理部、研发部、采购部、生产部、销售部、人力资源部和财务部，其中销售部和财务部由总经理直接分管，公司的知识产权管理体系组织架构图如图5-4所示。

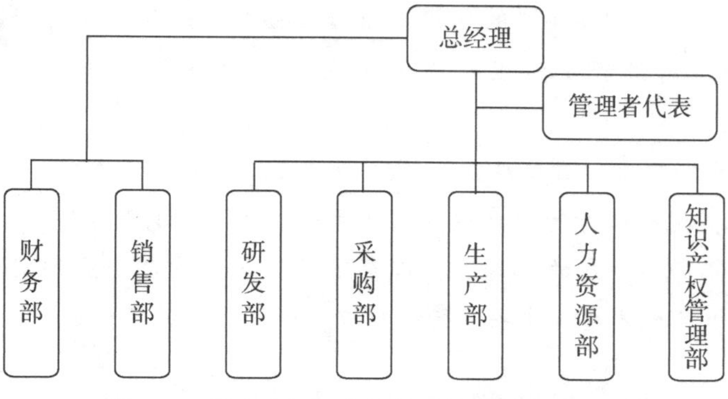

图5-4　某企业知识产权管理体系组织架构图

3. 知识产权管理规范工作要点

该管理者代表为公司原某部门的部长，在公司内部属于中层管理者，而财务部和销售部由总经理直接分管，部门负责人级别高于管理者代表，另外管理者代表知识产权知识和经验均不足。

体系实施过程中，由管理者代表主持召开启动会，未邀请最高管理者参加，管理者代表的权限和协调能力不足，导致启动会的召开未引起员工的重视；体系建立/运行过程中，由于知识产权方面经验不足，大部分工作都交给知识产权管理部门的员工来做，该部门员工只能完成知识产权相关文件工作，无法协调其他部门资源，导致其他部门任务没有顺利完成，知识产权管理规范工作一度无法按照计划推进；在内部审核过程中，销售部和财务部的负责人未参加审核，相关人员也未对审核中出现的不符合项及时进行修改；管理评审过程中，总经理虽然主持召开了会议，但是流于形式，没有就体系建立/运行过程中出现的问题和后续改进建议进行统一安排；审核认证过程中，审核组提出较多不符合项，大多数由销售部门负责，花费了大量的时间和精力才整改完成。

（二）案例分析

通过该案例可以看出，该企业知识产权管理规范工作推进困难，主要有两方面原因：一是总经理未在最高管理层中任命管理者代表，管理者代表不足以胜任其职责；二是管理者代表本身知识产权能力和协调能力不足，未积极履行自己的职责。

下面就如何选择合适的管理者代表及其如何正确履行自身职责提出一些建议[1]。

选择管理者代表可从以下方面考虑：

（1）管理者代表应由最高管理者来指定，并应是最高管理层中的人员，确保其有足够的权限推动体系的进展，协调各部门工作。

（2）管理者代表应该具备相应的协调和管理能力，确保能够协调涉及知识产权管理体系的各相关职能部门做好知识产权管理工作，管理、协调和推动体系正常运行。

（3）管理者代表应具备相应的知识产权专业技能或者体系工作经验，确保知识产权管理体系建立/运行过程中能够对出现的问题及时给予指导，并采取正确的处理措施。

管理者代表履行自身职责可从以下几方面考虑：

（1）建立、实施和保持知识产权管理体系。通过调查诊断，充分了解企业知识产权的真实状况、优势、存在的问题等，以标准为依据，结合企业的实际情况，建立符合企业实际的知识产权体系，体系运行过程中，确保体系的有效性。

---

[1] 成胤，杨丽萍. 企业知识产权贯标三部曲［M］. 北京：知识产权出版社，2018：151-155.

（2）提高全员意识。组织全员培训，通过文件、现场培训、定期会议等多种形式对员工进行知识产权意识和专业技能培训，在确保全体员工对知识产权方针和目标理解的基础上，也为体系运行的有效性提供人员基础。

（3）落实各项资源。在最高管理者的支持下，落实好体系运行和改进过程中需要的人力、物力、财力等各项资源，支撑体系顺畅运行。

（4）确保知识产权外部沟通的有效性。主动提升公关能力，代表企业处理好与外部知识产权相关单位的沟通合作。

（三）结论

通过以上案例分析可以看出，管理者代表是企业知识产权体系组织架构中非常重要的角色，管理者代表的级别、职责和权限以及是否能够履行自己的职责，都会影响到企业知识产权管理体系建立/运行工作的正常实施。同时，从 ISO 9001：2015 标准中将取消“管理者代表”的说法，将其合并到最高管理者代表的职责中也可以看出管理者代表的级别越高越有利于体系工作的实施。

第四节　检索分析

一、标准要求

（1）人力资源要求。《规范》条款 6.1.4 要求，对新入职员工进行适当的知识产权背景调查，以避免侵犯他人知识产权。这表明对新入职员工要通过检索进行知识产权背景调查，调查目的是避免侵犯他人知识产权，调查内容包括：该员工所掌握和使用的技术，是否有合法使用资格，是否会侵犯商业秘密、专利权等，是否申请过专利，是职务发明还是非职务发明，并检索核实专利信息。

（2）信息资源要求。《规范》条款 6.4 要求，应建立信息收集渠道，及时获取所属领域、竞争对手的知识产权信息。这表明企业在日常知识产权工作中，应该建立专门的信息收集渠道，并通过检索及时获取相关的知识产权信息，包括竞争对手及所属领域的知识产权申请量、申请趋势、申请地域、申请动态、申请领域、权利状态等。

（3）获取要求。《规范》条款 7.1 要求，在获取知识产权前进行必要的检索和分析。这表明，知识产权申请之前，必须检索现有技术，获得对比文件，分析专利的“三性”（新颖性、创造性和实用性），并进行授权前景预判，避免盲目申请造成人力、物力、财力的浪费，同时暴露公司的知识产权信息，被竞争对手白白获取，在竞争中造成被动。

(4) 保护要求。《规范》条款 7.4.3 要求，向境外销售产品前，应调查目的地知识产权法律、政策及其执行情况，了解行业相关诉讼，分析可能涉及的知识产权风险，表明在境外销售前，应通过检索获取目的地知识产权法律、政策及其执行情况、行业相关诉讼等信息，并预警分析知识产权风险，提出防范措施。

(5) 立项研发要求。《规范》条款 8.1 要求，立项前要分析该项目所涉及的知识产权信息，包括各关键技术的专利数量、地域分布和专利权人信息等。这表明立项之前，应通过检索获取项目所涉及的各关键技术的专利数量、地域分布和专利权人信息等，防止所立项目为侵权项目的情况发生，并为后续的风险防范和预算提供数据支撑。《规范》条款 8.2 要求，对该领域的知识产权信息、相关文献及其他公开信息进行检索，对项目的技术发展状况、知识产权状况和竞争对手状况等进行分析；跟踪与监控研究开发活动中的知识产权，及时对研究开发成果进行评估和确认。这表明，在研究开发整个过程中都要定期进行检索分析，一是防止重复研发，避免投入大量的人力、物力、财力研发出的成果为侵权产品；二是通过专利信息的利用，提供创新研发路径，节约研发成本和时间；三是与获取过程相联系，及时评估并保护研发成果。

(6) 销售和售后要求。《规范》条款 8.5 要求，产品销售前，对产品所涉及的知识产权状况进行全面审查和分析，制定知识产权保护和风险规避方案；建立产品销售市场监控程序，采取保护措施，及时跟踪和调查相关知识产权被侵权情况。这表明，产品销售前要通过检索分析避免公司产品侵犯他人知识产权；进入市场之后，要通过网络和线下监控等手段，避免他人侵害公司知识产权。

二、实施要点

1. 建立完备的知识产权信息检索体系

一是建立信息收集渠道。日常信息搜集时，信息覆盖面广，可以通过百度、谷歌等搜索引擎、公众号、竞争对手官网、行业协会等渠道获取竞争对手或者所属领域的行业基本信息；知识产权分析时，信息要精准，企业可以根据自身情况选择免费或者收费的检索平台，获取包括申请人、发明人、专利法律状态等在内的知识产权相关信息。另外，有条件的企业可以建立专业的专利信息搜索平台，搭建专题数据库，在立项、研发、销售等各个环节都可以通过专题检索，获取相应的信息，进行信息资源利用。

二是明确不同阶段对检索的要求。《规范》多处对检索提出了要求，包括获取、立项、研发、销售（国内和涉外）等，不同的阶段检索目的不同，采取的检索分析方法也不同，如获取阶段是可专利性检索，目的是进行授权前景的预判；立项阶段是主题检索、分析评议，目的是获得行业知识产权信息，避免盲目立项；研发阶段需要进行专利导航检索，提供研发思路，进行规避设计；而销售阶段需要进行风险预警分析，避免侵权。

三是建立不同阶段的检索流程。在明确不同阶段对检索要求的基础上，根据标准要求，制定相应的工作流程，明确各环节责任人以及相应职责，形成统一的表单模板，便于工作的实施。

2. 培养专业的检索人员

根据不同的检索目的和要求，可以在公司内部设置检索系列课程，邀请外部检索专家进行专业化技能培训，也可以筛选研发、知识产权相关人员参加外部专业培训，培养一专多能的综合型检索人才，使其具备专利申请前的可专利性检索分析技能，立项和研发前、中、后检索分析技能，产品销售前检索分析预警技能，确保能够完成各个环节的检索分析工作，为公司经营业务过程提供指导和帮助。

3. 确保各环节检索和评估的有效性

在知识产权管理规范过程中，很多企业虽然按照《规范》要求，在不同的环节进行了检索分析，形成了相应的记录表单，但是检索只是流于形式，检索过程粗糙，检索策略制定随意，检索人员也不重视检索结果是否全面和准确，分析过程没有依据专利法和实施细则的规定，分析的结论以及提出的风险防范措施也无可实施性，无法落地，因此检索和评估不能为企业实际提供指导，也不能真正防范风险。检索分析是管理体系有效运行的一大难点，企业应真正认识到各环节检索的重要性，提升检索和评估的有效性，注重分析结果的可行性，确保防范措施能够落地，降低知识产权侵权风险。

三、典型案例

（一）案情回顾

北京尚潮创意纪念品开发有限公司在故宫博物馆的授权下开创了运营名为“故宫淘宝”的淘宝店。2018 年 3 月，故宫淘宝推出了全新产品“俏格格娃娃”，一经推出，该款宫廷宝贝娃娃就以精致的五官吸引了大批粉丝，但是在高度关注下，仅半天的时间，故宫淘宝就下架该产品，并发布了停售的官方说明，已售的百余件商品均将被召回退款。停售原因在于有顾客在该商品开售时指出该款娃娃的素体与日本品牌 Azone 娃娃的素体相似，并询问官方是否取得 Azone 公司的授权。如图 5-5 所示，左边为故宫“俏格格娃娃”的素体，右边为日本品牌 Azone 娃娃的素体。

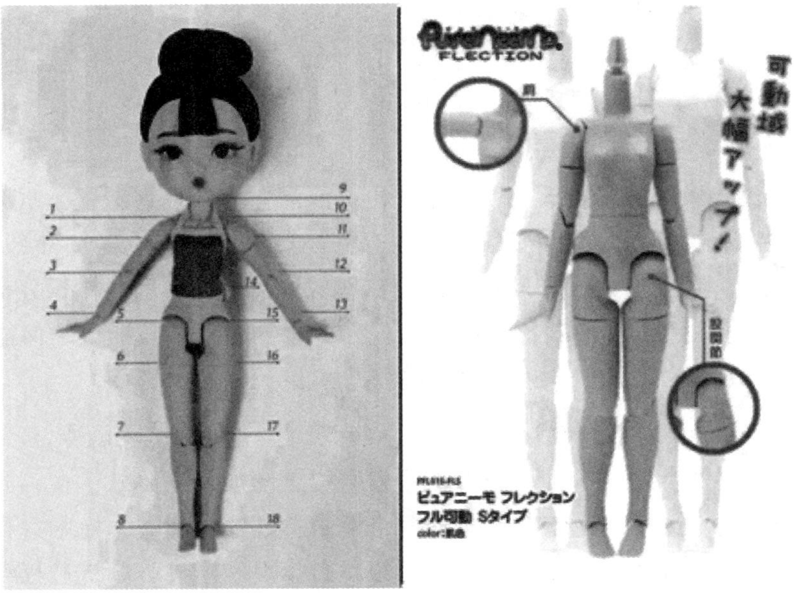

图 5-5　故宫“俏格格娃娃”与日本品牌 Azone 娃娃素体对比图

对此故宫方面发表了声明，表示该款娃娃的头部外观为故宫淘宝设计师原创，身体部分为合作工厂提供的其享有知识产权（实用新型专利：ZL201420714815.1）的结构通用身体模型，并授权故宫方使用。但是鉴于网友指出，此款娃娃身体部分跟国外某品牌娃娃的身体相似，故宫即刻停售此款娃娃，已经售卖出的娃娃一律召回退款。

（二）案例分析

1. 关键信息调研

（1）专利 CN201420714815.1[1]

经查询，这项专利名为“一种玩具娃娃的可活动躯体结构”（CN201420714815.1），申请人是广东省中山市的个人伍锡龙。但法律状态显示，该专利已经在 2017 年 2 月 8 日转让给“中山市德比胜玩具有限公司”。据此可以推测，这应该就是故宫文创声明中提到的“合作工厂”，该专利目前仍为有效状态，专利示意图如图 5-6 所示。

[1] 郭光昊. 故宫娃娃“俏格格”被紧急下架真的侵权了吗?［R/OL］.（2018-03-24）［2020-01-15］. https://www.guancha.cn/society/2018_03_24_451388.shtml.

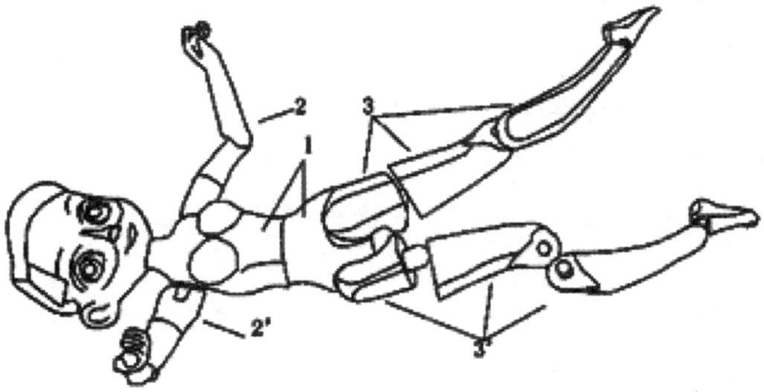

图 5-6 ZL201420714815.1 专利示意图

另外，网友查询德比胜官方网站发现，在其“产品展示”中有一个塑胶系列，里面“多关节素体”产品介绍中毫不避讳地称其为“Azone 女体”。Azone 的相关产品至少从 2012 年就开始公开销售，而德比胜手中的这项专利是在 2014 年申请的，该专利为实用新型专利，未经创造性审查即授权，专利权是否稳定不可知，有可能因为不具备新颖性或者创造性而被判定为无效。

（2）Azone 公司专利保护

以 Azone 及其日语名称アゾンインターナショナル为申请人进行检索，可以查询到两件相同技术领域的专利，分别为 JP2001376735（BODY STAND FOR DOLL）和 JP2005009857U（The flexible resin doll），前者自 2005 年就已被驳回，后者于 2015 年 11 月因专利权到期而权利终止，且这两个专利并没有中国的同族专利，即 Azone 公司在中国并没有相关的专利权。

2. 分析及启示

（1）故宫

故宫“俏格格娃娃”是否侵权。从调查结果可以看出，Azone 公司在中国并没有相关的专利权（是否有著作权还有待进一步考证），也就说明故宫侵犯 Azone 公司专利权的说法不成立，但是故宫未经调查和侵权分析急于下架，说明故宫的知识产权风险应对能力还有待提升，也因此造成了一定的经济损失。需要说明的是，故宫的该款产品是否侵犯其他主体的专利权，还有待进一步检索和分析。

故宫与“合作工厂”合作时应如何避免知识产权风险。首先，应对合作工厂进行全方位的知识产权调查，避免连带牵扯到知识产权纠纷中；其次，还应在合作协议中明确知识产权权属、许可使用范围、侵权责任承担等，必要时应要求供方提供知识产权许可证明。

故宫存在哪些知识产权管理漏洞。产品研发阶段：立项时，故宫淘宝没有对该领域的知识产权信息进行检索，没有做出有效的风险规避方案；产品研发过程中，没有进行全球范围内的专利跟踪和监控，未及时进行规避设计，浪费了大量的研发资源。

采购阶段：故宫淘宝未对合作厂商进行全面调查，对其提供的专利也未进行全方位分析，未对权利稳定性做出准确判断。销售阶段：故宫淘宝在销售该产品前，未对产品所设计的知识产权状况进行全面审查和分析，直至产品开售仍对领域内的类似或相同产品不知情，导致开售后才在网友提醒之下意识到侵权的可能。如果售前进行全面调查，发现侵权风险，更改销售方案，即使无法挽回损失，也可及时止损。

（2）Azone 公司

Azone 是 2005 年崛起的日本娃娃厂家，早在 2005 年，就推出了 ex cute 系列，该系列并不是全可动的球形关节素体，而是类似以前旋转式关节，并且，每个素体都可以分为几个大块和若干小块，这些是可以随意组合的，以实现不同的造型（该描述与故宫俏娃娃的特点一致）。

作为公司的核心产品，也就是后来被网友指出与故宫俏娃娃类似的素体，Azone 公司仅于 2001 年和 2005 年分别申请了两项日本专利，对于中国这样一个销售市场，并未进行专利布局，也就无法保护其产品。如果真的有中国公司仿造其产品并进行生产、销售，理论上 Azone 公司也不占据主动权，不能获得侵权赔偿。

第五节　风险管控

一、标准要求

（1）管理评审要求。《规范》条款 5.5.2 c）要求，评审输入应包括企业知识产权基本情况及风险评估信息，表明知识产权风险评估是管理评审中重要的评审内容之一。

（2）财务要求。《规范》条款 6.3 d）要求，有条件的企业可设立知识产权风险准备金，表明风险管控需要有财务资源的支撑。

（3）知识产权运用要求。《规范》条款 7.3.2 要求，投融资活动前，应对相关知识产权开展尽职调查，进行风险和价值评估。在境外投资前，应针对目的地的知识产权法律、政策及其执行情况，进行风险分析。这表明知识产权运用过程中，尤其是涉及投融资活动时，要做好知识产权尽职调查，合理规避风险，并做出合理的投融资决策。

（4）知识产权保护要求。《规范》条款 7.4.1 a）要求，采取措施，避免或降低生产、办公设备及软件侵犯他人知识产权的风险，表明采购设备或软件之前，应调查供方的知识产权及资质，并要求对方提供相关证明文件，避免采购侵权产品。《规范》条款 7.4.1 c）要求，有条件的企业可将知识产权纳入企业风险管理体系，对知识产权风险进行识别和评测，并采取相应的风险控制措施。这表明企业发展到一定阶段之后，应建立风险管理体系，在人力资源、采购、研发、销售、财务等风险管理中加入知识产权相关部分，实现企业风险的全面管理。

(5) 立项、研发要求。《规范》条款 8.1 c) 要求，进行知识产权风险评估，并将评估结果、防范预案作为项目立项与整体预算的依据，表明在立项过程中，要做好知识产权分析评议，识别知识产权风险，评估风险级别，提出风险防范预案，避免盲目立项造成大量资金的浪费。《规范》条款 8.2 c) 要求，跟踪与监控研究开发活动中的知识产权，适时调整研究开发策略和内容，避免或降低知识产权侵权风险，表明在研发过程中，需要定期搜集相关的知识产权信息，及时进行技术特征比对，并做出是否调整研发方向的决定，避免盲目研发直至产品上市后才发现有侵权风险，造成研发资金的浪费。

(6) 销售要求。《规范》条款 7.4.3 a) 要求，向境外销售产品前，应调查目的地的知识产权法律、政策及其执行情况，了解行业相关诉讼，分析可能涉及的知识产权风险。《规范》条款 8.5 a) 要求，产品销售前，对产品所涉及的知识产权状况进行全面审查和分析，制定知识产权保护和风险规避方案。《规范》条款 8.5 b) 要求，在产品宣传、销售、会展等商业活动前制定知识产权保护或风险规避方案。《规范》条款 8.5 d) 要求，产品升级或市场环境发生变化时，及时进行跟踪调查，调整知识产权策略和风险规避方案，适时形成新的知识产权。上述条款表明，产品销售、宣传、展会以及境外销售前，都需要进行知识产权风险预警分析，避免牵扯到知识产权侵权诉讼纠纷中，一旦牵涉其中，不仅耗费大量的人力、财力，还会影响企业的声誉和经营效益。

二、实施要点[1]

作为全面风险管理的组成部分之一，知识产权风险管理的具体实施措施或手段虽然会依据知识产权特性而有所偏重，但其管理内容及流程与风险管理一致。

一般采取风险识别、风险评估和风险控制三步走的工作机制，对知识产权风险进行梳理、分类、评估和管控。

(一) 风险识别

风险识别是知识产权风险管理的前期基础性工作，是知识产权风险评估的重要依据。其目的是全面、系统、准确地发现知识产权风险，识别公司所有知识产权风险的来源、影响范围、时间及其潜在的后果，为之后的知识产权风险评估明确对象和范围。《规范》条款 7.3.2、7.4.1 a)、7.4.1 b)、7.4.1 c)、7.4.3 a)、8.1 c)、8.2 c)、8.5 a)、8.5 b) 和 8.5 d) 均要求对风险进行识别。实际操作过程中，需从经营业务流程出发，识别知识产权风险，并形成清单，归类整理，下发至相关部门，并定期监控和更新。

---

[1] 李文超. 基于知识产权管理体系的企业知识产权风险管理 [J]. 中国发明与专利，2017 (12)：68-73.

（二）风险评估

风险评估是指对风险全貌进行总体评价并判断出当前的重大风险和管理上需要重点改进的风险，帮助企业发现比较重要的风险点，为企业的知识产权风险管理工作提供有力的决策支撑。《规范》条款 7.3.2 和 8.1 c）分别对投融资活动和立项活动提出了风险评估要求。具体操作过程中，建议设立评估标准和指标，由专业人员根据评估标准对评估指标进行打分，并给出风险级别和相应的应对措施。

（三）风险控制

风险控制策略一般包括风险预防和风险应对，风险预防是在损失发生前为了消除或减少可能引发损失的各种因素而采取的一种风险处理方式，风险应对则是指企业针对知识产权风险，建立风险发生后的应急应对方案。《规范》条款 6.3 d）、7.3.2、7.4.1 a）、7.4.1 b）、7.4.1 c）、7.4.3 a）、8.1 c）、8.2 c）、8.5 a）、8.5 b）和 8.5 d）均对不同过程的风险预防提出了要求；条款 7.4.1 a）、7.4.1 b）、7.4.1 c）、8.1 c）、8.2 c）、8.5 a）、8.5 b）和 8.5 d）对风险应对提出了具体的要求。实际操作过程中，风险预防方面，企业应根据知识产权风险等级设置不同的管理机制和流程，并纳入公司的管理制度予以规范。风险应对方面，则应在评估各类风险应对措施的基础上，选择并执行一种或多种改变风险的措施，常见的风险应对策略有规避设计、技术合作、风险转移和风险自留等。

三、典型案例❶

（一）案情回顾

南方汇通世华微硬盘项目曾是贵州的重点项目，2001 年年底，中国台湾商人朱宝麒以“三五年内创造 100 亿元产值”的宏伟蓝图打动了当时的贵州政府。贵州省政府盲目认为该项目是帮助贵州省实现高科技产业跨越的关键。2002 年，在贵州省政府的全力支持下，微硬盘项目被成功引入。在南方汇通世华微硬盘有限公司成立时，在贵州省政府的“窗口指导”下，贵州省当地银行、企业投向微硬盘项目的资金已达到近 20 亿元。但当贵州省把产品拿到美国拉斯维加斯电子展参展时，马上被日本日立公司起诉，并以四项专利侵权为由，在美国加州起诉南方汇通微硬盘公司、南方汇通世华微硬盘有限公司，以及磁源公司，最终导致该项目被迫停产，贵州南方汇通世华微硬盘项目以巨大的经济损失为结局，黯然落幕。

---

❶ 郑磊. 贵州微硬盘夭折的前因后果［R/OL］.（2007-09-07）［2020-01-15］. http://www.chinaacc.com/new/429/430/431/2007/9/wa48236173417970029008-0.htm.

（二）案例分析

该项目的失败给知识产权行业敲了一记警钟，回顾案情，可以分析得到，其失败原因主要包括：

1. 未对项目负责人进行知识产权背景调查

微硬盘项目的技术总负责人苏宗祥曾在美国 Microstor 公司主持研发 1 英寸（1 英寸 = 2.54 厘米）硬盘，之后离开 Microstor，创办了磁源公司，存在竞业禁止的可能。最重要的是技术资料和产品样本均是苏宗祥在 Microstor 时的研发成果，存在一定的知识产权权属隐患。但该项目在实施前并没有对此进行进一步的调研。由于苏宗祥掌握着原公司 1 英寸硬盘的技术设计，致使其面临 Microstor 对其盗窃商业机密和不正当竞争的指控。

2. 投融资活动前没有做好风险分析工作

南方汇通世华微硬盘项目之所以带来巨大的经济损失，其漏洞在于该企业并没有做好检索调查，没有了解全球硬盘业形势就急于做决定。20 亿元投资的高风险项目在项目初期就留下了巨大的隐患。

贵州省政府听信朱宝麒的“百亿神话”，然而实际市场状况并非如其所言，当时硬盘行业巨擘希捷、东芝等多家大中型企业已经开始了对微硬盘的深度开发。在行业鼎盛时期研发相同微硬盘的公司超过百家。

2002 年 4 月，IBM 以 20.5 亿美元的价格，将全部硬盘业务及所有专利卖给了日立环球存储科技。这显然低于朱宝麟所说的百亿产值，也再次证明了南方汇通世华微硬盘项目的漏洞所在。

3. 研发过程中未对知识产权进行定期监控[1]

电子产品升级换代异常迅速，在研发过程中应该跟踪与监控研究开发活动中的知识产权，适时调整研究开发策略和内容，避免或降低知识产权侵权风险，而苏宗祥团队集中于研发 1 英寸产品，未进行知识产权跟踪和监控，也未进行知识产权信息利用，及时获得研发启示，导致其持续研发能力弱，同时未关注市场动向及时调整研发方向，埋下市场隐患。

---

[1] 兵败微硬盘［R/OL］.（2006-09-18）［2020-01-15］. http://misc.caijing.com.cn/chargeFullNews.jsp?id=110065293&time=2006-09-18&cl=106.

第六节　保密管理

一、标准要求

（1）文件保密要求。《规范》条款4.2.2c）提出，知识产权管理体系文件是企业实施知识产权管理的依据，应确保按文件类别、秘密级别进行管理。

（2）人力资源要求。《规范》条款6.1.3提出，要与员工约定知识产权权属和保密条款；条款6.1.4提出，对于研究开发等与知识产权关系密切的岗位，应要求新入职员工签署知识产权声明文件；条款6.1.5提出，对离职的员工进行相应的知识产权事项提醒，涉及核心知识产权的员工离职时，应签署离职知识产权协议或执行竞业限制协议。

（3）保密管理要求。《规范》条款7.6对涉密人员、涉密设备、涉密信息和涉密区域给出了明确的规定。

（4）合同管理要求。《规范》条款7.5b）明确提出，对知识产权对外委托业务应签订书面合同，并约定知识产权权属、保密等内容。

（5）采购过程要求。《规范》条款8.3b）对采购阶段的知识产权管理提出要求，应做好供方信息、进货渠道、进价策略等信息资料的管理和保密工作。

二、实施要点

商业秘密是知识产权的一部分，是企业的无形资产，它关乎企业的核心竞争力，对企业的发展至关重要。商业秘密具有秘密性、价值性、实用性、保密性等特点。一直以来，商业秘密保护都是企业最关注的问题之一。

《最高人民法院关于审理不正当竞争民事案件应用法律若干问题的解释》第11条规定了“保密措施的认定”条款，但是目前还没有相关法律对商业秘密保护如何实施给出指导和具体要求。随着高科技手段和技术的出现，侵犯商业秘密的方式不断升级，要求企业在商业秘密保护方面加大投入，采取更为有效的手段达到保护效果。

《规范》对于保密管理有明确的规定，同时其他人力资源、合同管理相关条款也涉及商业秘密的保护。通常情况下，在执行保密相关条款时主要从以下几方面着手❶。

1. 程序或制度文件编制

制定保密管理制度或控制程序，对整个企业的商业秘密进行管理，规定保密人员、保密设备、保密信息、保密区域等内容的管理；制定商业秘密奖惩制度，对执行得力

❶ 成胤，杨丽萍. 企业知识产权贯标三部曲［M］. 北京：知识产权出版社，2018：130-132.

的人员和部门进行奖励，对保护不力者进行惩罚。制度和程序应尽可能具有可操作性，避免执行过程中的随意性。

2. 涉密人员管理

首先确定涉密人员，将企业高级研究开发人员、核心技术人员、主要经营管理人员、技术支持人员、核心技术工人、销售人员、财务人员、采购人员、秘书等确定为保密人员，并规定保密等级和接触权限；入职时，与涉密人员签订保密协议，协议中要明确保密内容和范围、保密责任义务、保密期限等；离职时，与涉密人员签署知识产权协议或执行竞业限制协议。

3. 涉密设备管理

将存储涉密信息的设备及介质，如打印机、传真机、扫描仪、照相机、移动终端、服务器等，规定使用目的、人员与方式。内部计算机最好采用加密使用、专人管控等方式，防止泄密。

4. 涉密信息管理

明确涉密信息，规定保密等级、期限和传递、保存及销毁要求。对记载涉密信息资料的收发、登记、借阅、复印及存放进行严格管理。

5. 涉密区域管理

明确涉密区域，规定客户及参访人员活动范围，设置门禁卡、警示标志等，防止无关人员进入。

6. 合同保密管理

在各类合同中全面落实保密条款或签署专门的保密协议，如有可能，尽量在所有合同中，将保密内容作为必要条款，在合同中签署。

7. 保密培训管理

采用多种形式对员工进行保密培训，培训内容包括商业秘密侵权尤其是涉及刑事案件的典型案例等，以期提升员工意识，明确利害关系。

三、典型案例

（一）案情综述

2016 年 5 月，某公司工作人员发现本地另一家食品加工企业生产的一款产品与本公司同款产品相似度极高。2016 年 11 月 8 日，该公司到公安局报案称疑似公司重大商业机密遭到窃取。经多方了解和排查，侦查人员将注意力最终锁定到该公司离职人员贾某身上。

2003 年至 2015 年 4 月，贾某历任该公司质量部技术员、工程师等职，掌握该公司专有技术、生产工艺等核心机密信息。2015年11月，贾某以假名做掩护在本地另一家食品加工企业任职，从事质量技术管理相关的工作。随后，办案侦查员展开调查，依法搜查扣押了贾某随身携带的移动硬盘及内含的电子证据资料，并在其台式计算机中发现大量涉及原公司商业秘密的内部资料。

据悉，任职期间，贾某与原公司签订了“竞业限制与保密协议”，约定贾某在工作期间及离职后需保守公司的商业秘密，且不能从事类似业务及存在直接竞争关系的经营活动。自2015年11月，贾某将在原公司掌握的商业秘密用在另一家食品加工企业的生产经营中，并进行生产。

根据《中华人民共和国刑法》第二百一十九条，有违反约定或者违反权利人有关保守商业秘密的要求，披露、使用或者允许他人使用其所掌握的商业秘密行为，给商业秘密的权利人造成重大损失的，处三年以下有期徒刑或者拘役，并处或者单处罚金；造成特别严重后果的，处三年以上七年以下有期徒刑，并处罚金。

（二）案例分析

从原公司的角度来看，该公司对商业秘密的保护措施明显不足。《规范》中关于保密的条款7.6明确规定，应明确涉密人员，设定保密等级和接触权限；明确可能造成知识产权流失的设备，规定使用目的、人员和方式。本案中贾某以一般涉密人员技术员的身份掌握了其核心商业秘密中的配方，且用电子硬盘即可拷贝，说明原公司对涉密人员、设备和信息的规定不全面，保护措施不足。

另外，在人力资源方面，《规范》条款6.1.2中明确规定，企业应组织开展知识产权教育与培训，显然原公司不重视对员工的培训工作，导致其技术人员的知识产权保护意识淡薄；《规范》条款6.1.5明确要求，涉及核心知识产权的员工离职时，应签署离职知识产权协议或执行竞业限制协议。虽然贾某入职时签署了竞业限制协议，但是离职时原公司是否付给该员工相应的竞业补偿金，亦即该竞业限制协议是否保持有效，不得而知。另外，《规范》条款6.1.6提出，对于员工应明确奖惩措施，由此可以推测，贾某离职可能是因为激励措施不到位造成人员流失。

（三）总结

对于企业来说，商业秘密保护至关重要。以标准为依据，开展知识产权管理体系建立/运行工作，落实标准中保密管理、人力资源管理和合同管理等相关规定，有助于企业更好地保护商业秘密，防范知识产权风险，提升核心竞争力。

第六章 CHAPTER 6

企业知识产权管理体系认证咨询

第一节 企业知识产权管理体系认证咨询概述

GB/T 29490—2013《企业知识产权管理规范》于2013年3月被列为国家标准并正式发布，旨在引导企业加强知识产权管理，提高知识产权创造、运用、保护和管理水平，增强自主创新能力，实现对知识产权的科学管理和战略运用，提高国际、国内市场竞争能力。

企业知识产权管理规范咨询辅导是以GB/T 29490—2013《企业知识产权管理规范》为标准，结合企业的实际需求按PDCA循环管理模式帮助用户建立科学、系统的知识产权管理体系。建立的体系在符合标准要求的同时，最主要的是要符合企业的基本情况，让知识产权管理体系能够落地实施，且在企业内部有效运行。

企业知识产权管理规范辅导的目的就是帮助用户建立一套既适应经济和社会发展状况又符合用户自身发展需求的知识产权管理体系，实际运行并持续改进管理体系。企业知识产权管理体系可以有效提高用户运用知识产权制度的能力和水平。

企业知识产权管理规范辅导机构与知识产权管理体系认证机构是各自独立的机构。前者是指为企业贯彻实施GB/T 29490—2013《企业知识产权管理规范》提供咨询服务的第三方机构（无特别审批），后者是指经国家认证认可监督管理部门批准，证明企业知识产权管理体系符合GB/T 29490—2013《企业知识产权管理规范》的第三方机构。

第二节　企业知识产权管理规范咨询相关术语

一、知识产权管理体系术语[1][2]

知识产权（intellectual property）：在科学技术、文学艺术等领域中，发明者、创造者等对自己的创造性劳动成果依法享有的专有权，其范围包括专利、商标、著作权及相关权、集成电路布图设计、地理标志、植物新品种、商业秘密、传统知识、遗传资源以及民间文艺等。

组织（organization）：为实现其目标而具有其自身职能及职责、权限和相互关系的个人或一组人。

注：组织的概念包括，但不限于代理商、公司、集团、商行、企事业单位、行政机构、股份公司、社团慈善机构或研究机构，或上述组织的部分或组合，无论是否为法人组织，公有的或私有的。

过程（process）：利用输入提供预期结果的相互关联或相互作用的一组活动。

注1：过程的“预期结果”究竟称为输出还是产品或服务随相关语境而定。

注2：一个过程的输入通常是其他过程的输出，而一个过程的输出又通常是其他过程的输入。

注3：两个或两个以上相互关联和相互作用的连续过程也可属于一个过程。

注4：组织中的过程通常在可控条件下进行策划和执行，以增加价值。

注5：不易或不能经济地验证其输出是否合格的过程，通常称之为“特殊过程”。

体系（system）：相互关联或相互作用的一组要素。

管理（management）：指挥和控制组织的协调的活动。

注1：管理可包括制定方针和目标，以及实现这些目标的过程。

注2：术语“management”有时指人，即有权力和责任管理和控制组织的一个人或一组人。当“management”被用于这个含义时，总应该使用某些形式的限定，以避免与上述将“management”定义为一组活动相混淆。例如，不赞成使用“management shall……”，而应使用“top management shall……”。另外，当需要表达有关人的概念时，如：管理人员或经理，应该采用不同的术语。

知识产权管理体系（intellectual property management system）：建立知识产权方针和

---

[1] 中华人民共和国国家质量监督检验检疫总局，中国国家标准化管理委员会. 质量管理体系　基础和术语：ISO 9000—2015［S］. 北京：中国标准出版社，2017.

[2] 中华人民共和国国家质量监督检验检疫总局，中国国家标准化管理委员会. 企业知识产权管理规范：GB/T 29490—2013［S］. 北京：中国标准出版社，2013.

目标并实现这些目标的体系，缩写为 IPMS。

注：一个组织的管理体系可包括若干个不同的管理体系，如质量管理体系、财务管理体系或环境管理体系，知识产权管理体系是针对知识产权的管理建立的体系。

方针（policy）：由组织最高管理者正式发布的组织的意图和方向。

知识产权方针（intellectual property policy）：知识产权工作的宗旨和方向。

战略（strategy）：实现长期或总目标的计划。

目标（objective）：要实现的结果。

注 1：目标可以是战略的、战术的或运行的。

注 2：目标可以涉及不同的领域（如：财务的、职业健康与安全的和环境的目标），并可应用于不同的层次（如：战略的、组织整体的、项目的、产品和过程的）。

注 3：可以采用其他的方式表述目标。例如，采用预期的结果、活动的目的或操作规程作为知识产权目标，或使用其他有类似含义的词（如：目的、终点或指标）。

注 4：组织制定的知识产权管理体系的知识产权目标，与知识产权方针保持一致，以实现特定的结果。

知识产权手册（intellectual property manual）：规定知识产权管理体系的文件。

要求（requirement）：明示的、通常隐含的或必须履行的需求或期望。

注 1："通常隐含"是指组织和相关方的惯例或一般做法，所考虑的需求或期望是不言而喻的。

注 2：规定要求是经明示的要求，如：在形成文件中阐明。

注 3：特定要求可使用限定词表示，如：产品要求、质量管理要求、顾客要求、质量要求。

注 4：要求可由不同的相关方或组织自己提出。

PDCA 循环（戴明环）：PDCA 循环的含义是将管理分为四个阶段，即计划（plan）、执行（do）、检查（check）、处理（action）。在管理活动中，要求把各项工作按照做出计划、计划实施、检查实施效果的流程，然后将成功的纳入标准，不成功的留待下一循环去解决的工作方法，这是管理的基本方法，也是企业管理各项工作的一般规律。

最高管理者（top management）：在最高层指挥和控制组织的一个人或一组人。

注 1：最高管理者在组织内有授权和提供资源的权力。

注 2：如果管理体系的范围仅覆盖组织的一部分，在这种情况下，最高管理者是指组织的这部分的管理者和控制者。

管理机构（configuration authority/configuration control board/dispositioning authority）：被赋予技术状态决策职责和权限的一个人或一组人。

企业管理规范（enterprise management standard）：企业管理中的各种条例、章程、标准、办法守则的总称，是以文字、图表等正式文件形式规定的管理活动的内容、程序、方法和要求，是全体职工的行为准则。

改进（improvement）：提高绩效的活动。

注：活动可以是循环的或一次性的。

持续改进（continual improvement）：提高绩效的循环活动。

注：为改进制定目标和寻找机会的过程是一个通过利用审核发现和审核结论、数据分析、管理评审或其他方法的持续过程，通常会导致纠正措施或预防措施。

风险（risk）：不确定性的影响。

注1：影响是指偏离预期，可以是正面的或负面的。

注2：不确定性是一种对某个事件，甚至是局部的结果或可能性缺乏理解或知识的信息的状态。

注3：一般，通过潜在事件和后果或两者组合，来表现风险的特性。

注4：通常，风险以某个事件的后果（包括情况的变化）及其发生的可能性的组合来表述。

注5："风险"一词有时仅在有负面结果的可能性时使用。

评审（review）：对客体所规定的目标的适宜性、充分性或有效性的确定。

示例：管理评审、设计和开发评审、顾客要求评审、纠正措施评审和同行评审。

注：评审也可包括效率测定。

预防措施（preventive action）：为消除潜在不符合项或其他潜在不期望情况的原因所采取的措施。

注1：一个潜在不符合项可以有若干个原因。

注2：采取预防措施是为了防止发生，而采取纠正措施是为了防止再发生。

纠正措施（corrective action）：为消除不符合项的原因并防止再发生所采取的措施。

注1：一个不符合项可以有若干个原因。

注2：采取纠正措施是为了防止再发生，而采取预防措施是为了防止发生。

纠正（correction）：为消除已发现的不符合项所采取的措施。

注：纠正可连同纠正措施一起实施，或在其之前或之后实施。

制度化程度（degree of institutionalization）：企业管理组织使用正面书面形式来描述指导和约束组织行为和个人行为的程度。

项目（project）：由一组有起止日期的、相互协调的受控活动组成的独特过程，该过程要达到符合包括时间、成本和资源的约束条件在内的规定要求的目标。

注1：单个项目可作为一个较大项目结构中的组成部分，且通常规定开始和结束日期。

注2：在一些项目中，随着项目的进展，目标和范围被更新，产品或服务特性被逐步确定。

注3：项目的输出可以是一个或几个产品或服务单元。

注4：项目组织通常是临时的，是根据项目的生命期而建立的。

注 5：项目活动之间相互作用的复杂性与项目规模之间没有必然的联系。

项目管理（project management）：对项目各方面的策划、组织、监视、控制和报告，并激励所有参与者实现项目目标。

二、咨询辅导相关术语[1]

咨询（consultation）：咨询是通过专业人士所储备的知识经验和通过对各种信息资料的综合加工而进行的综合性研究开发。咨询产生智力劳动的综合效益，起着为决策者充当顾问、参谋和外脑的作用。

辅导（counselling）：辅导就是协助和指导，即在我们工作中通过适当的方法，协助辅导对象在工作上获得所需要的业务技术的过程，且在适当的时间提出不足之处，并帮助其进行改进和提高的过程。

认证咨询（certification consultation）：认证咨询是指由认证咨询公司协助企业达到某一法定标准，向合法认证机构申请并取得相关证书。

管理咨询服务（management consulting services）：管理咨询服务是具有丰富的管理知识和经验，并且掌握了咨询技法的人所从事的高智能的服务工作，是咨询人员在企业提出要求的基础上深入企业，并且和企业管理人员密切结合，应用科学的方法，找出企业存在的主要问题，进行定量和确有论据的定性分析，查出存在问题的原因，提出切实可行的改善方案，进而指导实施方案，使企业的运行机制得到改善，提高企业的管理水平和经济效益。现代意义上的管理咨询服务始于 20 世纪初期。

咨询主体（consultation body）：咨询主体是指为客户企业提供咨询服务的咨询顾问或企业化的咨询组织，如管理咨询公司。

咨询客体（object of consultation）：被咨询对象。

管理体系咨询（management system consultancy）：参与建立、实施或保持管理体系。

示例 1：筹划或编制手册或程序。

示例 2：对管理体系的建立和实施提供具体的建议、指导或解决方案。

注 1：如果与管理体系和审核有关的培训课程仅限于提供通用信息，那么组织培训并作为培训者参与培训不被视为咨询，即培训者不宜针对特定的客户提出解决方案。

注 2：为过程或体系的改进提供通用信息，而不是针对特定客户的解决方案，不被视为咨询。此类通用信息可以包括：

——解释认证准则的含义和意图；

——识别改进机会；

——解释相关的理论、方法学、技巧或工具；

---

[1] 全国管理咨询师考试教材编写委员会. 企业管理咨询实务与案例分析［M］. 北京：企业管理出版社，2009：1.

——分享关于相关良好实践的非保密信息；

——所审核的管理体系未覆盖的其他管理问题。

管理体系咨询师（management system consultant）：对组织的质量管理体系实现给予帮助、提供建议或信息的人员。

咨询工作规范（consultation work specification）：咨询人员的职业道德规范和必须遵守的行为准则，它是由咨询组织（如咨询公司）和咨询顾问协会正式规定的。

综合性咨询（comprehensive consultation）：又称全面咨询，指对企业从方针、目标、生产、技术、质量、财务、劳动人事、市场营销、组织机构等各方面管理内容进行全面检查、综合分析，提出综合改善建议的服务活动。

职业化程度（degree of professionalization）：企业中各类职工为了胜任本职工作所需接受正规教育和职业的培训程度。职业化程度通常可以用企业职工的文化水平以及进厂后的职业培训期限来表示。

集权程度（degree of centralization）：企业的经营决策和管理决策权集中在高层，则表明集权程度高，反之如果把相关的权力下放至较低的管理层次，则集权程度就低了。

三、认证术语[1]

审核（audit）：为获得客观证据并对其进行客观的评价，以确定满足审核准则的程度所进行的系统的、独立的并形成文件的过程。

注1：审核的基本要素包括由对被审核客体不承担责任的人员，按照程序对客体是否合格进行的测定。

注2：审核可以是内部（第一方）审核，或外部（第二方或第三方）审核，也可以是多体系审核或联合审核。

注3：内部审核，有时称为第一方审核，由组织自己或以组织的名义进行，用于管理评审和其他内部目的，可作为组织自我合格声明的基础。可以由与正在被审核的活动无责任关系的人员进行，以证实独立性。

注4：通常，外部审核包括第二方和第三方审核。第二方审核由组织的相关方，如顾客或由其他人员以相关方的名义进行。第三方审核由外部独立的审核组织进行，如提供合格认证/注册的组织或政府机构。

审核范围（audit scope）：审核的内容和界限。

注：审核范围通常包括对实际位置、组织单元、活动和过程，以及审核所覆盖的时期的描述。

审核准则（audit criteria）：用于与审核证据进行比较的一组方针、程序或要求。

---

[1] 中华人民共和国国家质量监督检验检疫总局，中国国家标准化管理委员会．质量管理体系　基础和术语：ISO 9000—2015［S］．北京：中国标准出版社．

审核证据（audit evidence）：与审核准则有关并能够证实的记录、事实陈述或其他信息。

注：审核证据可以是定性的或定量的。

审核发现（audit findings）：将收集的审核证据对照审核准则进行评价的结果。

注1：审核发现表明符合或不符合。

注2：审核发现可引导识别改进的机会或记录良好实践。

注3：如果审核准则选自法定或其他要求，审核发现可表述为合规或不合规。

审核结论（audit conclusion）：考虑了审核目标和所有审核发现后得出的审核结果。

符合（conformity）：满足要求。

不符合（nonconformity）：未满足要求。

第三节　知识产权管理体系认证咨询工作的产生和作用

一、知识产权管理体系认证咨询的发展情况

认证咨询工作是认证认可工作的重要一环。认证咨询的目的就是为咨询客体（即被咨询的对象）提供更好的服务。

国内的认证咨询最开始是从ISO 9001质量管理体系认证衍生出来的第三方服务，之后慢慢在其他认证行业也逐渐兴起，随着市场经济的发展，需要认证咨询的企业越来越多，从事认证咨询的辅导机构也越来越多。各类认证咨询机构的服务质量良莠不齐，为了引导认证咨询机构，早在2015年6月15日，中国认证认可协会（CCAA）认证咨询专业委员会召开会议，会议的重点主要是委员会今后的工作方向，这是个总体要求。之后的一个月，CCAA在此前的总体方案上，组织在京认证咨询机构委员讨论落实各项任务，重点针对咨询行业基础价格、对认证机构从事咨询活动的态度、关于咨询人员考试注册的建议以及开展良好咨询项目评议交流活动等问题进行了讨论。经过讨论，大家认为目前重点工作是要推进认证咨询机构自愿性备案制度的落实，组织制定《认证咨询机构自愿性备案管理办法》。2015年9月下旬，CCAA形成了《认证咨询机构自愿性备案管理办法》初稿，并将此稿发送各委员征求意见，大家对一些条款存在分歧，如办公面积、注册咨询师人数等，之后又进行了磋商。2015年12月9日，CCAA组织讨论所收集建议，确定最终修改方案，随后形成了办法审议稿，同时将审议稿发送给认证咨询专业委员会全体委员，投票表决通过。2016年1月，CCAA网站开设认证咨询机构备案专区。至此，《认证咨询机构自愿性备案管理办法》正式发布，并于2016年1月15日起正式接受认证咨询机构备案。2016年6月28日，CCAA召开认证咨询工作座谈会和认证咨询专业委员会全体会议。在这次会议上，CCAA向获得备案

的认证咨询机构代表们颁发了首批证书。这张证书的颁发意味着认证咨询机构备案制度的完善，是认证咨询行业的一个重要里程碑。现在，主管部门的作用是“引导”和“示范”，而不是管理。

江苏省知识产权局于 2008 年在全国率先推出了地方性标准《江苏省企业知识产权管理规范》（DB32/T 1204—2008），并在企业中推广应用。

2008 年 6 月 5 日，国家正式颁布《国家知识产权战略纲要》，纲要明确指出，实施国家知识产权战略，按照激励创造、有效运用、依法保护、科学管理的方针，着力完善知识产权制度，积极营造良好的知识产权法治环境、市场环境、文化环境，大幅度提升我国知识产权创造、运用、保护和管理能力，为建设创新型国家和全面建设小康社会提供强有力支撑。

为贯彻《国家知识产权战略纲要》的要求，国家知识产权局、中国标准化研究院在借鉴香港特别行政区《IP8001：2004 知识产权管理标准》、台湾《智慧财产管理规范》、湖南省《企业知识产权管理规范》、广东省《创新知识企业知识产权管理通用规范》和江苏省《企业知识产权管理规范》的基础上，综合 ISO 9001 质量标准体系的过程管理模式与 OHSMS 职业健康安全管理体系关注风险控制的特点，构建了适合我国企业的知识产权管理标准化体系。

在此基础上，2013 年 3 月 1 日，GB/T 29490—2013《企业知识产权管理规范》由国家知识产权局、中国标准化研究院起草，国家知识产权局归口管理，经中华人民共和国国家质量监督检验检疫总局、中国国家标准化管理委员会正式发布实施。

此规范旨在指导企业建立科学、系统、规范的知识产权管理体系，帮助企业落实国家知识产权战略精神，积极应对当前全球范围的知识产权竞争态势，有效提高知识产权对企业经营发展的贡献水平。

2014 年 1 月，工业和信息化部颁布《关于做好 2014 年工业企业知识产权运用能力培育工程工作的通知》，以工业企业知识产权管理制度建设为重点，明确贯彻 GB/T 29490—2013《企业知识产权管理规范》的重要性，将知识产权运用能力培育工作与相关政策措施紧密结合，提升企业运用知识产权参与市场竞争的能力。此时开始在全国范围内推广此标准，鼓励企业建立知识产权管理体系并进行认证，随之企业知识产权管理规范认证咨询行业也开始兴起。

从 2014 年开始，国家通过政策大力引导企业建立知识产权管理体系，通过加强防范管理使企业规避风险；通过挖掘进行专利布局来促进创新，真正体现知识产权价值；进行知识产权运用，来拓展国内外市场；运用好专利、商标、版权、商业秘密四位一体知识产权保护体系。但是知识产权管理体系的建立相对来说是比较专业的工作，企业独自开展这项工作有一定的难度，从而促进了知识产权管理体系认证咨询行业的快速发展。实践证明，有咨询辅导机构的参与，贯标工作的效率、质量都有所提高。

现在市场上的知识产权管理体系认证咨询主要分为两大类：一类是原本的知识产

权事务所，它们有丰富的知识产权相关从业专业经验；另一类是原本的管理体系认证咨询机构，它们对企业各类管理体系非常熟悉，对建立体系构架轻车熟路，能够比较好地将知识产权管理体系要求融入公司总的管理体系中。当然，经过几年的发展，目前有部分专业的咨询机构，已经能够两方兼顾。因知识产权管理具有一定的专业性，企业在选择辅导机构时需要考虑辅导老师两方面的从业经验。

二、知识产权管理规范认证咨询辅导的作用和意义

（一）建立知识产权管理体系的作用和意义

随着我国加入世界贸易组织，更广泛地参与国际经济交流，知识产权问题日益凸显其重要性。上至政府层面，在美国等西方国家与我国元首的会晤中，知识产权保护总是备受关注的议题。下至企业层面，以 3C 和 6C 专利联盟向 DVD 生产商征收专利使用费为代表，我国企业在国际知识产权竞争中承受了巨大的压力。那么我们如何规避、降低生产经营过程中的知识产权风险，如何规范企业的知识产权管理？这就是知识产权管理体系要解决的问题。总的来说，知识产权管理体系的作用可概括如下：

1. 系统化规范企业知识产权管理流程[1]

（1）规范基础条件。明确知识产权管理职责，明确知识产权管理方针和管理目标，实现“领导落实、机构落实、制度落实、人员落实、经费落实”。

（2）规范资源管理。从人力资源管理、财务资源管理、信息资源管理三大模块，规范资源管理要求，并形成管理制度。

（3）规范生产经营各个环节的知识产权管理。明确规定了企业研究与开发活动、原辅材料采购、生产、销售、对外贸易等重要环节的知识产权管理规范要求。确保企业生产经营各主要环节的知识产权管理活动处于受控状态，避免自主知识产权权利流失或侵犯他人知识产权。

（4）规范企业知识产权的运行控制。围绕企业的知识产权创造、管理、运用和保护四个重点环节，明确规定了企业在知识产权权利的创造和取得、权利管理、权利运用和权利保护四方面的规范性要求。

（5）规范企业生产经营活动中的文件管理和合同管理。企业在生产经营活动中涉及的有关知识产权的各类活动，应当有相应的记录并形成档案。特别是对企业对内、对外的合同管理应做出明确要求。

（6）建立知识产权动态管理机制。企业应当对自身知识产权管理工作进行定期检查、分析，并对照管理目标对管理工作中存在的问题，制定相应的改进措施，以确保

[1] 肖薇. 浅析企业知识产权管理体系贯标的意义［R/OL］.［2019-1-24］. http://www.sohu.com/a/291247926_120056676.

管理目标的实现。

2. 全面防范知识产权风险

知识产权管理体系的建立，强化了企业知识产权风险防范意识。整改体系建立过程中，一直强调“风险前置化”，就是在风险发生之前，找出风险，采取措施规避，无论是信息资源管理，还是人力资源管理，再到研发、采购、生产、销售环节的知识产权管理，都在告诉大家，风险在哪里，我们应该做什么来规避这些风险；将这些内容结合公司实际情况，编制成制度文件并按照文件实施下去，就可以提前规避知识产权风险，预防不必要的损失。

3. 提升员工知识产权能力

通过全员性的宣导，提升所有员工的知识产权意识，同时要完成对应的知识产权工作，需要有对应的知识产权工作人员；在体系诊断的过程中，可以识别整个公司的知识产权管理需要什么样的人才支撑，从而有目的地去获取人才，或者通过培训，或者通过招聘来实现。

4. 激励企业自主创新

强化企业领导和员工知识产权创造意识，充分调动员工创造知识产权的积极性，充分挖掘其创造潜力，取得量多、质高的创新成果。

5. 提高收益、提升企业自身价值

推动企业产生具备高附加值的自主知识产权的新产品、新技术，通过自己生产销售或通过技术贸易许可转让给他人，将给企业带来丰厚的经济收益。

通过贯彻 GB/T 29490—2013《企业知识产权管理规范》，使企业的知识产权管理规范化、系统化、详细化，使企业拥有的自主知识产权不断保值、增值，无形资产的价值不断提升，有利于提高投资者和金融机构对企业的价值评估，在企业融资上市、投资并购及企业出售等资产运作上获取更大的收益。

另外，企业拥有的自主知识产权的产品在销售市场的地位明显增强。由于产品拥有的自主知识产权在生产和销售中受法律保护，企业可在他人之先抢占、扩大和巩固销售市场，从而大大提高企业市场竞争力，保持和巩固了企业的市场竞争优势。

（二）咨询辅导的作用和意义

企业知识产权管理规范是将知识产权从上到下渗透到企业日常管理当中去，每一个环节都把控，既保护自身知识产权，促进创新，又规避知识产权风险，提升企业核心竞争力。知识产权工作贯穿于企业生产经营的整个过程中，包括产品的市场规划、研发、采购、制造、销售以及合资、并购、上市等各个环节，导致企业知识产权管理体系的建立工作，涉及的知识面广、职能部门多、流程环节多、周期长，是一项比较复杂的工作。想要建立适合企业自身的知识产权管理体系，企业应当根据自身情况合理设置知识产权管理部门，配备专业人员，建立知识产权管理制度，找准知识产权管理与生产经营管理的有机结合点并形成系统规范的管理流程，实现企业知识产权管理的标准化。建立知识产权管理体系涉及职能划分、资源分配、部门间的配合，可能会涉及公司、个人的实际利益，导致此项工作可能会受到忽视或阻碍。

知识产权管理体系咨询公司是站在一个较公正、中立和客观的角度上，对咨询客体（即被咨询的对象）的知识产权管理现状进行全面分析，并且提供最佳解决方案。根据咨询客体的实际情况，对咨询客体知识产权管理进行一次全方位的系统改造，主要涉及咨询客体知识产权管理模式设计、业务流程中知识产权相关管理方案等。

与企业自身独立建立知识产权管理体系相比，咨询辅导机构的优势体现在以下四个方面：

1. 立场中立

立场中立，进一步来说，就是地位公正独立、科学客观。知识产权管理体系的建立，涉及职能部门多，周期比较长（一般至少 5 个月），这样就涉及权责分配，需要进行资源规划。咨询机构可以跳出企业来看企业，不受企业氛围和利益等影响，不涉及企业内部的利益分布，不为企业领导人的意见或企业员工的情绪所左右，在咨询的过程中服务于企业发展的最高目标，保持一定的独立性。对企业问题进行诊断时，以客观的态度，了解状况，根据调查研究、科学分析得出调查结论，不因外部的干扰而轻易地改变，咨询人员独立思考的工作方法，贯穿于整个咨询过程，对企业而言，往往从企业内部难以全面和准确地发现问题，但咨询机构可以。这样发现根本原因，且出具的方案以企业效益最大化为最终目标，最能体现企业的发展需求。

2. 专业高效

咨询公司可以最大限度地凝聚跨行业、跨领域的专家团队，为企业提供全方位的知识产权咨询服务，有效弥补企业内部专业人才短缺和专业机构专业领域局限的短处。且咨询公司面对的客户群体大，有丰富的知识产权管理体系建立经验，可以快速、准确地解决体系建立和运行过程中遇到的问题。

3. 落地性强

咨询机构出具的方案是基于企业现实的知识产权管理问题，以企业的知识产权管理提升为出发点的，因此出具的方案可行性会更高。体系运行实施过程中，遇到问题，有专业的咨询师，可以及时对实施中的反馈信息进行分析研究，提出具有选择性的解决建议，并根据实施状况进行局部调整和细化，以便体系能够更好地在企业内部落地。

4. 促进人才培养

其一，在咨询项目实施过程中，咨询师会帮助客户的团队接受知识产权规范化管理理念、管理方法、管理方案等，从而提升相应管理人员的专业技能和知识产权素养。

其二，咨询师有自己发现和解决问题的方法和框架，企业对接人在与咨询师交流的过程中，能够学到这些方法，这有助于相关方面能力的提高。所谓“授人以鱼，不如授人以渔”，通过咨询过程的知识传递和转移，能够培养企业解决问题的能力，以后遇到类似的问题，便可以自己独立解决。

第四节　IPMS 咨询辅导工作流程❶

知识产权管理体系认证咨询辅导的流程分为八个步骤：

一、启动会

知识产权管理体系建立前，企业安排人员组织启动会，辅导机构参与会议。启动会的召开标志着企业知识产权管理规范工作正式开始，启动会最主要的目的是形成战略导向、领导重视和全员参与的意识。因知识产权管理体系的建立涉及公司各职能部门，流程环节众多，所以启动会上最高管理者要向企业员工传达知识产权管理体系的重要性，宣布企业知识产权管理规范工作小组的成立，并对工作计划与相关任务进行安排。另外，启动会包括对主要参与部门、人员进行企业知识产权管理体系相关培训，此次培训由辅导机构安排培训讲师，主要目的是使公司中高层、企业知识产权管理规范工作小组成员了解什么是贯彻企业知识产权管理规范、贯彻的意义、大致流程等内容，使企业知识产权管理规范工作能够顺利进行。

二、知识产权管理诊断

知识产权管理诊断是对企业内部目前的知识产权管理现状进行调查，诊断企业知识产权管理现状。调查内容包括企业知识产权管理相关资源配置，对企业知识产权管理过程、问题、岗位等进行梳理分析，对比 GB/T 29490—2013《企业知识产权管理规范》找出知识产权管理的不足，出具诊断报告，为设计贯彻实施标准的方案奠定基础，是知识产权管理规范流程中的重要环节。

三、构建知识产权管理体系

知识产权管理体系是由知识产权战略方针、目标、知识产权手册、相关程序文件与记录文件所构成的有机整体。对照《企业知识产权管理规范》要求，依据企业的规模、行业特点和发展重点策划知识产权方针，并在方针的指导下通过最高管理者承诺，策划企业知识产权职能架构，设立知识产权管理部门，任命知识产权管理者代表，明确管理职责，配备人力资源、财务资源、信息资源和基础设施，建立企业知识产权管理体系框架。根据搭建的框架，编制管理体系文件。

❶ 成胤，杨丽萍. 企业知识产权贯标三部曲［M］. 北京：知识产权出版社，2018：5-7.

四、开展宣传培训

培训是企业员工推行知识产权管理体系的基础，企业应通过各种渠道向全体员工进行知识产权管理标准化的宣传培训，包括知识产权方针的内涵、知识产权目标的要求、各个岗位的知识产权管理职责、知识产权管理流程要求等，指导各部门、各岗位工作人员正确理解和执行知识产权管理规范要求。

五、知识产权管理体系实施运行和持续改进

体系运行的关键是执行力，企业应重点推动各岗位的执行力，使各项知识产权活动按照流程规范的要求推进，使各种知识产权事务按照制度要求的方式管理。知识产权管理是动态的过程，企业对自身知识产权管理的理解也随着企业内外部环境的变化而变化，为持续保持管理体系的有效性，应对管理过程进行定期的检查分析和评审工作，对企业知识产权管理的执行情况和管理体系的适宜性、有效性进行审查，从而满足标准的要求，实现企业知识产权管理的良性循环，提升企业的创新力和竞争力。

六、认证准备和认证申请

1. 认证准备

内部审核和管理评审：认证申请前，企业要完成至少一次内部审核和管理评审，此项工作主要目的在于，自己评估我们的知识产权管理体系的运行情况，发现不足，及时纠正，不断完善我们的体系，确保我们第三方认证的通过率。一般第一次内审，如果之前没有类似经验，可以找咨询认证辅导机构一起参与，规划时间节点，确认内审内容，保证检查内容的全面性，发现不符合之后，及时采取纠正和预防措施，并确保在第三方审核前不符合已经整改完成。管理评审一般是内审完成之后进行。当内部审核和管理评审完成后，相应的改进措施也应完成或者做好实施计划。

模拟审核：有条件的企业，可以与辅导机构一起，在认证申请前组织一次模拟审核。模拟审核的目的：检查体系运行情况，查漏补缺；让企业体验一次认证审核的流程，熟悉审核氛围，避免实际审核时，因为流程不熟悉或者紧张出现错误。

2. 认证申请

认证申请首先要选择认证机构。选择前可以上认证认可网查询其认证资质（许可的认证范围），要选择有资质的认证机构。确定认证机构之后，可以上机构的官方网站下载申请文件包，查看申请条件，之后依照第三方审核认证机构的要求，准备审核认证所需的材料，向第三方认证机构提交认证申请。

七、认证审核

认证审核包括文件审核及现场审核两部分。认证机构受理认证申请，与企业签订

认证合同，企业向认证机构支付相关费用后，认证机构开始对企业知识产权管理体系进行文件审核。企业收到文件审核的报告之后，需要针对不符合情况，进行整改并将整改文件备好待查。文件审核通过后，认证机构和企业沟通确定现场审核的时间及审核计划，按照审核计划委派审核员到企业现场实地审核。现场审核的时间长短根据企业具体情况与审核员人数而定，一般大型企业时间较长，中小型企业时间较短。现场审核还包括不符合的整改，收到不符合报告，要在审核机构要求的时间内完成整改，并将材料提交到审核机构，审核机构会评审材料是否合格。

第三方审核认证机构对企业知识产权管理体系进行现场审核，根据审核计划对最高管理者、管理者代表和企业各部门进行面谈、查阅、现场查看等多种形式的审核后，做出通过认证、有条件通过或不通过认证的决定。通过审核之后，认证机构会出具认证证书。

八、后期证书维护

我们的体系需要持续有效地运行，所以知识产权管理体系认证并不是一次通过就可以，它和其他管理体系认证一样，证书有效期为 3 年。3 年内，需要进行两次监督审核，3 年期满需要进行再次认证。

1. 监督审核

监督审核通常在认证证书有效期（3 年）内定期进行，每年至少应进行 1 次。初次认证后的第一次监督审核应在第二阶段现场审核最后一天起 12 个月内进行。

2. 再认证

认证证书的有效期为 3 年。认证证书有效期届满时，如果该组织想要继续保持其认证注册资格，可以向认证机构重新提出认证申请，认证机构受理后，派出审核组对企业的知识产权管理体系进行再认证审核。

第五节　企业知识产权管理规范认证咨询工作的重要技能、方法

一、企业知识产权管理规范认证咨询工作的重要技能[1]

从事知识产权管理体系认证咨询的人员，应当具有相应的咨询辅导能力即职业技能。企业挑选认证咨询师时，可以从以下九个方面考虑：

1. 丰富的知识储备

首先，认证咨询人员涉猎知识既要专业又要博学。作为知识产权管理体系认证咨

[1] 全国管理咨询师考试教材编写委员会. 企业管理咨询实务［M］. 北京：企业管理出版社，2007.

询师需要在知识产权行业、管理体系建设、企业内部流程管理等方面有多年的从业经验，对知识产权行业的专业知识非常了解，除了对理论知识非常了解以外，还要能够结合多年的工作经验形成自己的独到见解和认识。

另外，咨询师要不断更新、丰富知识储备，因为我们生活在一个快速发展的时代，每天都有会有很多新事物、新知识充斥于我们的生活和工作中。咨询师是一个靠“卖”知识吃饭的工作，对知识的要求自然就非常高了，时代发展这么快速，很有可能“昨天”学的知识“今天”就已经淘汰了，知识产权行业更是如此。所以，咨询师就需要在同样的时间里掌握更多的知识，只有这样才能够指导和帮助别人。那么，这就需要咨询师拥有较强的学习能力，不断丰富自己的知识储备，以便应对新出现的知识产权问题。

2. 较强的课程开发和授课能力（即培训能力）

师者，传道授业解惑也。在项目推进的同时要向服务的客户团队进行授课，提升他们的知识水平和能力。为了打动客户，并和客户产生共鸣，课程内容设计要有针对性，在形式上要做到新颖。由于成人听课的特点，咨询师还需要有游戏开发或者互动设计的能力，让学员参与其中、乐在其中、学在其中。课程开发完成后就需要向学员进行讲解，讲解要做到语言表达清晰、流畅，肢体语言丰富、协调，讲解内容深入浅出、通俗易懂，声调抑扬顿挫、沉稳浑厚，具有感召力，只有做到这些授课才能算是成功。

3. 快速诊断和解决问题的能力

问题长期地隐藏在服务对象的组织和工作当中，不为员工和领导所发现，而认证咨询师作为专业的认证咨询服务人员，应该具备快速诊断和发现问题的能力。通过短暂的诊断，并将诊断结果准确地告知服务对象，那么你的形象就可以迅速在客户心中“高大”起来，从而建立起他们对你的信任感。除了发现问题以外，还要具备解决问题的能力，这也是客户邀请你加入的根本目的。

4. 良好的沟通、协调能力

沟通能力是社交的一种基本能力，无论在生活中还是在工作中，沟通能力都是相当重要的。但是在管理咨询工作中，沟通能力尤其重要。在企业知识产权管理规范项目推进过程中，咨询师有接近 60% 的时间用于沟通和协调，对于咨询师来说，沟通不畅可能会是致命的。

认证咨询没有特别明确的标准去衡量其好坏。技术方面的咨询，主要是解决技术问题，问题解决了或者功能实现了，大家都能看得到。而认证方面的咨询，目标是否实现很大程度上取决于人的因素，而客户的评价对于认证咨询至关重要。要取得客户好的评价，并不体现在我们做了多少工作，我们做出的东西看起来有多专业。更重要的是，我们的工作程序和工作成果要让客户理解，要让客户明白我们的成果对他们知识产权管理提高的价值在哪里。即使我们做出的东西再专业，再先进，如果不能被客户理解和利用，那就完全是废纸。但有时客户不一定真正理解我们专业的东西，这个时候，沟通能力就显得尤为重要。此外，客户往往对咨询机构有着很高的期望，甚至觉得有了咨询机构的参与，项目中遇到的难题都可以破解。这个时候，我们往往要与客户沟通项目的目标，打消客户不切实际的期望。否则，可能干得再好也无法让客户满意。

知识产权管理体系认证咨询的过程中，沟通和协调涉及服务对象的各个层级、各种专业、各种性格类型的人员，为了保证能够与各类人员快速、有效地沟通，咨询师就需要掌握各种沟通技巧。咨询师只有深谙沟通和协调之道，才能保证沟通的高效与质量。

5. 策划、计划能力

认证咨询师还应该具备相应的策划能力，对项目如何高效地完成进行策划，对每个阶段的主要工作任务、内容和注意事项了然于胸。如项目进程中出现问题，能及时调整方案，解决问题。

很多没做过认证咨询的人对于计划很不重视，觉得不可控制的因素太多，计划得再好也不一定能按计划工作，所以干脆就不做计划了。实际上，计划在我们的生活中无处不在，我们每个人总会有各种各样的计划。上学时，高考报志愿，就是一个计划。找工作时，对于工作单位和职业选择等也是一个计划。这些计划有可能能实现，也有可能无法实现，但是大多数人还是会制定计划的。

对于一个认证咨询项目来说，计划工作尤其重要。一个项目，可能会涉及客户单位的多个部门、多个人员。在客户对咨询师的工作不熟悉的情况下，计划是咨询师与客户沟通的重要工具，是让客户的各个机构和人员明白如何配合咨询工作的“通告”，也是咨询师和助理人员工作的“指南”。如果没有计划或者计划做得很糟糕，带来的后果很可能就是客户不配合工作、项目时间延长、项目成本提高等，甚至可能导致认证咨询项目的失败，所以认证咨询师还应该具备相应的策划能力。

6. 结构化思考的能力

结构化思考是指在思考分析解决问题时，以一定的范式、流程进行。首先以假设为先导，对问题进行正确的界定，假设并罗列问题构成的要素；其次对要素进行合理分类，排除非关键分类，对重点分类进行分析，寻找对策，制订行动计划。结构化思考最大的优势在于能够对事物建立起理解的框架，而这种框架呈一定的逻辑结构，清晰明了、穷尽而不重复。

认证咨询的对象基本都是以组织为单位，而组织是盘根错节、纷繁复杂的，要条分缕析、找到问题的痛点，就需要结构化的思考能力。现在有很多关于结构化思考的培训课程，也有很多相关的书目，以麦肯锡为基础的《金字塔原理》最为经典。

7. 信息收集、分析、整合能力

在认证咨询过程中会遇到很多问题，而问题的解决需要站在前人的肩膀上，就像研究论文需要阅读文献一样。咨询师做的是知识产权管理体系认证咨询项目，知识产权的核心是创新，那就需要对客户所在行业的知识产权状况有个大概的了解，有效的知识产权信息的收集更是必需的。另外，体系建立之初，企业不一定有专业的知识产权人员，那就需要咨询师辅导企业人员进行知识产权的检索、分析；对涉及外贸的客户，还要有收集对应外贸相关政策的能力；如果客户委托进行专利布局，那就必须对现有资源进行分析整合。这样的信息收集、分析、整合贯穿整个知识产权管理体系运行过程，只有咨询师很好地掌握信息收集、分析整合能力，才能更好地指导客户完成体系运行过程中相应的信息管理要求。

8. 拥有熟练使用各种工具的能力

作为认证咨询师，在工作中会制作大量的方案、计划、课件、制度、流程等文件资料，这些资料既要美观，还要体现出作为一个认证咨询师的专业性，这就需要熟练掌握 Word、Excel、PPT、PS、图表分析等办公软件，这样才能快速地做出高质量的图文资料，这些技能都会增加你在客户心目中的印象分，他们会更加信任你。

9. 项目进度把控能力

进度是一个项目的生命，没有了进度，客户不会满意，自然也就不会支付进度款项。所以无论是项目推进的前期、中期，还是后期，都需要按照预先设定的主计划进行关键时间的节点控制，保证项目进度可控。要做好进度把控，就要找准合适的场合，向项目推进中的关键人物进行说明。或者在一些重要的场合，采取合适的方式，适当让进度迟缓者“丢脸”。塑造自己作为咨询师在项目中的权威性和威慑力，才能保证项目进度可控。

二、认证咨询工作的方法

一般，咨询工作有以下三种工作作风❶：

1. 封闭式工作作风

这是一种咨询人员从确定问题一直到提出改善方案，都是独立或基本独立地进行工作，无须企业派遣相关内部人员参与项目相关工作，项目咨询过程中很少与企业的有关人员一起分析研究的工作作风。

适用范围：由于企业内部人员较少参与咨询项目工作，这种工作作风可能会影响企业内部人员深入了解咨询方案设计的背后依据及考虑因素，也不便于咨询项目人员充分了解企业的隐患。此种方式适用范围比较有限，一般只有在企业内部人员存在巨大分歧或咨询课程的专业性非常强，企业内部人员难以参与到项目中时，才会采用该种工作作风。

❶ 全国管理咨询师考试教材编写委员会. 企业管理咨询实务［M］. 北京：企业管理出版社，2007.

2. 操纵式工作作风

这是一种咨询人员与企业领导之间的依附关系很深，管理咨询人员或者以高参身份在幕后影响企业领导者的决策，有时甚至直接参与高层的知识产权战略决策；或者由企业领导授意，借用咨询顾问外来者说话灵、关系清的优势，推进业已做出的知识产权战略决定，以求改革方案能取得企业领导层的一致赞同，迅速得以落实的工作作风。

采用这种工作方式时，咨询辅导机构派出的咨询人员更多地以参谋者身份为企业的领导层提供决策建议和参考，从而对企业管理理念、方式等有着一定操控性影响。企业领导层在遇到决策难题时也多听从咨询顾问的建议，其最终推行下去的方案更多的是咨询辅导机构与企业领导层所达成的共识，方案是自上而下的。操纵式工作作风因其自上而下的特点，具有方案实施迅速的优点。同时相比封闭式工作作风而言，咨询辅导机构也更能掌握企业在方案实施中所遇到的阻力，但由于这种工作作风更强调上层领导的意见，对于中低层管理者的意见和想法关注力度较弱，所以一般咨询辅导机构会选择在辅助企业处理紧急情况时使用。

3. 参与式工作作风

这是一种咨询人员既与企业的干部、职工保持广泛而密切的联系，又严格保持应有的独立性；他们既依靠企业干部职工进行调查研究，掌握第一手材料，又依靠自己独立思考去分析问题；既从企业的总体情况出发，为企业知识产权管理献计献策，又冷静地对待企业的要求，客观地分析客户要求的可行性；既承担引导、推动和参与变革的责任，又以企业员工为主实施变革的工作作风。

当咨询辅导机构项目组采用参与式工作作风为企业提供咨询服务时，将会协调性地与企业领导层、中高低管理层甚至基层员工保持适度联系和合作，从企业所提出的总需求出发，依据自身的独立判断能力和分析能力，在保持自身独立性的基础上，结合企业内部人员要求和意见客观地得出最终结论。这种工作作风在保证咨询人员工作独立性基础上，也更全面地汇聚了企业内部人员的智慧，所适用的范围更广，但也并非一一适用。

三、认证咨询工作方式的选择

针对知识产权管理体系认证咨询的特征，企业在选择工作方式时，不推荐采用封闭式工作作风，因为认证咨询需要根据企业的实际情况建立知识产权管理体系，这种工作方法，不能深入了解客户的具体情况，建立的体系浮于表面，不能落地实施。操作式工作作风和参与式工作作风如何选择，则要看企业和咨询机构商议的合作方式，最主要的是企业的目的，一般咨询机构都会配合客户的工作模式。

认证咨询工作想要顺利开展，建议从以下方面着手❶：

1. 统一部署经营发展、科技创新和知识产权战略

企业知识产权管理规范的三大原则中，其一就是“战略导向”原则，统一部署经营发展、科技创新和知识产权战略，使三者互相支撑、互相促进。将知识产权管理提升到战略管理层面，与公司的经营发展方向统一，以使得知识产权工作能够在企业的经营发展中充分有效地发挥其支撑和促进作用。

2. 取得企业领导的重视和支持

企业知识产权管理规范的三大原则中，其二是“领导重视”原则，在知识产权管理体系的建立、运行和保持过程中，企业领导（特别是最高层领导）的积极参与和大力支持是成功的关键。凡是领导重视的知识产权管理规范工作，在企业内部推行起来都较为顺畅。企业领导对这项工作如果不了解、不重视、不参与，仅仅是为了完成政府项目申报或为了拿证而进行工作，员工则很难认真对待，体系负责人员在推动联合其他部门人员建立和实施体系过程中，将会非常困难。所以，如果一个企业想落实好规范，领导在启动会、诊断会、管理评审等关键节点必须参与并监督检查工作效果。

想要得到领导的重视，首先企业内部知识产权管理体系推行负责人要使领导认识到知识产权管理体系认证的重大作用。其次，要使领导知道 GB/T 29490—2013 标准的基本要求和管理思想，知道自己的基本任务，要使最高领导认识到知识产权管理体系认证需要全员参与，让知识产权管理体系贯标小组的人员和企业管理层认识到认证咨询机构只是指导、配合工作，具体的推行还是以企业内部人员为主，因此，领导需要任命一位有魄力、有责任心、能力强、熟悉企业运作、对产品熟悉、相对稳定的领导作为管理者代表。在企业知识产权管理体系的建立、运行等过程中，最好能建立适当的奖罚制度。

3. 取得内部员工的支持

企业知识产权管理规范的三大原则中，其三是“全员参与”原则，知识产权管理规范涉及的内容和要求非常广泛，人员的招聘、培训、离职、奖励，资金的预算和考核，各种资源的收集和利用，立项、研发中知识产权信息的利用和保护，采购环节知识产权风险的防控，生产环节合理化建议的评估和保护，销售环节知识产权的风险防范、竞争对手的跟踪、市场的监控、保密管理，投融资环节知识产权的评估和利用等，这些工作涉及公司的每一个部门，单凭一个部门很难推动。因此，体系文件要想落到实处，企业各主要部门必须都参与进来。

---

❶ 成胤，杨丽萍. 企业知识产权贯标三部曲［M］. 北京：知识产权出版社，2018：3-4.

4. 抓好培训工作，并要求辅导机构在体系建立期间培养一至两个“明白人”

因为知识产权行业属于比较专业的领域，如果企业没有专业的知识产权人员可以进行内部的知识产权基础知识培训，那么可以要求咨询机构提供知识产权基础知识培训，这些基础培训是体系能够顺利实施、运行的基石。

咨询机构应组织企业培训 GB/T 29490—2013《企业知识产权管理规范》文件的编写、内审员的工作等相关内容，其他体系文件中关于具体岗位的培训学习可以由企业自行组织。咨询机构应指导企业主要人员该干什么、如何干、留下什么证据，从而有序地推动知识产权管理体系的建立和实施。同时在建立和实施过程中，帮助企业培养一批熟悉标准的人，再由他们去指导其他员工的企业知识产权管理规范工作，从而达到事半功倍的效果。

5. 对现有知识产权管理情况和公司整体的管理体系进行现状调查

咨询前期，先由咨询组成员按 GB/T 29490—2013 标准的要求对企业的知识产权管理状况进行全面调查，找出现有知识产权管理与标准要求的差距。调查前要做好调查规划，调查的内容应该全面覆盖标准内容。

值得注意的是，现在很多企业都不只拥有单一的管理体系，在进行工作之前要先与企业沟通好，是否需要将知识产权管理体系融合到企业其他管理体系中，如要融合，则要做全面的管理体系调查。

6. 做好知识产权管理体系的策划和设计

调查工作完成后，首先要进行策划，一确定是否需要删减条款；二确定企业的组织结构、职责和权限；三确定知识产权管理体系与实际生产经营活动的过程；四确定文件的类别和层级。

7. 文件审核——体系建立质量的初步评估

体系建立后，要进行文件审核，审查程序文件是否符合标准要求，确保要形成文件的条款没有遗漏。为了确保体系文件符合公司的实际情况，能够顺利实施，文件审核的参与人员应该包括文件所涉及的部门代表、管理者代表、企业知识产权文件管理人员和咨询师。

文件审核的重点在于文件的符合性、系统性、确定性和相容性。

符合性：符合标准要求、符合法律法规要求。

可操作性：要符合组织的客观实际，使其具有可操作性。这是文件得以贯彻执行的重要前提。

系统性：体系是一个由组织架构、程序、过程和资源构成的有机整体。因此，要站在系统的高度，注意管理的系统方法、过程方法的有效结合，对过程输入、输出、过程之间的界面接口和相互关系，以及文件的层次（支持性）关系，施以有效的控制，使质量管理体系文件形成一个有机的整体。

确定性：在描述任何活动过程时，都必须具有确定性，即何时、何地做什么，由谁（部门）来做，依据什么文件，使用什么资源，怎么做，怎么记录等，必须加以明确规定。排除人为的随意性，保证过程的一致性，确保过程的稳定性。

相容性：体系文件之间应保持良好的相容性，即不仅要协调一致，不相互矛盾，而且要各自为实现总目标承担相应的任务。

8. 抓好内部检查和改进工作

企业一定要培养优秀的内审员组织内部审核，内审工作应全面检查企业的知识产权管理体系运行情况，及审查体系是否得到有效实施与保持。内审过程中发现工作的不足，应及时采取纠正和预防措施，实现持续改进。

第六节　工作的质量控制

企业对认证咨询的工作质量可以从两个方面进行考核，一是项目时间控制，二是各阶段工作的完成情况。时间控制相对来说很好考核，按计划完成工作和未按计划完成工作，未完成则需要分析原因，调整计划。各阶段工作的完成质量考核则相对比较复杂，以下考核内容可以作为参照。

一、总的项目考核内容

项目总体考核内容包括：

1）知识产权管理体系按时、按质建立。项目初期，针对制定的项目计划，按项目组是否在计划时间内建立知识产权管理体系，建立的体系是否符合标准、法律法规及公司已给出的要求进行考核。

2）内部审核结果为：符合性和有效性能满足要求。初次建立知识产权管理体系，建议运行 3 个月左右进行一次内部审核，检查体系运行情况，及时发现问题并且改进。此处考核并不是说一定要运行得非常完美，没有任何问题，而是考核建立的体系基本符合公司实际情况，运行中也没有发现重大不符合项。

3）按计划通过第三方的认证审核。

二、各阶段的考核内容

各阶段的工作完成质量则需要进行详细的统计分析，具体考核方向如下：

（一）启动会阶段

1. 启动会的准备工作[1]

（1）时间场地：提前安排会议时间、地点并通知到每个参与人。

（2）确认参与人员：内部至少包括最高管理者、管理者代表、公司高层管理者、各部门负责人、体系编写人员、公司的知识产权管理人员；外部人员包括企业知识产权管理规范工作辅导人员。如果条件允许，可以安排更多的员工参与，可以邀请当地知识产权部门的人员作为特邀嘉宾。

（3）资料准备：培训课件、标准等。

（4）会议记录：安全人员做好会议记录。

2. 会议内容

（1）做企业知识产权管理规范工作的原因：介绍知识产权管理体系建立的意义、国家政策导向。

（2）标准的解读：辅导人员对标准进行解读，如果时间不充裕，可以简单介绍，之后再针对不同职能分别进行详细解读。

（3）管理者代表任命，成立知识产权管理规范工作小组：最高管理者任命管理者代表、宣布企业知识产权管理规范工作小组的成立，要求各部门积极配合，确保企业知识产权管理规范工作能顺利展开。

（二）知识产权管理诊断[2]

1. 诊断前的准备工作

（1）建立诊断工作小组：确定诊断调研组成员（最好包括企业管理者代表、辅导机构人员、企业知识产权管理部门负责人、知识产权专职或兼职管理人员）、确定被调查成员（企业一把手、各部门负责人和联络员）。

（2）前期资料收集：公司基本情况、组织构架（大概的职能分配）、现有知识产权管理制度、现有的管理体系类别。

2. 诊断内容

（1）诊断计划：确认诊断形式；时间规划（需要提前将调查计划通知给相应人员）；诊断内容规划（要合理、全面，至少涵盖标准中的要求）。

（2）执行诊断：根据诊断计划按时、按质完成诊断工作。

（3）诊断报告：诊断完成后，要对收集到的信息进行整理、分析，有不清楚的要

---

[1] 成胤，杨丽萍. 企业知识产权贯标三部曲［M］. 北京：知识产权出版社，2018：12-14.

[2] 成胤，杨丽萍. 企业知识产权贯标三部曲［M］. 北京：知识产权出版社，2018：15-16.

与对接人沟通。诊断完成后及时编写诊断报告，报告要客观且内容全面，要清晰显示企业已有的知识产权管理水平和标准要求之间的差距。

(三) 构建知识产权管理体系

(1) 范围：体系覆盖范围明确，与公司实际情况相符合。

(2) 知识产权管理体系内容：逻辑关系明确，范围内的标准条款要求覆盖全面，体系文件贴合实际情况，能够顺利落地实施，已配备体系运行需要的资源。

(3) 体系融合：如有必要，知识产权管理体系和企业现有管理体系融合情况良好，不相互矛盾。

(四) 开展宣传培训

(1) 宣传培训的内容要全面，此阶段的内容应包括：最高管理者致辞（工作期望与要求，表明态度，要求全员参与)；体系文件的颁布；开展企业知识产权宣贯培训，指导各部门人员正确理解和执行知识产权管理规范要求。

(2) 培训达到的效果是确保知识产权方针得到全体员工的理解。

(五) 知识产权管理体系实施运行和持续改进

通过内审和管评来检查体系实施运行情况，评价体系的适宜性和有效性，发现改进的方向以及改进需要的资源。

(六) 认证准备、认证申请

(1) 前期准备工作：完成内部审核和管理评审工作，包括针对发现的不符合项采取的纠正和预防措施。

(2) 认证机构：选择第三方认证机构，根据机构的要求完善申请材料，评价标准是认证机构是否接受申请，签订认证合同，执行下一阶段的审核。

(七) 认证审核

评价标准为：比较顺畅地完成审核流程，通过文件审核和现场审核，按时完成审核的后续活动（即改进措施验证有效)，取得认证证书。

(八) 后期证书维护

评价标准为：知识产权管理体系持续有效运行；证书有效期内，按时完成监督审核；证书到期前完成再次认证工作。

第七章 CHAPTER 7

企业知识产权管理体系审核与认证

第一节 贯彻《企业知识产权管理规范》的意义

贯彻《企业知识产权管理规范》的真正意义不在于获得一张证书或者拿到政府资助资金，而在于企业通过贯彻《企业知识产权管理规范》工作，能够将知识产权运用到企业的实际工作中，能够保护知识产权，防范知识产权风险，让知识产权真正为公司的发展保驾护航。

（一）贯彻《企业知识产权管理规范》是企业增强知识产权管理能力的重要举措之一

贯彻《企业知识产权管理规范》涉及企业的立项、研发、生产、采购、销售等各个环节的知识产权管理。通过贯彻《企业知识产权管理规范》，全体人员，尤其是中高层管理者，保护知识产权的意识得到提升，创造力被激发，企业会获得高质量的自主知识产权产出，通过生产、销售、许可转让等方式给企业带来经济效益。曾有企业高管就表示，通过贯彻《企业知识产权管理规范》，使他们的员工认识了知识产权，从而有了保护和运用的意识，他认为这就是贯彻《企业知识产权管理规范》的作用。

（二）传授知识和经验，为企业培养知识产权人才

知识产权管理体系构建的主体是企业，不能过分依赖辅导机构，什么都交给辅导机构做，而应该紧密配合辅导机构，认真学习辅导机构的经验做法，借助辅导机构的专业背景和资源优势，培养一支知识产权能力较强的工作团队。

（三）防范企业知识产权风险

贯彻《企业知识产权管理规范》，可以有效避免或减少企业在管理过程中出现的知识产权或法律风险。企业在生产经营活动中对涉及知识产权的各类活动，应加强知识

产权管理，对有关知识产权合同做出明确要求，合同中必须有知识产权条款，要做相应的知识产权审查或形成相应的记录。《企业知识产权管理规范》针对不同类型的风险提出了具体防范要求。企业应加大风险防范措施，增强风险防范意识。

第二节　企业准备

一、企业知识产权管理体系认证申请

符合条件的企业提交认证申请后，认证机构应及时对申请材料进行评审，及时对符合受理条件的企业做出受理决定。

（一）申请条件

（1）申请组织已按《企业知识产权管理规范》的要求建立文件化的知识产权管理体系，并实施运行 3 个月以上。

（2）至少完成一次内部审核和管理评审。

（3）知识产权管理体系运行期间及建立体系前的一年内未受到主管部门行政处罚。

（二）认证申请

符合申请条件的组织，可向认证机构提出认证申请，提交《认证申请书》以及申请书要求的文件。例如，中规（北京）认证有限公司《认证申请书》要求的文件主要包括：

（1）申请组织的资质文件，包括：①企业或组织法律证明文件，如营业执照及年检证明复印件；②组织机构代码证复印件（如适用）；③覆盖的活动涉及法律法规规定的行政许可，提交相应的行政许可证复印件（如适用）；④其他相关资质证明文件。

（2）申请组织的体系文件，需包含但不限于：①知识产权手册；②程序文件清单、记录文件清单；③程序文件；④内部审核和管理评审的证明文件。

（3）承诺遵守法律法规、认证机构的要求，提供关于材料真实性的相关声明文件。

（4）知识产权清单。

（5）认证机构要求申请组织提交的其他补充资料。

（三）申请评审

认证机构收到申请方的申请后，应对申请进行评审，以确保：

（1）关于申请组织及其管理体系的信息足以建立审核方案。

（2）解决认证机构与申请组织之间任何已知的分歧。

(3) 认证机构有能力并能够实施认证活动。

(4) 考虑申请的认证范围、申请组织的运作场所、完成审核需要的时间和任何其他影响认证活动的因素（语言、安全条件、对公正性的威胁等）。

(四) 认证受理

认证机构接受企业申请材料后即启动受理流程，在规定的时间内进行材料评审和合同评审。评审后，认证机构应接受或拒绝认证申请。当认证机构基于申请评审的结果拒绝认证申请时，应记录拒绝申请的理由并使客户清楚拒绝的原因。认证机构接受认证申请的，应与申请组织签订认证服务合同。双方签订认证服务合同且缴纳费用后，完成受理流程。

二、现场审核前企业的材料准备工作

企业在现场审核前的主要工作是准备材料，所准备的材料应符合自身知识产权管理体系的实际需求，体现管理体系的有效性和适宜性。

1. 体系文件及其他资料

体系文件及其他资料主要包括知识产权方针及目标、手册、程序文件及制度文件、程序文件清单及记录文件清单、内部和管理评审资料（含计划、实施、总结、改进等）、每个职能部门知识产权目标及目标考核情况、企业营业执照副本、国家特许行业或强制认证产品的证明、企业生产经营场所的权属证明或有效租赁证明、企业宣传材料。

2. 知识产权管理方面

知识产权管理方面主要包括知识产权获取的相关情况（例如，制订获取计划、获取前检索、获取记录的管理等）、知识产权维护的相关情况（例如，知识产权日常管理、评估、权属变更、权属放弃等）、知识产权运用的相关情况（例如，知识产权实施、许可和转让等情况，企业投融资、重组或参与标准化、联盟等相关知识产权情况）、知识产权风险管理情况（例如，企业的生产设备、办公设备、产品等侵权风险分析等）、知识产权争议处理的相关情况（例如，企业产品被侵权纠纷的处理等）、涉外贸易知识产权管理相关情况（例如，了解目的地的知识产权法律法规政策、适时在目的地进行知识产权布局等）。

3. 信息资源方面

信息资源方面主要包括知识产权信息资源管理的情况（例如，企业所属领域的知识产权分析和利用情况等）、对外信息发布审批的相关记录（例如，对外产品宣传的内容、技术交流报告等）。

4. 文件控制方面

文件控制方面主要包括体系文件控制的相关记录（例如，文件发放、回收、借阅、销毁、保管等）、外来文件管理的相关情况（例如，外来文件的登记、保管）。

5. 法律法规方面

法律法规方面主要包括适用的法律法规收集及传达的相关情况。

6. 合同管理方面

合同管理方面主要包括合同知识产权条款审查的相关记录、涉及知识产权条款的合同（例如，知识产权业务委托合同、委托开发合同、合作开发合同、劳动合同、生产委托合同、采购合同）。

7. 保密管理方面

保密管理方面主要包括保密管理与控制的相关情况（包括涉密人员、设备、信息和场所等）。

8. 人力资源方面

人力资源主要包括员工花名册、知识产权工作人员任职资格方面的要求、开展知识产权教育培训的相关情况（例如，培训计划、培训记录等）、员工入离职的知识产权相关手续（例如，入职背景调查、离职声明等）、知识产权奖惩的相关情况（例如，对发明人的奖励）。

9. 财务方面

财务方面主要包括知识产权费用预算以及费用开支的情况。

10. 研究开发方面

研究开发方面主要包括立项阶段知识产权管理的情况（例如，项目相关的知识产权检索、分析、评估、防范等情况）、研发阶段知识产权管理的情况（例如，涉及的知识产权检索、规划、跟踪监控、成果评估等）、研发活动的证明材料（例如，设计图纸、程序源代码、设计变更等）。

11. 采购方面

采购方面主要包括对于采购涉及知识产权的产品，收集其知识产权信息情况（例如，收集涉及的专利信息、商标信息等）。

12. 生产方面

生产方面主要包括产品与工艺改进的评估情况（例如，产品性能改进建议）、生产活动记录（例如，排产计划表、工序检验表等）。

13. 销售方面

销售方面主要包括涉及对知识产权的新产品进行保护和风险规避的情况、参加会展等商业宣传活动的知识产权保护的情况、产品市场监控相关情况。

第三节　审核启动

知识产权管理体系认证审核的启动阶段的活动主要包括：确定审核目的、范围和准则；确定审核的可行性；指定审核组长和组成审核组；与受审核方建立初步联系。

一、确定审核目的、范围和准则

1. 确定审核目的

每一次知识产权管理体系审核都应依据明确的审核目的来实施，审核目的确定了每一次审核的任务。通常，知识产权管理体系的审核目的包括：

①确定受审核方知识产权管理体系或其一部分与审核准则的符合程度。

②评价知识产权管理体系满足适用法律法规和合同要求的能力。

③评价知识产权管理体系实现规定目标指标的有效性。

④识别知识产权管理体系潜在的改进方面。

然而，不同类型的知识产权管理体系审核的目的不同，同一种类型的审核在不同的情况下也会基于不同的审核目的。因此，每一次审核都应明确地确定其审核目的。

知识产权管理体系认证审核按其序列可分为初次审核、监督审核和再认证，这三种审核的审核目的各不相同。本节主要阐述的是知识产权管理体系认证审核中初次审核的审核目的。

初次审核是对受审核方的知识产权管理体系进行的首次正式审核。

知识产权管理体系认证审核的初次审核通常分为第一阶段审核和第二阶段审核，两个阶段审核的审核目的是不同的。[1]

通常，第一阶段审核的目的是：评价知识产权管理体系文件与审核准则的符合程度，初步评价受审核方的知识产权管理体系策划的充分性和适宜性，了解其实施运行的基本情况，为第二阶段审核做准备。

通过第一阶段审核的文件评审，评价受审核方的知识产权管理体系文件与知识产权管理体系标准和适用法律法规要求的符合程度，是否充分、适宜地描述了受审核方的知识产权管理体系，并初步了解受审核方知识产权管理体系。

通过第一阶段的现场审核，收集并评审受审核方知识产权管理体系整体情况和实施运行的基本信息，以判断其总体策划是否充分、适宜并正在实施运行，为第二阶段审核做好准备。

---

[1] 成胤，杨丽萍. 企业知识产权贯标三部曲 [M]. 北京：知识产权出版社，2018：65-66.

通常，第二阶段审核的目的是：确认受审核方的知识产权管理体系与审核准则的符合程度，验证其是否有效实施运行，以决定是否推荐认证注册。

通过第二阶段审核，收集受审核方知识产权管理体系符合性和有效性的审核证据，并对照审核准则进行评价，以判断受审核方知识产权管理体系实施运行的符合性和有效性，确认其持续改进的能力，评价其实现知识产权管理方针和目标指标的能力，并得出是否能够推荐认证注册的审核结论。

2. 确定审核范围

审核范围规定了一次审核的内容和界限。确定审核范围是知识产权管理体系认证审核中的重要活动。

确定审核范围实质上是界定受审核方知识产权管理体系承诺和实施的责任范围，也就是确定所审核的知识产权管理体系的实际位置、组织单元、产品、活动和过程以及所覆盖的时期。需要说明的是，确定审核范围并不仅仅是审核启动阶段的活动，它贯穿于知识产权管理体系认证审核过程的始终，并在此基础上最终决定认证范围。

（1）确定审核范围和认证范围的程序及其区别。确定审核范围和认证范围的程序大致如下：

①认证委托方（如申请认证的组织）在认证申请书中提出申请认证的范围。

②认证机构在接受认证申请后，评审并初步确定认证范围，通常会在与受审核方签订的认证合同中写明初步确定的认证范围，此认证范围决定了审核的内容、地点和工作量。

③审核组依据认证合同中初步确定的认证范围来确定审核范围，确定的审核范围应描述在审核计划中，审核组实施现场审核的依据。

④审核组通过实施现场审核，对审核计划中规定的审核范围所涉及的所有内容进行核查，收集相应的审核证据，对审核范围进行确认。如果出现需要变更审核范围的任何情况，审核组应及时与认证机构和受审核方沟通协商，以确认审核范围。审核组不宜自行做出变更审核范围的决定。经审核组现场审核确认的审核范围应在审核报告中写明，如审核范围发生变更，通常应在审核报告中写明变更的理由。

⑤认证机构根据审核组提交的审核报告及其他审核资料，对受审核方的认证范围进行审批确定，最终决定受审核方的认证范围，最终决定的认证范围在认证证书上写明。

由此可见，审核范围和认证范围是不同的，应区分审核范围和认证范围。

（2）审核范围的确定。在确定审核范围时，可以从组织的实际位置、组织单元、活动和过程、审核覆盖的时期等方面予以综合考虑。

1）审核应覆盖受审核方知识产权管理体系中涉及重要知识产权管理要求的每个现场或部门。

2）审核范围通常包括实际位置、组织单元、活动和过程及所覆盖的时期。

实际位置是指受审核方（将来是获证方）所处的地理位置或其活动发生的场所位置，包括固定的、区域性的位置。组织单元是指与受审核方的知识产权管理体系有关的部门、岗位、场所等。活动和过程是指受审核方的知识产权管理体系包括的活动和过程。所覆盖的时期是指受审核方的知识产权管理体系实施或运行的时间段。

3）组织的知识产权过程和活动、实际位置、组织单元等直接或间接地与组织提供的产品相关，所以，在确定审核范围时要考虑受审核方提供的产品类别。只要与所确定的产品相关的活动和过程、实际位置、组织单元通常均应包括在审核范围之中。

3. 确定审核准则

知识产权管理体系认证审核的审核准则包括：

（1）GB/T 29490—2013 规定的知识产权管理体系要求。GB/T 29490—2013 中规定的知识产权管理体系要求是与知识产权管理体系直接相关的要求，是知识产权管理体系认证审核的最基本的审核准则。

（2）受审核方现行有效的知识产权管理体系文件。受审核方现行有效的知识产权管理体系文件规定的是受审核方对其知识产权管理体系的实施要求和/或具体实施方法，是衡量受审核方知识产权管理体系实施状况的准则。

（3）适用于受审核方的产品、活动和过程的知识产权管理法律法规和其他要求。受审核方的产品和活动是否符合适用的知识产权管理法律法规和其他要求是审核的重要内容，因此，与产品和活动有关的适用法律法规和其他要求也是审核准则之一。

4. 相关认证程序或规则

相关认证程序或规则适用时，包括认证机构对知识产权管理体系标准的技术解释。

认证程序或规则是审核组实施审核时必须遵循的要求，是衡量认证审核过程是否符合要求的准则。违反认证程序和规则的审核是无效的审核。因此，认证程序或规则也构成审核的准则。

有些认证机构为了保持不同审核员在实施认证审核时对标准解释和评价尺度的一致性，会提供对标准要求的技术解释供审核员参考，这种情况下，认证机构对知识产权管理标准的技术解释也是审核准则的一部分。

需要说明的是，以上四项审核准则中前三项是用以判断受审核方知识产权管理体系符合性和有效性的依据，第四项是判断审核组的审核活动和审核行为是否符合要求的依据。[1]

二、确定审核的可行性

确定审核的可行性是在正式组成审核组实施审核之前，为了确保审核能够得以实

---

[1] 成胤，杨丽萍. 企业知识产权贯标三部曲［M］. 北京：知识产权出版社，2018：66-67.

施，由审核委托方和受审核方之间进行的必要活动，以使审核具备实施的条件。

对于知识产权管理体系认证审核而言，通常是由认证机构中负责管理审核方案的人员或指定的审核组长对从受审核方处获得的信息以及认证机构的资源等方面的情况进行评审，以确定审核是否可行。

在确定审核的可行性时，应考虑以下因素：

（1）是否获取了策划审核所需的充分、适宜的信息。对于知识产权管理体系认证审核，策划审核所需的信息通常包括：

①受审核方知识产权管理体系的运行时间。受审核方的知识产权管理体系应已实施运行了一段时间才会具备实施审核的条件。就第三方认证审核而言，通常需要受审核方的知识产权管理体系实施运行 3 个月以上。

②受审核方是否已进行了内审和管理评审，并且能够为审核提供充分的运行证据。

③在审核期间受审核方的生产、服务及其他管理活动是否能够正常开展。

④审核方是否提交了知识产权管理体系文件。

⑤申请认证的范围：通常受审核方会在与认证机构签订的认证合同中写明申请认证的范围。

⑥受审核方的基本信息和简况，如组织的性质、名称、地址、法律地位和资质证明、规模与人数、产品、组织结构、主要场所和活动、知识产权管理要求等。

⑦受审核方适用的标准、法律法规等。

（2）是否能得到受审核方的充分合作。受审核方需要理解审核的程序和相关的要求，并为审核的实施做出充分的安排，提供审核所需的支持和配合。在知识产权管理体系认证审核中，需要受审核方在以下几个方面给予支持和配合：

①文件评审：受审核方应按要求提供文件评审所需的知识产权管理体系文件。审核组需要进入与审核有关的现场对现场进行观察、查阅有关文件和记录、与有关人员进行面谈等。

②审核组所需的临时办公场所、食宿行安排、通信和复印设施（需要时）等。

（3）是否能提供充分的审核时间和资源。审核委托方应为审核的准备和实施安排充分的时间和资源，包括：

①安排的审核时间是否能够为审核组的选择、文件评审、编制审核计划等审核准备工作提供足够的时间。

②是否能够组成具备相应知识与技能（包括专业能力）的审核组。

③是否为实施现场审核提供了足够的时间等。

如果经确认，发现不具备审核的可行性，负责管理审核方案的人员或审核组长应

与受审核方协商，并向认证机构提出建议（如推迟审核时间、变更审核目的或审核范围等）。❶

三、指定审核组长和组成审核组

1. 指定审核组长

认证机构中负责管理审核方案的人员应为每一次审核指定审核组长，审核组长对此次审核所有阶段的活动负责。

审核组长应具备一定的资格，通常是国家注册知识产权管理体系高级审核员，或是至少参加过按 GB/T 19011—2013 标准进行的完整审核的国家注册知识产权管理体系审核员。审核组长应当具备领导和管理审核活动的知识与技能，有权对审核活动的开展和审核结论做最后决定。

审核组长的任务和职责包括：

①对审核进行策划并在审核中有效地利用资源（包括编制审核计划、分配审核工作等）。

②组织和指导审核组成员，为实习审核员提供指导和指南。

③主持首、末次会议。

④控制和协调审核活动（包括防止和解决审核过程中发生的问题或冲突）。

⑤组织审核组内部沟通，代表审核组与受审核方和认证机构进行沟通。

⑥组织审核组评审审核发现并做出审核结论。

⑦组织编制和完成审核报告。

⑧履行和完成审核员承担的任务和职责。

2. 组成审核组

当确定了审核的可行性之后，认证机构应组成审核组。

审核组可以包括审核组长、审核员、实习审核员和技术专家。

由于知识产权管理体系认证审核分两个阶段进行，所以两个阶段的审核组组成可以不同，但是通常参加第一阶段审核的审核组成员一般会参加第二阶段的审核，审核组长也通常为同一人。通常第一阶段审核组的人数会比第二阶段审核组的人数少。

（1）审核组（GB/T 19011—2013 标准中的 3.9）：实施审核的一名或多名审核员，需要时，由技术专家提供支持。

注 1：指定审核组中的一名审核员作为审核组长。

注 2：审核组可包括实习审核员。

审核组可以由一名或多名审核员组成，其中一名审核员应被指定为审核组长，当

❶ 北京强企知识产权研究院，中规（北京）认证有限公司. 企业知识产权管理体系内审与咨询实用教程[M]. 北京：中国标准出版社，2019：122-123.

由一个审核员组成审核组时，该审核员也是审核组长。审核组可以包括实习审核员，需要时还可以配备技术专家为审核组提供特定知识或技术支持。

（2）审核员（GB/T 19011—2013 标准中的 3.8）：有能力实施审核的人员。

审核员是有能力独立实施审核任务的人员，通常应具备国家注册知识产权管理体系审核员或高级审核员的资格。实习审核员是审核组的成员，但不能独立承担审核任务。

通常，审核员的任务和职责包括：

①有效地策划所承担的审核活动，如编制检查表等。

②参与审核过程中的沟通及首、末次会议。

③有效地完成所承担的审核任务，包括收集审核证据、报告审核发现等。

④参与审核发现的评审和审核结论的准备。

⑤配合并支持审核组长和其他审核员的工作。

⑥当审核委托方要求时，实施审核后续活动。

（3）技术专家（GB/T 19011—2013 标准中 3.10）：向审核组提供特定知识或技术的人员。

注 1：特定知识或技术是指与受审核的组织、过程或活动以及语言或文化有关的知识或技术。

注 2：在审核组中，技术专家不作为审核员。

技术专家的主要作用是为审核组提供与受审核方的组织、产品、过程、活动、语言或文化等方面有关的知识或技术支持。技术专家是审核组的成员，但不是具备独立承担审核任务的审核员。

四、与受审核方建立初步联系

1. 建立初步联系的方式

认证机构的审核方案管理人员或审核组长应就审核有关的事宜与受审核方建立初步联系。建立初步联系的方式可以采用正式的（如采用书面文件说明有关信息）方式，也可以采用非正式的方式（如电话口头沟通）。

2. 通过与受审核方的联系应达到的目的

①与受审核方的代表建立沟通渠道，包括确定受审核方的联系人、通信地址、电话、传真等能够进行有效沟通的方式。

②确认实施审核的权限，包括：在审核过程中审核组收集审核证据时需要查阅的文件、记录，进入和观察的现场、活动和过程，以及与有关人员的面谈沟通等。

③向受审核方提供建议的审核时间安排（包括审核日期、期限、审核组成员到达和离开的时间等）和审核组成员的信息，征求受审核方的意见和建议，以便确定审核

的安排。

④沟通在审核中需遵循的现场安全规则等事宜。

⑤如果有观察员随同审核组，应与受审核方就观察员的活动达成一致意见。

⑥向受审核方说明审核组对向导的需要，并明确向导的作用。

由于认证机构派出的审核组成员对受审核方的人员、地理位置、场所分布、规章制度等情况不熟悉，因此，通常需要受审核方为审核组指派向导来协助审核。向导的主要工作是：在审核组和受审核方之间建立联系，当审核组需要与受审核方人员面谈沟通时，向导需协助做出适当安排。

3. 确定向导的作用

①引导并安排审核组成员到达需要审核的现场或场所。

②向审核组成员说明有关场所的安全规则和程序以及其他注意事项，并确保审核组遵守这些要求。

③代表受审核方见证审核组的审核实施过程。

④在审核组收集信息和证据的过程中，需要时做出澄清或提供帮助。

与受审核方就与审核有关的其他事宜进行沟通并达成一致。[1]

第四节　文件评审

文件评审是第一阶段审核中的重要活动，并贯穿于整个审核活动中。

文件评审是对受审核方的知识产权管理体系文件进行的评审。文件评审分为现场审核前的文件评审和现场审核中的文件评审，文件评审应当考虑组织的规模、性质和复杂程度以及审核的目的和范围。文件评审贯穿于审核的全过程，在完成对受审核方的知识产权管理体系审核的全部活动后，才能对知识产权管理体系文件的符合性做出最后的评价结论。

本节主要介绍的是现场审核前的文件评审。

一、文件评审的时机

通常在第一阶段现场审核前，对受审核方的知识产权管理体系文件进行评审。

在有些情况下，如果不影响审核实施的有效性，文件评审也可以推迟到第一阶段现场审核活动开始。

---

[1] 北京强企知识产权研究院，中规（北京）认证有限公司. 企业知识产权管理体系内审与咨询实用教程［M］. 北京：中国标准出版社，2019：25.

二、文件审核的目的

（1）确定文件所描述的知识产权管理体系与审核准则的符合程度。受审核方的知识产权管理体系文件描述了该组织的知识产权管理方针、目标指标、知识产权管理体系的范围和主要要素及其相互作用，提供了策划、运行和控制涉及重要知识产权管理要求的过程的具体要求和实施方法。通过对文件中所描述的内容的评审，可以判断这些文件与审核准则（GB/T 29490—2013 标准及适用的法律法规和其他要求）的符合程度。

（2）了解受审核方知识产权管理体系基本情况的信息，为现场审核做准备。通过对受审核方知识产权管理体系文件的评阅，了解受审核方知识产权管理体系涉及的知识产权管理要求、产品、服务、过程、活动、职责、资源等方面的信息，为有效地策划和准备现场审核（包括编制合理可行的审核计划）提供依据。

三、文件评审人

文件评审通常由认证机构指定的此次审核的审核组长和审核员进行，有时也可以由认证机构指定的其他审核员进行，无论怎样，审核组长都应掌握文件评审的结果。

四、文件评审的依据

文件评审的依据有：①GB/T 29490—2013《企业知识产权管理规范》；②适用的知识产权管理法律法规和其他要求。

五、文件评审的基本方法和步骤

对知识产权管理体系文件进行评审的方法没有统一规定，实际工作中应按照各认证机构规定的方法实施文件评审。通常情况下，文件评审的基本方法和步骤包括：

①了解受审核方知识产权管理体系文件的架构。

②核实受审核方提交的知识产权管理体系文件是否为有效版本。

③依据 GB/T 29490—2013、适用的知识产权管理法律法规和其他要求，对描述受审核方知识产权管理方针、目标、知识产权管理体系范围和要素及其相互作用的文件（通常为《知识产权管理体系手册》）进行审查，评价其内容与标准和法律法规以及其他要求的符合程度。

④如果评审员认为上述知识产权管理体系文件提供的信息不充分，可请受审核方提供其他文件（如程序文件、知识产权管理要求清单、法律法规和其他要求清单等）进行评审。

⑤提出文件评审的意见和结论。

六、文件评审的对象和内容

1. 文件评审的对象

文件评审的对象包括以下文件和资料：

①知识产权管理方针、目标和方案，知识产权管理要求及法律法规和其他要求清单。

②描述知识产权管理体系范围和要素及其相互作用的文件（如知识产权管理手册）、程序文件（至少包括 GB/T 29490—2013 要求形成的文件化程序）、作业文件。

③审核组还可视情况收集以下资料：专利申请审批记录，商标注册记录，专利权或商标权的转让、许可、投资、质押记录，知识产权奖惩记录等。

GB/T 29490—2013 标准中有 12 处提出了对知识产权管理程序的文件化要求，在对知识产权管理体系文件进行评审时应将知识产权管理体系文件作为一个整体，依据受审核方知识产权管理体系文件的层次进行逐级审阅，评审各级文件中描述的内容与知识产权管理体系标准、适用法律法规和其他要求的符合程度及文件之间的关联性。

对知识产权管理体系每一层次的文件进行审阅时，都应从文件内容的符合性、系统性和协调性等方面进行评审。

需要注意的是，知识产权管理体系文件的编制格式和形式没有统一的要求，文件评审时不应在格式和形式上做主观的评判。但是同一组织机构的同一层次和类别的文件格式应一致，以便管理。

2. 文件评审的内容

（1）对知识产权方针和目标的评审。对知识产权方针和目标进行评审时，通常应考虑以下几个方面的内容：

①知识产权方针中是否包括了与组织经营发展相适应的承诺，是否符合组织的战略发展和宗旨，是否适宜组织的特点。

②知识产权方针中是否包括了遵守适用法律法规和其他要求的承诺。

③知识产权目标是否符合知识产权方针，是否可测量，是否能够成为全体员工在知识产权管理方面的统一方向。

④知识产权目标是否包括对持续改进和遵守适用法律法规和其他要求的承诺。

注：受审核方内部有关职能和层次上建立的目标可以在现场审核时进行评审。

（2）对描述知识产权管理体系范围和要素及其相互作用的文件（如知识产权手册）的评审。对描述知识产权管理体系范围和要素及其相互作用的文件进行评审时，通常应考虑以下几个方面的内容：

①是否清楚地阐明了知识产权管理体系覆盖的范围。

②对知识产权管理体系的主要过程的描述是否覆盖并符合 GB/T 29490—2013 规范

中对这些过程的要求，其内容是否符合适用的法律法规和其他要求，是否体现了要素之间的相互关系。

③是否清楚地描述了知识产权管理方针、目标，知识产权基础管理（获取、维护、运用、保护、合同、保密）、运行控制（立项、研发、采购、生产、销售和服务）、审核和改进等有逻辑关系的要素之间的接口关系。

④是否阐明了知识产权管理体系各个职能和层次的组织机构和职责。

⑤是否清楚地体现了知识产权管理体系文件层次、结构、相互关系及相关文件的查询途径。

（3）对程序文件的评审。对程序文件进行评审时，可考虑以下几个方面的内容：

①程序文件是否体现了 GB/T 29490—2013 标准中的要求，例如：知识产权获取、维护、运用、保护、合同、保密的基础管理；立项、研发、采购、生产、销售和售后的运行控制；审核和改进等建立并保持程序的要素，这些程序文件的内容是否满足了标准对这些要素的要求。

②每一个程序文件是否清楚地阐明了该程序的目的、适用范围、职责、要求和实施方法等内容，其内容是否覆盖其适用范围，是否具有可操作性和适宜性。

③在运行控制程序中是否明确地规定了运行准则和途径、职责。

④有相关联系的程序文件之间，其内容和接口是否清楚并协调一致。

⑤程序文件与其他相关文件（如作业文件、表格等）是否协调一致。

七、文件评审的意见和结论

文件评审人通过对文件内容的评审来判断受审核方知识产权管理体系文件与 GB/T 29490—2013、适用的知识产权管理法律法规和其他要求的符合程度。如果经评审发现受审核方的知识产权管理体系文件有不符合、不适宜、不充分的情况，如与 GB/T 29490—2013 的要求不符合，文件规定与受审核方实际情况或行业惯例明显不一致，文件内容对知识产权管理体系的描述不充分、不适宜（如照抄标准等）等，文件评审人应将以上情况通知受审核方、认证机构负责管理审核方案的人员，并根据这些问题的严重程度以及可能给现场审核带来的风险，确定是继续下一步审核活动，还是暂停审核活动直至问题得以解决，必要时，应暂缓认证审核的进程，直至问题得到有效解决。

在实际审核中，文件评审的评审意见和结果通常需要形成书面文件（如文件评审报告），写明在评审时发现的受审核方知识产权管理体系文件中存在的问题，以便受审核方对文件进行适当修改。需要注意的是，文件评审意见通常只需指出文件中存在的问题，而不应提供如何修改文件的建议，更不能代替受审核方修改文件。

知识产权管理体系认证审核中，文件评审的结论通常分为“符合”“局部不符合”和“不符合”三种。需要说明的是，本书对文件评审结论的表述方法不是唯一的，各认证机构可能会有不同的表述方式。

如果文件评审的结论为“符合”，则可以进行下一步的审核工作。

如果文件评审的结论为“局部不符合”，通常要求受审核方根据文件评审报告中提出的问题在规定期限内对文件进行修改，修改的内容可以在第一阶段现场审核前或现场审核中进行验证。

如果文件评审的结论为“不符合”，可以停止下一步的审核工作，待问题得到解决后再继续审核工作。

八、文件评审报告

审核组长或其他审核员对受审核方的知识产权管理体系文件进行初步审核后，通常会将文件评审的情况形成文件评审报告。文件评审报告的格式没有统一规定，各认证机构通常会设计适宜的格式以供选用。

第五节　现场审核

一、概述

依据 GB/T 27021. 1—2017《合格评定　管理体系审核认证机构的要求第 1 部分：要求》（CNAS-CC01：2015）的要求，知识产权管理体系认证的初次审核应分为两个阶段进行，即第一阶段审核和第二阶段审核。审核方案应包括两个阶段的初次审核，第一年与第二年的监督审核和第三年在认证到期前进行的再认证审核。三年的认证周期从初次认证或再认证决定算起。

（一）第一阶段审核

1. 第一阶段审核的活动

第一阶段审核主要包括：文件评审、第一阶段现场审核准备；现场审核的实施和编写审核报告。

2. 第一阶段现场审核的目的

审核目的是评价知识产权管理体系文件与审核准则的符合程度，初步评价受审核方质量管理体系策划的充分性与适宜性，了解其实施运行的基本情况，为第二阶段审核做准备。

3. 第一阶段现场审核的要求

通常第一阶段现场审核应遵循以下几方面的要求：

1）审核组长负责并参与第一阶段现场审核的活动，通过第一阶段现场审核了解受审核方质量管理体系的总体情况，以便安排第二阶段审核的事宜。

2）第一阶段现场审核不必对审核准则（特别是 GB/T 29490—2013）中的所有过程进行审核，也不必对受审核方知识产权管理体系涉及的所有部门、场所和活动进行审核，而是在有限的时间内重点审核主要的过程或活动。

3）在第一阶段现场审核中发现并确定的不符合项，可以开出"不符合项报告"，也可以列出问题清单。通知受审核方采取改进措施，其改进情况可以在第二阶段现场审核时验证。但如果发现的是严重不符合项，通常需待严重不符合项采取改进措施，并经验证有效后再进行第二阶段现场审核。

4）第一阶段现场审核完成后，应将第一阶段的审核发现形成文件并告知受审核方，包括识别任何引起关注的、在第二阶段审核中可能被判定为不符合项的问题。

4. 第一阶段审核的主要活动和目标

1）审核受审核方的知识产权管理体系文件：现场审核前的文件评审见本书第七章第四节，对其文件审核中发现的部分问题，有时需要在现场进一步核实；还有部分体系文件主要是实施性的文件，如程序文件、作业文件等，其符合性、适宜性、有效性也应在第一阶段现场审核时审核。

2）观察知识产权管理体系的运作场所和现场的具体情况，通过与受审核方的管理者代表和知识产权管理体系主控部门的人员交谈与沟通，了解受审核方知识产权管理体系的总体情况，包括：受审核方的组织机构和职责；活动、产品和服务的流程和特点；生产（或服务）及其相关知识产权管理体系活动的现场分布情况；重要知识产权管理要求控制点设置情况等，以确定是否为第二阶段审核做好了准备。

3）审查受审核方理解和实施知识产权管理体系标准要求的情况，特别是对知识产权管理体系的关键绩效或重要知识产权管理要求、过程、目标和运作的识别情况。

4）收集关于受审核方的知识产权管理体系范围、过程和场所的必要信息，以及相关的法律法规要求、相关方的特定要求及其遵守情况，如受审核方运作中的活动、产品和服务的流程、特点和知识产权管理要求；与知识产权管理要求有关的知识产权管理法律法规因素及相关的风险等。

5）审查第二阶段审核所需资源的配置情况，并与受审核方商定第二阶段审核的细节。

6）结合可能的重要问题充分了解受审核方的知识产权管理体系和现场运作，以便为第二阶段审核提供关注点。

7）评价受审核方是否有效地策划和实施了内部审核与管理评审，以及管理体系的实施程度能否证明客户已为第二阶段审核做好准备。

内部审核的信息包括内部审核程序、审核计划、审核报告等，对审核活动实施的效果进行评价。管理评审的信息包括：管理评审实施程序和方式，查看评审记录，管理评审是否包括了对知识产权管理体系的适宜性、充分性和有效性的评审。

对于大多数管理体系而言，为实现上述目标，建议至少部分第一阶段审核活动在受审核方的现场进行。

5. 不需要进行第一阶段现场审核的条件

通常情况下都需要进行第一阶段现场审核。但是，有时在具备以下全部条件的基础上，也可以不进行第一阶段现场审核：

①受审核方组织规模及范围很小，知识产权管理风险不大。

②审核组长已充分了解受审核方的知识产权管理风险，认为受审核方已具备了认证审核的条件。

③审核组有充分的资源保证，在受审核方的配合下，可以确保只通过一个阶段的现场审核（第二阶段现场审核）就能满足审核准则的全部要求。

6. 第一阶段现场审核的实施

由于第一阶段现场审核主要关注的是受审核方知识产权管理体系的总体策划及其运行的基本情况，而不是关注具体实施情况及效果，所以第一阶段现场审核的时间通常比较短。因此，审核组长应控制好审核进度，在有限的时间内，尽可能多地了解受审核方的有关情况，收集尽可能多的信息，以确定第二阶段现场审核的重点，从而保证第二阶段现场审核的有效实施。

7. 第一阶段审核结论和审核报告

审核组在完成第一阶段现场审核后，应对收集到的审核证据进行汇总和整理，讨论得出审核结论。审核组长应与受审核方有关人员沟通，并通报审核结论。

通常情况下，第一阶段现场审核结束后，审核组长需要组织编写第一阶段现场审核报告。

（1）第一阶段审核结论

审核组在完成第一阶段现场审核后，应从以下两个方面对受审核方的知识产权管理体系给予评价并做出审核结论：

①受审核方的知识产权管理体系在审核范围内是否总体上符合审核准则的要求，主要从知识产权管理体系文件与审核准则的符合程度、组织结构和职责是否合理和明确、知识产权管理目标指标是否明确、控制措施是否具体、知识产权管理行为和绩效是否符合适用法律法规和其他要求等方面综合考虑。

②受审核方的知识产权管理体系是否具备第二阶段审核的条件，主要从知识产权管理要求识别是否全面，核心知识产权管理要求是否识别充分以及针对重要知识产权管理要求采取的控制方法是否合理等方面考虑。

（2）第一阶段审核报告

第一阶段现场审核结束后，通常由审核组长或审核组长指派的审核员根据第一阶段审核的情况及审核结论，编制第一阶段审核的审核报告，审核组长对审核报告的内容负责。

第一阶段审核的审核报告一般包括以下内容：

①审核目的、准则、范围、日期、审核组成员等基本信息。

②受审核方知识产权管理体系基本情况的评价。

第一阶段审核的审核报告的格式和内容没有统一的要求，各认证机构可设计适宜的格式和内容。

（二）第二阶段审核

1. 第二阶段现场审核的目的

第二阶段现场审核的目的是确认受审核方的知识产权管理体系与审核准则的符合情况，验证其是否有效实施运行，以决定是否推荐认证注册。

2. 第二阶段现场审核的要求

第二阶段审核通常应遵循以下几方面的要求：

①审核组长最好参与第一、二阶段现场审核活动，全面掌握第一、二阶段现场审核的总体情况，以便对受审核方知识产权管理体系有比较全面的了解。

②第二阶段现场审核必须对审核准则（特别是 GB/T 29490—2013）中的所有过程进行审核，对受审核方知识产权管理体系涉及的所有部门、场所和活动也应进行审核。

③在第二阶段现场审核中发现并确定的不符合项，应开出“不符合项报告”，通知受审核方采取改进措施，其改进情况应跟踪验证。但如果发现的是严重不符合项，通常需待严重不符合项采取改进措施并经验证有效后才能决定是否推荐认证。

④第二阶段审核的目的是评价受审核方知识产权管理体系的实施情况，包括有效性。第二阶段审核应在受审核方的现场进行。

3. 第二阶段审核的内容

①知识产权管理体系标准或其他规范性文件的所有要求的符合情况及证据。

②依据关键绩效目标（与适用的管理体系标准或其他规范性文件的期望一致），对绩效进行的监视、测量和评审。

③受审核方的知识产权管理体系和绩效中与遵守法律有关的方面。

④受审核方知识产权管理体系过程的运作控制。

⑤内部审核和管理评审。

⑥针对受审核方知识产权管理方针实施涉及的管理职责。

⑦规范性要求、方针、绩效目标（与适用的管理体系标准或其他规范性文件的期望一致）、适用的法律要求、职责、人员能力、运作、程序、绩效数据和内部审核发现及结论之间的联系。

4. 现场审核的主要活动

第二阶段现场审核的主要活动包括：首次会议，现场审核，形成审核发现，准备和形成审核结论，审核过程中的沟通和末次会议等。

二、现场审核的实施

知识产权管理体系审核的第一、二阶段都是在受审核方现场实施的，尽管两个阶段的审核目的、范围和内容有所不同，但审核的方法、原则和程序是相似的，本节重点介绍现场审核的程序和要求。

（一）首次会议

1. 概述

首次会议是第二阶段现场审核活动的序幕，是审核组与受审核方高层管理人员见面和介绍现场审核活动的第一次会议，标志着第二阶段现场审核活动的正式开始。审核组成员应以恰当的言谈举止开始审核活动。

首次会议通常在正式实施第二阶段现场审核前召开。审核组成员和受审核方高层管理人员参加首次会次，需要时，受审核的职能部门或区域的负责人也可以参加首次会议。

首次会议由审核组长主持，会议应按审核计划中约定的时间按时召开。首次会议应简短明了，一般30分钟左右，与会人员应签到，审核组应保留签到记录。

首次会议的气氛应融洽、坦率、透明和正规。

2. 首次会议的目的

①确认审核计划。

②简要介绍实施审核活动的方法和程序。

③确认审核中的沟通渠道。

④向受审核方提供询问的机会等。

3. 首次会议的内容和程序

首次会议的内容和程序如下，在实际审核中可以根据具体情况进行调整或适当简化：

①人员介绍。

②确认审核目的、范围和准则。

③与受审核方确认审核日程及其他相关安排。

④介绍审核的方法和程序。

⑤说明审核中与受审核方的沟通和可能终止审核的有关条件的信息。

⑥确认向导及其作用和职责，落实审核所需的资源和设施。

⑦确认对审核活动的限制条件和相关要求。

⑧确认有关保密事宜。

⑨说明对审核的实施和结果的申诉渠道。

⑩需要时，请受审核方高层管理者代表简单致辞。

⑪结束会议。

（二）现场审核

1. 概述

现场审核是使用抽样检查的方法，收集并验证与审核目的、范围和准则有关的信息，从而获得审核证据的过程。现场审核在整个审核工作中占有非常重要的地位，审核发现以及最终的审核结论都是依据现场审核的结果得出的，因此，在现场审核过程中运用适宜的审核方法收集并验证信息，获得能够证实的审核证据是成功审核的关键。在这个过程中，审核员的个人素质和审核技能可以得到充分发挥并将对审核结果起到重要作用。

2. 信息的收集和验证，获取审核证据

在现场审核过程中，审核组需确定充分、适宜的信息源，通过适当的抽样审核方法收集与审核目的、范围和准则有关的信息，包括与职能、活动和过程间接有关的信息，并对这些信息进行验证，从而获得审核证据。只有能够证实的信息才能作为审核证据。

3. 现场活动中的注意事项

为了在有限的时间内有效地完成审核任务，在现场审核活动中需要注意以下事项：

①对审核计划的实施进行控制。

②明确总体、合理抽样。

③注意关键岗位和体系运行的主要问题。

④注重收集知识产权管理体系运行有效性的证据。

⑤重视控制效果，避免主观武断、形式主义。

⑥注意相关影响。

（三）形成审核发现

1. 审核发现的作用

审核发现是对照审核准则评价审核证据得到的结果，评价的结果可能是符合审核准则的，也可能是不符合审核准则的。因此，审核发现能表明符合或不符合审核准则，它既可以是正面的，也可以是负面的。

2. 不符合项和不符合项报告

（1）不符合项。在知识产权管理体系审核过程中，经评价违背或偏离审核准则的审核发现即可确定为不符合项。不符合项可以按其严重程度和造成的影响或后果进行分级，其分级方法及判定标准不是唯一的，由认证机构做出具体的规定。审核员在审核过程中，应按委托其实施审核的认证机构的规定执行。本书中将不符合项的严重程度分为“严重不符合”和“一般不符合”两级，仅供参考。

（2）不符合项报告的内容。不符合项报告是记录不符合审核准则的审核发现的一种常用的方法。各认证机构通常会提供不符合项报告的表格形式，其内容一般包括：

①受审核方的名称。

②受审核的部门或不符合项发生的地点及其相应的负责人。

③审核员和向导。

④审核日期。

⑤不符合事实的描述，即不符合项的支持性审核证据。

⑥不符合项的审核准则（如标准、文件等）的名称和条款。

⑦不符合项的严重程度。

⑧审核员签字、审核组长认可签字和受审核方确认签字。

（四）形成审核结论

1. 准备审核结论

末次会议前，审核组长应组织审核组成员进行较长时间的内部沟通，结合审核目的，对现场审核的所有审核发现及其他适当信息进行汇总、分析、评价和总结，在此基础上对受审核方的知识产权管理体系的符合性和有效性进行总体评价，最终得出审核结论。

2. 形成审核结论

审核结论是审核组根据审核目的，在对受审核方知识产权管理体系符合性、有效性及实施效果进行综合评价的基础上得出的最终审核结果。

审核结论的划分方法和判定标准不是唯一的，各认证机构会规定审核结论的划分方法和判定标准。审核员在审核过程中，应按委托其实施审核的认证机构的规定执行。

本书中将审核结论分为“推荐通过认证”“有条件推荐通过认证”“不推荐通过认证”三种，仅供参考。[1]

---

[1] 北京强企知识产权研究院，中规（北京）认证有限公司. 企业知识产权管理体系内审与咨询实用教程［M］. 北京：中国标准出版社，2019：52.

（五）末次会议

1. 概述

末次会议是现场审核的结论性会议，通常在审核组完成了现场审核活动，获得了审核发现并得出审核结论之后进行。

为确保末次会议顺利、有效地召开，末次会议前的准备工作应充分。审核组内部应认真地进行汇总分析和评价，讨论并确定不符合项，全面、准确、公正、客观地做出知识产权管理体系符合性和有效性评价和审核结论，并达成共识，同时还需要与受审核方进行良好的沟通，澄清疑问并解决分歧。

末次会议由审核组长主持，参加会议的人员应包括审核组的全体成员和受审核方的最高管理层及各有关部门的管理者，需要时还可包括认证机构和其他方面的代表。

末次会议通常在受审核方所在地召开，时间一般不超过1小时。与会人员应签到，审核组应做好并保持会议记录（包括人员签到记录）。

末次会议是正式的会议，应保持正规、严谨、和谐、融洽的气氛。

2. 末次会议的程序和内容

末次会议通常包括如下方面的程序和内容，但各认证机构在具体做法上可能略有不同，有些程序和内容可以根据实际情况适当简化：

（1）感谢受审核方的配合和支持。审核组长宣布末次会议开始后，应首先代表审核组感谢受审核方的配合和支持，使审核工作能顺利完成。

（2）重申审核的目的、准则和范围。在末次会议上重申审核的目的、准则和范围是十分必要的。一方面是因为尽管审核计划上和首次会议时均说明了审核的目的、准则和范围，但参加末次会议的人员未必都了解这些信息，通过重申这些信息向受审核方及其他与会人员表明，审核组的审核过程始终是遵循审核的目的、准则和约定的审核范围实施的。另一个重要的原因是，在现场审核时，可能由于种种原因而导致审核的目的和范围发生了变更，如有变更，审核组长应说明变更的原因，申明变更之后的审核目的和范围，并得到受审核方的确认。

（3）提出审核发现。审核组长应从总体上说明审核的基本情况，宣布审核发现（包括符合的和不符合的），肯定受审核方知识产权管理体系的优势，指出薄弱环节和主要问题。不符合项报告可由审核组长指派审核组成员宣读，审核组成员可以对相关内容做出必要的解释和说明。对受审核方不理解或有疑问的内容进行解释和澄清，以使受审核方理解和认同。如果受审核方对审核发现有不同的意见，双方应进行讨论和澄清，尽量解决分歧以达成共识；如果未能解决，审核组应当记录所有的意见和分歧。

（4）宣布审核结论。审核组长宣布本次审核的结论（包括知识产权管理体系符合性和有效性评价以及是否推荐认证注册的决定）。审核组长可就审核结论做出适当解释，并说明审核组得出的审核结论只是向认证机构提出的推荐性结论，受审核方是否能够认证注册，还需由认证机构做出最终决定。[1]

第六节　审核报告

一、审核报告的编制和内容

审核报告是审核组结束现场审核工作后必须编制的一份文件，通常由审核组长或其他审核员在现场审核后以正式文件的方式提交给认证机构。审核组长应对审核报告的编制和内容负责。审核报告的格式没有统一的规定和要求，认证机构会根据需要设计适用的格式。

通常，知识产权管理体系认证审核的第一阶段审核和第二阶段审核均需编制审核报告。本节介绍的是第二阶段审核报告的内容。

审核报告应当提供完整、准确、简明和清晰的审核记录，审核报告的内容包括：

1. 审核目的

审核报告应写明第二阶段审核的目的，如果因为现场审核中发生的异常或特殊情况而导致审核目的发生了变更，应在审核报告中写明变更后的审核目的，并写明变更的理由。

2. 审核范围

审核报告应写明经审核组现场审核确认后的第二阶段审核的范围，明确受审核方的组织单元、职能单元、主要过程和活动以及审核所覆盖的时期。如果因为现场审核中发生的异常或特殊情况而导致审核范围发生了变更，应在审核报告中写明变更后的审核范围，并写明变更的理由，以此作为认证机构最终确认认证范围的建议性依据。

3. 审核准则

审核报告应写明第二阶段审核所依据的审核准则。

4. 审核委托方和审核组成员

审核报告应写明提出此次审核要求的认证机构的名称、地址及联系方式等信息，以及第二阶段审核的审核组成员（包括审核组长、审核员、实习审核员、技术专家）的姓名和资格等。

5. 现场审核活动实施的日期和地点

审核报告应写明第二阶段现场审核活动的起止日期和地点，包括受审核方及其所

[1] 北京强企知识产权研究院，中规（北京）认证有限公司. 企业知识产权管理体系内审与咨询实用教程［M］. 北京：中国标准出版社，2019：56.

在地址。如果审核活动涉及多个现场，应明确所有现场的名称、地址及审核的起止时间。

6. 审核发现

应依据审核准则，以归纳总结的形式描述审核组在第二阶段审核中获得的正面和负面的审核发现，包括审核组确定不符合项，有关的检查表、审核记录和不符合项报告可以直接作为该部分内容的引用文件。

7. 审核结论

应依据审核发现的汇总分析和评价结果，写明审核组做出的知识产权管理体系符合性和有效性的评价以及是否推荐认证注册的审核结论。❶

二、审核报告的批准和分发

审核组长应按认证机构规定的时限提交审核报告。如果不能按时提交，应及时向认证机构说明延误的理由，并协商确定提交的时间。

认证机构应按有关的审核方案的规定对审核报告进行评审和批准，并注明评审和批准的日期。经批准的审核报告应按认证机构的规定分发给受审核方，必要时可分发或提交给其他相关方（如认证机构等）。

认证机构是审核报告的所有者，审核组成员和审核报告的所有持有者均应对报告的内容保守秘密。❷

第七节　监督活动、再认证和特殊审核

一、监督活动和监督审核

认证证书的有效期一般为 3 年，在证书有效期内，认证机构应对获证组织进行监督和管理。

（一）监督活动

1）认证机构应对其监督活动进行设计，以便定期对知识产权管理体系范围内有代表性的区域和职能进行监视，并应考虑获证组织及其知识产权管理体系的变更情况。

2）监督活动应包括对获证组织知识产权管理体系满足认证标准规定要求的情况进行评价的现场审核（监督审核），监督活动还包括：

---

❶ 成胤，杨丽萍．企业知识产权贯标三部曲［M］．北京：知识产权出版社，2018：88.

❷ 成胤，杨丽萍．企业知识产权贯标三部曲［M］．北京：知识产权出版社，2018：89.

①认证机构就认证的有关方面询问获证组织。

②审查获证组织对其运作的说明（如宣传材料、网页）。

③要求获证组织提供文件和记录（纸质或电子介质）。

④其他监视，如获证组织绩效的方法[1]。

（二）监督审核

监督审核是监督活动的一部分，是促使获证组织有效保持和持续改进知识产权管理体系的重要方法。

1）监督审核的目的。监督审核是对获证组织的知识产权管理体系的保持和持续改进情况进行检查评价的活动，其主要目的包括：

①验证获证组织的知识产权管理体系是否持续满足审核准则的要求和有关的认证要求，并保持有效运行，以确定是否推荐保持认证注册。

②如果获证组织的知识产权管理体系在运行过程中发生了变更，审核变更后的知识产权管理体系是否符合认证标准的要求，并有效实施。

③促使获证组织持续改进知识产权管理体系的有效性。

2）监督审核的要求包括：

①监督审核是现场审核，但不一定是对整个知识产权管理体系的审核，并应与其他监督活动一起策划，以使认证机构能对获证知识产权管理体系在认证周期内持续满足要求保持信任。

②监督审核通常在认证证书有效期内定期进行，每年至少应进行一次。初次认证后的第一次监督审核应在第二阶段审核最后一天起 12 个月内进行，如发生特殊情况，可以追加监督审核，追加监督审核范围通常只涉及与特殊情况有关的过程、产品和区域。

3）每次监督审核应组成正式的审核组，审核组不能由实习审核员单独组成，且其中必须有熟悉受审核方专业的人员（如专业审核员或技术专家）。

4）监督审核的程序和方法与初次审核一致。监督审核时，审核组仍应使用检查表，按审核计划进行，并做好审核记录，审核之后向认证机构提交监督审核报告，作为获证组织保持认证资格的依据。

5）在认证基础（如审核准则和审核范围等）没有改变的情况下，审核时间（人日数）一般为初次现场审核的 1/3，特殊专业可适当增加。

6）每次监督审核的范围可以不覆盖获证组织认证范围内知识产权管理体系的全部活动、过程或部门/区域，但认证证书有效期内必须覆盖全部过程、产品和部门/区域。

（三）保持认证

认证机构应在证实受审核方持续满足知识产权管理体系标准要求后保持对其的认

---

[1] 成胤，杨丽萍．企业知识产权贯标三部曲［M］．北京：知识产权出版社，2018：93-96.

证。认证机构满足下列前提条件时，可以根据审核组长的肯定性结论保持对受审核方的认证，而无须对这一结论进行独立复核：

1）对于任何可能导致暂停或撤销认证的不符合项或其他情况，认证机构有制度要求审核组长向认证机构报告需由具备适宜能力且未实施该审核的人员进行复核，以确定能否保持认证。

2）具备能力的认证机构人员对认证机构的监督活动进行监视，包括对审核员的报告活动进行监视，以确认认证活动在有效地运作。

二、再认证和特殊审核

获准认证的组织的认证证书有效期届满时，如果该组织还要继续保持其认证注册资格，可以向认证机构重新提出认证申请，认证机构受理后，应派出审核组对该组织的知识产权管理体系进行再认证审核。

（一）再认证审核的策划

1）认证机构应策划和实施再认证审核，以评价获证组织是否持续满足知识产权管理体系标准或其他规范性文件的所有要求。再认证审核的目的是确认知识产权管理体系作为一个整体的持续符合性与有效性，以及与认证范围的持续相关性和适宜性。

2）再认证审核应考虑知识产权管理体系在认证周期内的绩效，包括调阅以前的监督审核报告。

3）当获证组织或知识产权管理体系的运作环境有重大变更时（如法律的变更），再认证审核活动可能需要有第一阶段审核。

4）对于多场所认证或依据多个管理体系标准进行的认证，再认证审核的策划应确保现场审核具有足够的覆盖范围，以确保对认证的信任。

在认证基础（如审核准则和审核范围等）没有改变的情况下，再认证时的抽样量可以比初次审核时略少，所需的审核时间（人日数）也比初次审核时略少，相当于初次审核中第二阶段审核的2/3左右。

（二）再认证审核

1）再认证审核应包括针对下列方面的现场审核：

①结合内部和外部变更来看整个知识产权管理体系的有效性，以及认证范围的持续相关性和适宜性。

②经证实的对保持知识产权管理体系有效性并改进质量管理体系，以提高整体绩效的承诺。

③获证知识产权管理体系的运行是否促进了组织方针和目标的实现。

2）在再认证审核中发现不符合或缺少符合性的证据时，认证机构应规定在认证终止前实施纠正与纠正措施的时限。

（三）授予再认证所需的信息

认证机构应当根据再认证审核的结果，以及认证周期内的体系评价结果和认证使用方的投诉，做出是否更新认证的决定。❶

（四）特殊审核

1. 扩大认证范围

对于已授予的认证，认证机构应对扩大认证范围的申请进行评审，并确定任何必要的审核活动，以做出是否可扩大的决定。这类审核活动可以和监督审核同时进行。

2. 提前较短时间通知的审核

认证机构为调查投诉、对变更做出回应或对被暂停的受审核方进行追踪，可能需要在提前较短时间通知获证受审核方后对其进行审核。此时：

1）认证机构应说明并使获证组织提前了解将在何种条件下进行此类审核。

2）由于获证组织缺乏对审核组成员的任命表示反对的机会，认证机构应在指派审核组时给予更多的关注。❷

❶ 成胤，杨丽萍. 企业知识产权贯标三部曲［M］. 北京：知识产权出版社，2018：97.

❷ 成胤，杨丽萍. 企业知识产权贯标三部曲［M］. 北京：知识产权出版社，2018：98.

参考文献

[1] 郑成思. 知识产权论 [M]. 3 版. 北京：法律出版社，2003.

[2] 关于知识产权 [R/OL]. (2018-11-06) [2020-01-13]. http://www.wipo.int/about-ip/zh/.

[3] 申长雨. 2017 年全国知识产权局局长工作会议上的报告 [R/OL]. (2017-01-09) [2020-01-13]. http://www.sipo.gov.cn/ztzl/qgzscqjjzky/xwdt_jzk/1060085.htm.

[4] 贺化. 中国知识产权行政管理理论与实践 [M]. 北京：知识产权出版社，2018.

[5] 中规（北京）认证有限公司.《企业知识产权管理规范》审核实务与案例汇编 [M]. 北京：知识产权出版社，2019.

[6] 北京强企知识产权研究院，中规（北京）认证有限公司. 企业知识产权管理体系内审与咨询实用教程 [M]. 北京：中国质量标准出版社传媒有限公司，中国标准出版社，2019.

[7] 章洪流. 企业、高等学校和科研组织知识产权管理规范实施手册. 北京：知识产权出版社，2018.

[8]《知识产权认证管理办法》政策解读 [EB/OL]. (2016-05-18) [2019-10-25]. http://www.sipo.gov.cn/zcfg/zcjd/1124218.htm.

[9] 成胤，杨丽萍. 企业知识产权贯标三部曲 [M]. 北京：知识产权出版社，2018.

[10] 四川九鼎智远知识产权运营有限公司. GB/T 29490—2013《企业知识产权管理规范》实施手册 [M]. 北京：知识产权出版社，2016.

[11] 李玥，郝伶同. 企业贯标机遇与问题研究 [J]. 中国发明与专利，2018 (06): 36-42.

[12] 侯佳佳. 基于天津 KH 医药企业知识产权管理改进方法的研究 [D]. 天津：天津大学，2016.

[13] 山东省知识产权局，烟台市知识产权局，中知（北京）认证有限公司，等.《企业知识产权管理规范》解析与应用 [M]. 北京：知识产权出版社，2016.

[14] 唐琳茹. 论如何实施内部审核及内审员的作用 [J]. 现代商贸工业，2017 (34): 128-129.

[15] 徐春梅. 浅谈实验室管理体系内部审核存在的问题及对策 [J]. 质量管理与监督, 2019 (06): 114-115.
[16] 陆敏敏, 王王. 浅析企业质量管理体系内部审核问题和改进建议 [J]. 科技视界, 2019 (12): 213-215.
[17] 陈丹枫. 构建企业知识产权管理体系的若干思考 [J]. 上海铁道科技, 2017, 160 (04): 134-136.
[18] 程贵丽. 质量管理体系之管理评审工作 [J]. 山西建筑, 2014 (29): 278-279.
[19] 李西良. 企业知识产权管理体系与 QES 三体系融合研究 [J]. 知识产权, 2017 (10): 92-96.
[20] 曾军. 浅谈 2015 版 ISO 9001 质量管理体系标准变化 [J]. 泸天化科技, 2018, 157 (02): 39-43.
[21] 苗金明, 等. 职业健康安全管理体系的理论与实践 [M]. 北京: 化学工业出版社, 2005.
[22] 支越, 毛孝明. 职业健康与安全管理体系 (OHSAS18001) 简介 [J]. 电子质量, 2000 (04): 35-38.
[23] 田书平. QHL 公司 "五合一" 管理体系整合研究 [D]. 桂林: 广西师范大学, 2019.
[24] 谭倩, 王雷. 企业知识产权贯标工作中的重点与难点 [J]. 中国管理信息化, 2019 (11): 87-88.
[25] 郭光昊. 故宫娃娃 "俏格格" 被紧急下架真的侵权了吗? [R/OL]. (2018-03-24) [2020-01-15]. https://www.guancha.cn/society/2018_03_24_451388.shtml.
[26] 李文超. 基于知识产权管理体系的企业知识产权风险管理 [J]. 中国发明与专利, 2017 (12): 68-73.
[27] 郑磊. 贵州微硬盘夭折的前因后果 [R/OL]. (2007-09-07) [2020-01-15]. http://www.chinaacc.com/new/429/430/431/2007/9/wa48236173417970029008-0.htm.
[28] 兵败微硬盘 [R/OL]. (2006-09-18) [2020-01-15]. http://misc.caijing.com.cn/chargeFullNews.jsp?id=110065293&time=2006-09-18&cl=106.
[29] 中华人民共和国国家质量监督检验检疫总局, 中国国家标准化管理委员会. 质量管理体系 基础和术语: ISO 9000—2015 [S]. 北京: 中国标准出版社, 2017.
[30] 中华人民共和国国家质量监督检验检疫总局, 中国国家标准化管理委员会. 企业知识产权管理规范: GB/T 29490—2013 [S]. 北京: 中国标准出版社, 2013.
[31] 全国管理咨询师考试教材编写委员会. 企业管理咨询实务与案例分析 [M]. 北京: 企业管理出版社, 2009: 1.
[32] 肖薇. 浅析企业知识产权管理体系贯标的意义 [R/OL]. [2019-1-24]. http://www.sohu.com/a/291247926_120056676.
[33] 全国管理咨询师考试教材编写委员会. 企业管理咨询实务 [M]. 北京: 企业管理出版社, 2007.